KB120538

**플랫폼은
안전을
배달하지
않는다**

박정훈

배달노동자들의 노동조합 '라이더유니온' 초대 위원장이자 7년 차 배달라이더.
배달 일을 하다 너무 더워 폭염수당 100원을 보장하라는 1인 시위에 나선 것을 계기로 라이더
유니온을 만들었다. 일하면서 당한 갑질이 싫어 노조를 시작했는데, 멋지고 착한 척하는 플랫
폼이 정작 일하는 사람에게 아무런 책임을 지지 않는 구조가 눈에 들어오기 시작했다. 플랫폼
산업을 공부하면서, 노동법 없는 산업사회 초기로 돌아가려는 플랫폼자본을 우리 사회가 통제
해야 한다는 결론을 얻었다.
대부분의 시간을 노조 활동을 하고, 배달하고, 글을 쓰는 데 사용한다.《배달의민족은 배달하지
않는다》《이것은 왜 직업이 아니란 말인가》《툭 까놓고 이야기하는 노동》(공저) 등 한국의 노
동 현실을 다룬 책을 주로 썼다.

플랫폼은 안전을 배달하지 않는다
배달 사고로 읽는 한국형 플랫폼노동

ⓒ 박정훈, 2023

초판 1쇄 인쇄 2023년 3월 15일
초판 1쇄 발행 2023년 3월 22일

지은이	박정훈
펴낸이	이상훈
편집인	김수영
본부장	정진항
인문사회팀	김경훈 최진우
마케팅	김한성 조재성 박신영 김효진 김애린 오민정
사업지원	정혜진 엄세영

펴낸곳	㈜한겨레엔 www.hanibook.co.kr
등록	2006년 1월 4일 제313-2006-00003호
주소	서울시 마포구 창전로 70(신수동) 화수목빌딩 5층
전화	02) 6383-1602~3 팩스 02) 6383-1610
대표메일	book@hanien.co.kr

ISBN   979-11-6040-957-4 03300

· 책값은 뒤표지에 있습니다.
· 파본은 구입하신 서점에서 바꾸어 드립니다.
· 이 책의 일부 또는 전부를 재사용하려면 반드시 저작권자와 ㈜한겨레엔 양측의 동의를 얻어
  야 합니다.

플랫폼은
안전을
배달하지
않는다

배달 사고로 읽는
한국형 플랫폼노동

박정훈 지음

한겨레출판

산업재해는 건설 현장, 공장만이 아니라 일상의 도로에서도 일어난다. 그것도 가장 빈번히. 배달노동자의 기가 막히는 산재 사례를 읽다 보면 대한민국이 왜 '산재공화국'이 됐는지를 실감하지 않을 도리가 없다. 플랫폼경제는 최첨단의 구원자이기는커녕 인간의 피, 땀, 눈물을 은폐한 채 굴러가는 파괴의 수레였다. 배달라이더 박정훈은 매일매일의 치열한 노동을 통해, 지금 우리가 향유하는 세계의 추문을 누구보다 적확한 언어로 폭로한다.

박권일
(미디어사회학자·《한국의 능력주의》저자)

노동자들의 살아 있는 경험이 어떻게 변화의 힘이 될 수 있는지 생생하게 일깨워주는 책이다. 배달노동자인 저자는 도로를 숨 가쁘게 달리는 와중에도, 가려진 진실과 망각된 책임을 밝혀내기 위해 동료들과 머리를 맞대고 몸으로 부딪쳤다. 특히 실험을 통해 알고리즘이 노동을 어떻게 통제하는지 설명해 낸 것은 세계적으로도 의미 있는 시도이자, 국내의 배달노동이 처한 잔인한 조건을 극명하게 보여준 증거로서 모두 읽을 필요가 있다. 이 책은 이처럼 냉철함과 비통함이 함께 담겨 있는 사례들로 가득하다. 그리고 이를 바탕으로 구체적 대안까지 제시한다. AI와 플랫폼경제가 우리의 노동과 삶을 어떻게 바꿔나갈지 궁금한가? 그렇다면 그 변화의 최전선을 앞서 달리고 있는 저자의 이야기를 당신에게 추천한다.

김정희원
(애리조나주립대학교 교수·《공정 이후의 세계》 저자)

| 일러두기 |

1. 킬로미터 등 본문에 등장하는 단위는 가능한 한 한글로 풀어 쓰되, 오토바이 배기량을 나타
   낼 때는 cc를 사용했다.
2. 시간을 표기할 때는 오전, 오후, 저녁으로 나누어 13시~18시 이전은 '오후 1시', 18시부터는
   '저녁 6시'와 같이 표기했다. 단 '오후 1~6시'처럼 오후에서 저녁이 시작하는 시간으로 넘어
   가는 경우에는 '저녁'을 따로 표기하지 않았다. 요양급여 신청서 등을 인용한 경우에도 원문
   대로 표기했다.

산재 1위 기업,
도로 위 배달공장에 로그인하기

맥도날드 배달을 시작한 지 1년이 안 된 여름이었다. 20미터 앞 비보호 좌회전 표지판을 보고, 미리 좌회전했다. 마침 뒤따라 오던 경찰차가 사이렌을 울렸다. 라이더들이 가장 두려워하는 '취 익취익' 하는 경찰차의 무전 소리가 들렸다. 순간 오만 가지 생각 이 들었다. 모른 척하고 골목길로 들어가버릴까? 벌금은 얼마나 나올까? "오토바이 멈추세요"라는 소리가 들리자 온몸에 힘이 빠 졌다. 오토바이를 멈추고 심판을 기다렸다.

아무것도 모르겠다는 듯, '정말 저를 부른 거예요?'라는 표정 으로 경찰을 기다렸다. 중앙선 침범으로 4만 원을 끊겠다고 했다. 너무 화가 났다. "이거 배달 한 건 하면 얼마 버는지 아시냐, 최저임금 받는 라이더 잡아서 벌금을 끊으면 좋냐?"라며 화를 냈다. 경찰은 "아니, 그래도 뻔히 경찰차가 뒤에 있는데 신호위반을 하면 어떡해요?"라고 했다.

경찰을 무시할 의도는 없었다. 경찰차가 뒤에 있는 건 분명히 알았다. 상황이 벌어지기 5분 전, 나는 삼거리의 신호를 준수하고 있었다. 그사이 신호를 위반하는 오토바이들이 무려 3대나 지나갔다. 하지만 경찰은 무법자들을 안 잡고 비보호 좌회전에서 살짝 일찍 방향을 튼 나를 잡았다. 빨리 벌금 딱지를 끊어달라고 하면서 짜증을 냈다. "배달 늦어져서 손님이 화내면 책임질 거예요?" 경찰도 지쳤는지 "위험하세요"라고 힘없이 말했다. 그렇다. 이 상황에서 '위험하다'는 경고는 힘을 잃었다.

맥도날드는 최저임금에 배달 1건당 400원의 배달료를 준다. 당시에는 4만 원의 벌금이 나왔으므로, 100건을 더 해도 벌금으로 나간다는 사실만 생각했다. 하루 종일 우울했다. 지금 그날을 돌이켜보면 부끄럽기 짝이 없다. 작은 신호위반은 어쩔 수 없다고 잘못된 생각을 했다.

벌금 4만 원을 받고 나니, 굳이 신호위반을 하면서 배달하고 싶은 생각이 사라졌다. 생각해보면 어차피 시급이 보장되는데 고작 400원 때문에 목숨을 걸 필요가 없었다. 그때부터 배달이 폭주하는 상황을 제외하면 완벽하게 신호를 준수하고, 횡단보도를 건널 때도 오토바이에서 내려서 오토바이를 끌고 건너기 시작했다. 그렇게 나는 게으른 라이더가 됐다.

시간이 지나 동네배달대행사, 배민라이더스, 쿠팡이츠, 요기요 등 다양한 배달대행사에서 일하기 시작했다. 전투 콜 방식의 동네배달대행부터, AI가 자동으로 배차해주는 방식까지 업무 과정도 기업과 시대에 따라 조금씩 변해갔다.

근로기준법상 근로자 신분에서 벗어나니 보장되는 시급은 없었고, 배달 1건당 3000~3500원 정도의 배달 수수료만이 지급됐다. 동네배달대행사에서 처음 일을 시작할 때는 여러 건의 배달을 묶어가는 게 두려워서 1건씩 배달했다. 배달 콜을 잡고 바로 음식점에 갔는데, 당연히도 음식점에서는 음식을 만들고 있었다. 초보 배달대행라이더가 너무 일찍 와 있으니 음식점 사장님이 오히려 당황했다. 보통은 음식 조리 시간을 생각해 10~15분 정도 있다가 오기 때문이다. 우리들끼리는 '조대(조리대기 시간)'라고 줄여서 부르는데, 이 조리대기 시간 안에만 오면 되기 때문에 다른 음식점에 들러서 음식을 가져오거나, 다른 배달을 마치고 시간에 맞춰서 온다. 너무 일찍 오면 혼이 나기도 한다. 심지어 손님이 있으니 밖으로 나가라고 하는 사장도 있다. 그렇다고 악독한 사장님만 있는 건 아니다. 어떤 사장님은 라이더를 위한 의자와 요구르트를 가져다놓기도 한다.

10분 동안 기다려서 음식을 받아 손님에게 가져다주는 데 5분에서 10분이 걸렸다. 20분이 흘렀는데 핸드폰에 표시된 내 노동의 대가는 3500원에 불과하다. 이런 식으로 하다간 1시간에 3건, 수익은 1만 500원에 불과하다. 월 400만 원은 번다고 들었는데 현실은 달랐다. 맥도날드보다 못하다. 맥도날드는 오토바이와 기름값, 보험료라도 책임져주지, 배달대행은 이 모든 비용을 홀로 책임져야 했다. 마이너스다. 그때부터 핸드폰 화면에 뜬 배달주문을 재빨리 터치하기 시작했다. 온라인 쇼핑몰에서 상품을 장바구니에 담듯 3~5개의 주문을 순식간에 터치해서 배달앱에 담았다. 배달앱에 깔끔하게 정돈된 배달주문을 내 배달통에 담기 위해서 엄청난 속도로 달려야 했다. 맥도날드 유니폼을 입었을 때는 게으르지만 착한 배달라이더가 됐다가, 배달대행 조끼를 입는 순간 성실하지만 나쁜 라이더가 됐다.

음식점에서 라이더가 음식을 수령하는 것을 '픽업'이라 하고, 손님에게 가져다주는 것을 '배달 완료'라고 한다. 줄여서 '픽(픽업)'과 '배(배달 완료)'라고 부른다. 보통 초보들은 '픽-픽-픽' '배-배-배'의 흐름으로 일한다. '픽'을 3개 정도 잡고 '배' 3개를 한꺼번에 배송한다. 고수들은? '픽-픽-픽-픽-픽'. 5개를 우선 먼저 신는다. 그리고 '배-픽-배-픽-배-픽-배'. 리듬을 타듯이 배달을 하고, 배달통에는 항상 5개의 음식을 실어놓는다. 좋은 일감이 계속 올라오면 작두를 타듯 무아지경에 빠지는데, 손가락은 움직이고 바이크는 달리고 있다. 부재중인 손님, 샤워 중인 손님, 홀손님을 먼저 챙기는 사장님을 만나면 리듬이 끊겨버리지만, 음식점이 조리 시간을 칼같이 지키고, 손님이 제때 받아만 준다면 이 리듬이 끊기지 않는다.

픽-배-픽-배-픽-배-'쾅'

사고는 아름답게 연주되던 리듬을 와장창 깨면서 튀어나온다. 뉴스에서 '오토바이 라이더 사망' 사고 기사가 나오면 뒤따르는 반응들이 있다. "보나마나 신호위반 했을 텐데 죽어도 할 말 없다" "내 앞에서 얼쩡거렸으면 밀어버릴 텐데". 물론, 극단적인 악플들이다. 하지만 어떤 사람의 죽음이 이렇게 조롱받아도 괜찮은 걸까?

라이더들의 불법을 옹호하려고 하는 말이 아니다. 라이더들이 교통법규를 지켜야 하는 건 논쟁의 여지가 없다. 당연한 일이다. 강력한 단속을 반대하는 것도 아니다. 개인적으로 처벌받고, 책임지면 된다. 그러나 개별 라이더를 욕하고 처벌한다고 한들 해결되지 않는 문제들이 존재한다.

사고의 순간은 찰나이지만, 사고에는 맥락이 있고 이야기가 있다. 라이더의 생계와 기업의 이윤, 소비자의 편리라는 복잡한 욕망의 연대 속에서 사고가 발생한다. 한 줄의 사고 소식으로는 도저히 담을 수 없는 이야기다. 사고가 난 배달라이더는 어떻게 오토바이 위에 올랐으며 이 일을 하기 위해 어떤 준비를 했을까?

배달기업은 배달노동자에게 어떻게 지시하고 어떻게 대가를 지불할까? 사고에 대한 책임은 누가 지며 어떤 보호 장치가 있을까?

이를 알기 위해서는 배달산업의 공장인 도로와 배달앱을 자세히 들여다봐야 한다. 도로는 공공이 깔고 시민이 이용하는 공간이자 배달기업이 이용하는 공장, 배달노동자가 일하는 일터다. 시민, 소비자, 음식점 사장, 배달기업, 노동자는 도로를 각각 다르게 생각할 수밖에 없다. 도로 위에서 벌어지는 이 화해할 수 없는 충돌을 이해하지 못한다면, 평화로운 도로를 만들 수 없다. 아비규환 같은 현실의 도로는 핸드폰 화면 속에 들어오는 순간 평화롭고 반듯한 공간으로 바뀐다. 가상의 도로 위에 배달료와 배차 지시가 떨어지고 노동자들은 현실과 가상공간을 어지럽게 오간다.

와중에 2022년 중요한 통계가 발표됐다. 김영진 더불어민주당 의원이 근로복지공단으로부터 받은 자료에 따르면 대한민국 산업재해(산재) 신청 1위 기업이 배달의민족 라이더들이 속한 회사 우아한청년들이었다. 2위는 쿠팡, 7위는 쿠팡물류센터, 9위는 쿠팡이츠였다. 일하다 다치고 죽는 사업장이 전통적인 중공업 공장에서 플랫폼으로 바뀌고 있다. 국가는 이 사고의 원인을 조사하지 않는다. 2023년 2월 고용노동부가 발표한 '산업재해 발생' 현황에 따르면, 2022년에 도로에서 교통사고로 사망한 노동자는 77명이다. 배달노동자 39명, 건설기계 종사자 14명, 화물차주 7명, 택배기사 3명이 목숨을 잃었다. 그러나 죽음의 원인을 밝히기 위한 재해조사통계에서는 77명의 죽음이 빠졌다. '사업장 외 교통사고'는 경찰청이 조사하고 노동부는 관여하지 않기 때문이다. 산업재해보상보험(산재보험)으로 보상은 하지만 사고 예방을 위해 원인을 분석하고, 대책을 내놓지는 않는다. 산재가 교통사고로 은폐되고 있는 사이 노동자가 다치고 죽는 일이 반복되고 있다. 혁신과 첨단의 상징인 플랫폼에서 도대체 무슨 일이 벌어지고 있는지 설명해야 했다. 도로와 앱이라는 2개의 공장을 점검하지 않고서는 도로 위의 교통사고이자, 배달이라는 상품 서비스를 생산하는 과정에서 벌어진 산재를 줄일 수 없다. 박수민 라이더유니온 연구원은 〈플랫폼 경제의 부상과 노동과정의 변화〉라는 논문에서 도로와 앱이 혼재된 배달라이더들의 노동 현장을 '혼종적 작업장'이라는 개념으로 설명한다(이론적으로 배달산업과 노동과정을 알고 싶은 사람에게 이 논문을 강력히 추천한다. 이 논문은 다른 출판사에서 단행본으로 출간될 계획이다).

　사람이 다치고 죽는 문제에 관해 쓰는 건 괴로운 일이다. '쓰다 멈추다'를 반복하다 보니 책을 완성하는 데 오랜 시간이 걸렸다. 배달노동자가 죽고 나면 세상이 잠깐 관심을 가진다. 그러나 기삿거리가 될 만한 자극적인 사건에 관한 순간의 관심으로는 문제를 해결할 수 없다. 문제를 소비하는 건 무책임하고 흥미롭지만, 문제를 해결하는 건 지루하고 재미없는 일이다. 죽지 않고 살짝 넘어질 때부터, 혹은 넘어질 뻔한 순간부터 관심을 가져야 사망사고를 막을 수 있다. 그래서 책에서는 자극적인 사례는 피했고, 언론에 보도된 내용을 넘어서는 자세한 묘사는 하지 않았다.

1장은 내가 초보 시절 당한 사고를 바탕으로 초보 노동자가 사고를 당하는 과정을 있는 그대로 묘사했다. 숙련과 안전의 문제, 기존 공장과는 다른 배달노동자들의 독특한 작업장에 대해 다뤘다.

2장은 면허 확인도 하지 않는 일부 동네배달대행사의 행태와 노동자를 보호하기 위한 법과 제도에서 방치된 배달산업의 구조, 전투 콜이 노동안전에 어떤 영향을 미치는지를 다뤘다.

3장은 배달앱들이 왜 초보 라이더를 원하는지, 알고리즘이 어떻게 빠른 배달을 지시하고 위험한 환경에서 노동자들을 일하게 하는지를 다뤘다. 배달앱들은 30분 내 배달을 지시하지 않고도 빠른 배달을 유도할 수 있다.

4장은 도로 위가 아닌 마음 위에서 벌어지는 사고를 다루면서 산업안전보건의 책임을 지우는 것이 어려운 배달산업의 복잡한 구조를 다뤘다.

5장은 숙련노동의 중요성, 배달산업의 정비, 이륜차 정비, 안전한 임금체계와 산업안전에 대한 기업의 책임을 묻는 방법 등 대안을 제시했다. 산업안전 정책에서 노동조합(노조)의 중요성을 강조하면서 노동조합 및 노동관계조정법(노조법) 제2조의 개정 필요성을 역설했다.

마지막으로 배달노동자나 배달노동자 친구를 둔 시민, 배달노동자를 지원하는 활동가가 읽었을 때 참고할 수 있도록 산재 신청 과정과 방법을 부록에서 다뤘다.

이 책이 나올 수 있었던 것은 전적으로 라이더유니온 조합원들이 있었기 때문이다. 그들은 이 책의 살아 있는 참고문헌이자, 현장의 증언자들이다. 그들은 안전교육 강사로 활동하고, 무판 오토바이(번호판이 없는 오토바이)를 잡고, 음주운전 차량을 잡는가 하면, 안전 캠페인과 취약계층을 위한 배달 자원봉사 활동을 진행하고 있다. 도로 위의 무법자가 조직을 만들면 도로 위의 안전파수꾼이 될 수도 있다. 우리 조합원들이 자랑스럽다.

평일에는 라이더유니온 조합 활동을 하고, 저녁과 주말에는 배달 일과 글을 쓴다는 핑계로 소중한 가족 윤정과 많은 시간을 함께하지 못했다. 막상 어떤 것도 제대로 하지 못해 마감에 쫓겼다. 윤정은 제주도 신혼여행 코스를 본인은 책을 읽고 나는 글을 쓸 수 있도록 북카페 위주로 짰다. 이 시간을 함께해준 윤정에게 감사의 인사를 전한다.

출근했다가 무사히 퇴근해 소중한 사람과 밥을 먹고 수다를 떠는 게 기적이 아니라 당연한 일이 될 수 있기를 바란다.

이제 생사가 오가는 도로 위 배달공장으로 들어가보자.

3장 AI 사장님이 라이더를 관리하는 방법

4장 갑질 사건이 아니라 산재입니다

5장 배달공장의 혁신을 위한 5가지 제안

부록 | 배달라이더를 위한 산재보험 사용 설명서

1장

초보,
사고의 흔적을
몸에 새기다

첫 사고의 추억,
콜라가 피처럼 흐르다

'번쩍'이라는 단어 외에는 설명할 방법이 없는 순간이었다. 낭만적인 첫사랑의 순간은 아니다. 2017년 2월, 하얀 눈이 아스팔트 위에 덕지덕지 묻어 있던 날에 첫 사고를 당했다. 오토바이 위에서 조금씩 흔들리던 도시의 풍경이 크게 출렁이더니 까맣게 변했다. 눈을 떴더니 파란 하늘이 보였다. 무슨 일이 일어났는지 몰라 무서웠다. 노크하듯 발끝부터 손끝까지 감각이 있는지를 확인했다. 심장의 두근거림이 좀처럼 멎지 않았다. 온몸 구석구석을 훑었다. 살았다. 몸을 일으킬 정신이 들자 음식 생각이 났다. 내 몸에서 피가 흐르는 대신 오토바이 배달통에서 콜라가 흐르고 있었다. 망했다. 몸을 일으킬 수 있다는 사실이 조금은 아쉬웠다. 많이 다치면 명분이라도 있는데, 말짱해 보이니 콜라를 쏟았다는 전화를 매장에 걸기가 두려웠다. 나는 일을 시작한 지 한 달도 안 된 초보 라이더였다.

　다행히 매장에서는 내 몸이 괜찮으냐고 먼저 물었다. 콜라는 별거 아니라는 듯 얘기해줬다. 회사에 충성을 다하고 싶었다. 쓰러진 오토바이를 낑낑대며 일으켜 세우고 다시 매장으로 돌아가려고 했다. 무섭고 두려웠지만, 다시 달리는 게 맞는 거라고 스스로를 다그쳤다. 매장에서 콜라를 다시 받아 내려오면서 사고를 곱씹었다.

　인도를 걷다 보면, 차도와 인도 사이에 자동차가 올라갈 수 있도록 턱을 제거한 길이 있다. 건물 주차장 입구나 주차가 가능한 가게 입구 앞의 턱을 깎은 곳이다. 이곳에는 마운드 위 투수 발판처럼 생긴 직사각형 모양의 대리석이 깔려 있다. 눈이 내리거나 비가 온 다음 날 대리석은 빙판처럼 변한다. 여기를 평소처럼 지나다가 미끄러져 넘어진 것이다. 제설작업을 할 때도 도로 가운데의 눈을 도로 가장자리로 치우는데, 여기가 주로 오토바이가 넘어지는 길이다. 자동차도 사람도 잘 지나다니지 않는 길이므로 신경쓰는 사람이 없다. 일한 지 한 달이 채 안 된 초보 라이더였기에, 차도 경계에 있는 대리석이 그렇게 미끄러운지 알 수 없었다.

　내가 일하는 작업장에 대한 무지는 내 몸을 몇 번이고 바닥에 뒹굴게 했다. 첫 사고가 일어난 지 얼마 지나지 않은 어느 비 오는 날, 배달을 마치고 야외 주차장에서 나가는데 오토바이 핸들이 좌우로 흔들렸다. '쿵'. 이윽고 익숙한 각도의 풍경이 내 앞에

펼쳐졌다. 지난번엔 파란 하늘이었는데, 이번에는 흐린 하늘이다. 콜라 대신 비가 내 얼굴로 흘러내렸다. 주차장 바닥이 비가 오면 빙판처럼 미끄럽게 변하는 줄 몰랐다. 다시 오토바이를 일으켜 세운 뒤, 두렵고 떨리는 마음으로 두 다리를 바닥에 댄 채 엉금엉금 주차장을 빠져나갔다.

두려운 마음을 방치할 수는 없다. 두려운 마음이 남아 있다면 오토바이를 타는 게 불가능하다. 그렇다고 완전히 없앨 수도 없으니 가슴 한편으로 공포를 밀어내고 몸을 다시 오토바이 위로 올려놓는다. 그렇게 두려운 마음을 떨치지 못한 채 오토바이를 타는 동안 다시 몇 번을 더 넘어졌다. 좁은 골목길을 지나가는데, 왼쪽 골목에서 BBQ 치킨집 오토바이가 갑자기 튀어나왔다. 거리가 멀었지만 당황한 나머지 양쪽 브레이크를 꽉 잡아버렸고 오토바이와 함께 쓰러졌다. 침착하게 정차 후 나를 내려다보던 아저씨는 미안함과 웃음이 섞인 표정을 지었다. 여유로운 목소리로 "아이고, 미안해요"라고 하는데 자존심이 상해 몸보다 마음이 더 아팠다. 살짝 비키면서 천천히 브레이크를 잡았다면 부딪칠 리 없는 거리였다. 누가 봐도 초보의 안쓰러운 몸짓이었다. 문제는 모든 초보 노동자가 겪는 실수와 미숙함이 목숨을 뺏을 수도 있다는 점이다. 빵집 알바(아르바이트)노동자가 케이크를 잘못 자르면 케이크가 상하고 케이크값을 물어내라는 악덕 사장 때문에 손해를 보는 정도이겠지만, 배달노동자가 도로에서 실수로 넘어지면 뒤따라오던 차에 깔려 죽을 수 있다.

　죽음에 대한 공포나 사고로 인한 아픔보다 창피함이 더 큰
고통을 주기도 한다. 때는 바야흐로 봄. 갓 입학한 대학교 1학년
생들과 선배들이 체육대회를 여는 계절이다. 홍대 인근의 모 대학
에서 학생들이 운동장으로 햄버거와 콜라를 대량으로 주문했다.
일을 시작한 지 3개월이 지난 상태라 제법 자신감이 붙은 때였다.
운동장에 들어서면서 한 손으로는 오토바이를 운전하고 다른 한
손으로는 주문한 학생에게 전화를 걸었다. TV에 나오는 배달 달
인들은 으레 한 손엔 철가방을 들고 한 손으로 운전하면서 대학
가 구석구석에 음식을 배달하지 않았던가. 수백 명의 군중 속에
서 전화를 받은 학생이 벌떡 일어나 손을 흔들며 자기 쪽으로 와
달라고 했다. 운동장 주변을 둘러싼 거대한 스탠드 좌석에는 족히
300명은 되어 보이는 학생들이 앉아 있었다. 전화를 끊고 운동장
을 유유히 가로지르며 학생들이 있는 곳 가까이에 도착하려는 순
간, 오토바이가 미끄러졌다. 운동장 가장자리에는 씨름 경기를 해
도 될 정도로 흙이 많이 뿌려진 모래밭이 있었다. 모래밭 위에 넘
어진 덕분에 아픈 곳은 없었다. 오토바이도 무사했다. 넘어지는
순간 300여 명이 동시에 내뱉었던 "아~"라는 탄식만이 나를 강하
게 내려쳤다. 모든 학생이 쓰러진 나를 안타깝게 쳐다보고 있었고
간간이 "어떡해"라며 웅성거렸다. 아무 일 없다는 듯 재빨리 일어
났지만 수십 개의 콜라가 쏟아졌다. 달인은커녕 3개월짜리 초보

임을 인증하는 순간이었다. 학생들은 감사하게도 콜라는 괜찮다며, 안 다쳤냐며 걱정해줬다. 함께 왔던 선배 라이더도 따뜻한 손길로 흙을 털어줬지만 새어 나오는 웃음을 숨기지 못했다. 선배에게 모래밭을 조심하라는 이야기를 왜 안 해줬냐는 원망의 눈빛을 쏘았다. 계산을 마치고 운동장을 빠져나오는데 뒤통수가 부끄러웠다.

처음 걸음마를 배우는 아기처럼 팔과 다리, 마음에 생채기를 내면서 안전하게 오토바이 타는 법을 배웠다. 이 과정에서 크게 다친 사고가 없었다는 게 큰 행운이었다. 배달노동자들이 오토바이 자체가 익숙하지 않아 신호위반과 난폭운전을 하고 싶어도 못하는 단계, 벌벌 떨면서 조심조심 운전하는 초보 시절부터 사고가 발생한다. 오토바이를 이용해서 일할 정도로 익숙한지를 확인하는 과정이 생략됐기 때문이다. 우리의 이야기는 여기서부터 시작돼야 한다.

초보 라이더가
시동을 켜기까지

2017년 맥도날드 배달노동자로 처음 입사할 때, 일단 오토바이를 탈 줄 안다고 말했다. 자전거랑 다를 바 없다고 생각했고,

오토바이를 못 타는데 라이더 일을 하겠다고 하면 매장에서 받아 줄 리도 없었다. 맥도날드는 면허증을 확인하고 라이더 선배를 붙여줬다. 일종의 사수였다. 오토바이를 어떻게 타는지, 주소는 어떻게 확인하고 배달하는 순서와 에티켓은 무엇인지 알려줬다. 나름의 직무교육이자 안전교육이었다. 사수는 내게 오토바이 키를 주면서 타보라고 했다. 20대 때 재미 삼아 한두 번 타보긴 했지만, 너무 오래돼서 시동 켜는 법도 몰랐다. 일단 오토바이가 감당이 안 됐다. 엉거주춤 오토바이에 올랐다. 보행자와 비슷한 속도로 주행했는데, 사수는 불안한 듯 계속 뒤돌아보면서 달렸다. 몇 번이고 넘어질 뻔했지만, 속도가 너무 느려 넘어지지 않았다. 2017년 1월의 첫 출근 날, 한겨울의 추위를 느끼기는커녕 온몸에 땀이 뻘뻘 흘렀다. 이후에도 식은땀 흘릴 일이 많았다.

　　오토바이도 익숙하지 않은데, 주소를 확인하면서 달려야 했다. 맥도날드 오토바이에는 핸드폰 거치대가 없어 핸드폰 내비게이션을 보며 찾아갈 수도 없었다. 주문이 접수되면 손님의 주문 내역이 적힌 종이를 출력했고, 그걸 한 장 한 장 챙겨서 가방이나 주머니에 넣고 찾아가야 했다. 출발하기 전 매장 컴퓨터를 보고 대략의 장소를 외웠다가 근처에 가서 파란색 신주소 간판을 찾았다. 2킬로미터 이내의 짧은 구역에서만 배달이 이루어졌기에 가능한 일이었다. 이걸 '맥세권'이라고 한다. 문제는 컴퓨터 화면에서 본 장소와 직접 가서 보는 현장은 많이 달랐다는 점이다.

깨끗하게 정돈된 화면 속 건물들은 현실에서는 좁은 골목길 사이에 숨어 있거나, 가로수나 광고판에 가려서 파란색 신주소 표지판이 보이지 않거나 같은 건물에 여러 개의 문을 가지고 있었다. 504호와 501호의 건물 입구가 달라 5층에 올라갔다가 내려온 뒤 옆문으로 들어가 5층까지 다시 오르내리는 경우도 있었다. 거대한 주상복합은 입구조차 찾기 힘들었는데 미로 같은 상가건물에 갇히기도 했다. 한 고급 아파트에서는 배달을 하고 내려오기 위해 엘리베이터를 탔는데 정신없이 올라오느라 오토바이를 몇 층에 세워놨는지 기억이 나지 않았다. 오토바이를 세워둔 지하 1층이 아니라 지상 1층에서 내렸는데, 건물을 나갈 때도 주민만 사용하는 카드키가 필요했다. 엘리베이터를 다시 눌러 다른 층으로 이동하기 위해서도 카드키가 필요했다. 경비실 호출 버튼을 눌러 경비노동자의 도움으로 겨우 탈출할 수 있었다. 탈출과 동시에 급한 마음에 오토바이 스로틀을 빠르게 당길 수밖에 없다. 정신이 없으니 당연히 다음 배달지에서도 헤매는 일이 반복된다. 이럴 때는 온몸에 땀이 뻘뻘 흐르는데, 2017년의 겨울이 여름처럼 기억되는 이유다.

아마도 내 초보 시절 맥도날드 매니저들은 배달을 나갔다가 좀처럼 돌아오지 않는 나를 불성실한 라이더나 일을 정말로 못하는 사람으로 기억할 것 같다. 다른 사람들이 점심 피크 시간에 3~4개씩 집어갈 때도 나는 1개씩 배달하고 다녔다. 1개를 배달하는 데도 3~4개 집어가는 선배들보다 느렸다. 내가 그렇게 느렸던 것은 길을 몰랐기 때문만은 아니었다. 단순히 길을 아는 것을 넘어서 건물과 도시를 이해해야 초보 배달에서 벗어날 수 있다. 이것은 안전의 문제와 연결되어 있다. 오토바이를 운전하면서 이리저리 두리번거리다가는 사고가 나기 십상이다. 입구를 못 찾아 헤매면 헤맬수록 마음이 급해져 사고로 이어진다. 식어가는 햄버거와 쌓여가는 배달주문을 뒤로한 채 마음 놓고 길을 찾을 수 있는 초보 라이더는 없다.

나중에 들어보니 점장님은 과감하게 오토바이를 모는 라이더보다 내가 더 믿음직스러웠다고 했다. 오토바이에 익숙하지 않으니 천천히 다니지 않겠냐는 것이었다. 동료들도 왕초보 라이더를 이해하고 도와줬다. 같은 주소, 같은 브랜드의 건물이라도 오피스텔과 아파트의 입구가 다른 경우나 뒷문만 열려 있는 건물 같은 곳을 알려줬다. 대학교처럼 큰 건물은 후문, 정문, 중문 등 문이 여러 개인데, 동마다 어느 문으로 들어가는 게 좋은지 알려줬다. 그렇게 동료들은 초보 라이더가 숙련 라이더가 될 때까지 기다려줬다. 물론, 초보 시절이 길어지는 것을 자존심이 허락하지 않았다. 당시 나는 근로기준법상 근로자였으므로 최저시급이 보장됐다. 같은 시급을 받으면서 일 못하는 한량으로 비치기 싫어 도로명주소를 다 외웠다. 그 이후에는 나 스스로 비슷한 구역의 배달을 2개, 3개, 심지어는 5개씩 묶어가기 시작했다. 그동안 못한 일을 만회라도 하듯 미친 듯이 움직였는데, 같은 근무시간에 다른 사람보다 하나라도 더 하자는 마음이었다. 어느 날 선배 라이더가 그런 나를 보고 한마디 했다. "그렇게까지 열심히 안 해도 돼. 위험하니 천천히 다녀." 브레이크였다. 그가 말려주지 않았다면 나는 폭주했을 거다.

맥도날드에서 경력을 쌓은 뒤, 2019년에는 동네배달대행사에 입사했다. 동네배달대행사는 음식점에 들어온 음식 주문배달을 대신 수행해주는 배달전문업체로 여기서 일하는 라이더들은 근로기준법상 근로자가 아니었다. 오토바이를 직접 마련해서 일하고 배달 건당 수수료를 받는 체계였다. 동네배달대행사에는 일을 가르쳐주는 사수가 없다. 무엇보다도 최저시급이 없다. 안전교육도 없다. 그저 앱을 깔고 아이디를 등록한 후 오토바이를 주고 라이더를 밖으로 내보낸다. 그 라이더가 초보자인지 숙련자인지 알 길이 없다. 오로지 그 라이더가 수행해내는 배달 건수와 속도만을 기준으로 초보 노동자와 숙련노동자를 구분할 뿐이다. 신호를 위반하는지, 난폭운전을 하는지, 건물을 헤매는지도 알 도리가 없다. 라이더 입장에서도 최저시급이 보장되지 않으니 초보라도 살아남기 위해서는 달려야 한다. 개중에는 기름통을 열 줄 몰라서 주유를 하지 못하는 라이더도 있었다. 그렇게 수많은 시민이 노동자가 되어 전쟁 같은 플랫폼과 도로로 로그인한다. 어쩌면 배달노동자 사고는 예고된 참사일지도 모른다.

라이더만 피해를 보는 것이 아니다. 입사 첫날 사고를 내고 도망가는 라이더들도 많은데, 무서워서일 수도 있고 돈도 벌기 전에 치러야 할 수리비와 사고처리 비용이 걱정돼서일 수도 있다. 사고가 나면 어떻게 처리할 수 있는지, 보험은 어떤 게 보장되어 있는지도 모르는 상태에서 그저 도망만이 살길이라고 생각한 것이다.

라이더가 도망치면 그 피해는 결국 안전교육도 하지 않고, 사장으로서의 책임도 지지 않는 동네배달대행사 사장에게 돌아간다. 사장은 사고처리와 오토바이 수리비를 모두 떠안는다. 적절한 교육을 제공하지 않으면 사업을 수행하는 사람에게도 '리스크'와 비용으로 돌아오게 된다. 더 중요한 문제는 배달 일에 능숙한 라이더를 구하기 힘들다는 점이다. 사고를 내고 도망간 라이더의 역할을 대체하려면 또 다른 라이더를 찾아내야 한다. 사장님을 위해서도 산재 예방교육, 직무교육과 사고처리 교육이 필요하다.

배달라이더의 사고는 노동자와 사장만의 피해로 끝나지 않는다. 배달산업은 우리가 공동으로 사용하는 도로를 이용한다. 산재사고가 난다는 것은 우리의 공적 공간에서 피해가 발생한다는 의미다. 도로를 지나다니는 시민들이 산재사고의 가해자가 될 수도, 피해자가 될 수도 있다. 그런데 배달기업은 시민들의 피해를 예방할 책임을 노동자에게 떠넘기고, 노동자는 안전운전 교육은 커녕 제대로 된 보험도 가입하지 않은 상태에서 도로 위를 달린다. 배달산업은 공공의 도로를 이용할 준비가 되지 않은 채, 과속을 하면서 달리기만 하고 있다. 배달노동자의 산재사고 문제를 해결하는 건, 시민의 안전을 지키는 일이기도 하다. 공공이 산재사고를 예방하는 데 예산과 에너지를 쓰고 기업의 책임을 물어야 하는 이유다.

두렵기만 했던
생애 첫 산재 신청

초보 시절을 무사히 넘기고 일을 한 지 1년 정도 지났을 무렵이었다. 어느 정도 자신감이 붙었을 때, 운명처럼 사고가 찾아왔다. "으아아악" 하고 외마디 비명을 지르며 쓰러진 오토바이 위를 펄쩍 뛰었다. 방금 세워둔 오토바이가 내 오른쪽 발가락을 찍고 튀어 올랐다. 아픔도 잠시, 쓰러진 오토바이가 걱정이었다. 오토바이는 배를 발라당 드러낸 채로 바닥에 나동그라졌고 기름이 새어 나왔다. 지나가던 행인의 도움으로 쓰러진 배달 오토바이를 세우고, 상한 곳은 없는지 살폈다. 다행히 오토바이는 무사했다. 긴장이 풀리자 발끝에서부터 고통이 밀려왔다. 머리가 어질했다. 얼마나 다쳤는지 확인할 용기가 나지 않았다. 근무시간 중에 바로 병원에 가겠다고 하는 것도 꺼려졌다. 일단 비틀거리며 매장 문을 열었다. 사고가 난 걸 어떻게 알았는지 매니저와 동료 직원이 괜찮으냐고 먼저 물었다. 매장 안에서는 가게 앞에 주차해놓은 오토바이를 비추는 CCTV를 실시간으로 확인할 수 있었다. 마침 두 사람이 나의 사고 장면을 봤다.

종종 중·고등학교에서 노동인권 강연을 하는데, 일하다 다치면 무조건 작업을 중단하고 병원에 가라고 떠들었다. 그런데 막상 재해 당사자가 되니 혼란스러웠다. 오토바이를 제대로 세우지 않은 내 잘못이라는 생각이 뇌를 지배했다. 오토바이 주차 방법은 크게 두 가지다. 사이드 스탠드로 세우거나 메인 스탠드로 세운다. 사이드 스탠드는 오토바이 옆에 장착된 지지대로 오토바이를 약간 기울여 세우는 방법이다. 경사가 있거나 바람이 불면 쓰러질 위험이 높다. 메인 스탠드는 오토바이 바닥에 장착된 지지대를 이용해 오토바이를 수평으로 세우는 방법이다. 경사가 진 지형이나 바람이 강하게 부는 환경에서도 오토바이가 버틸 수 있는 주차 방법이다. 이 사고는 경사가 진 지형에서 메인 스탠드가 아니라 사이드 스탠드로 대충 오토바이를 세워놓았다가 발생한 사고였다. 그때 나는 사실 메인 스탠드를 세울 줄도 몰랐고, 다른 직원이 메인 스탠드로 세운 오토바이를 푸는 방법도 몰랐다. 이번에도 미숙함으로 발생한 사고였다. 왠지 직장에 손해를 끼쳤다는 죄책감이 들었다.

산재는 '무과실 책임' 원칙에 따라 사업주가 잘못이 없어도 근로자의 업무상 재해에 대해 책임을 지게 한다. 노동자가 자신의 실수로 다쳤다 하더라도 산재보험의 보호를 받는다는 원칙을 되새겼다. 그래도 선뜻 병원에 가야겠다는 생각은 들지 않았다. 회사가 싫어할 것 같았다. 매장에서 다치는 사람이 생기면 대충 병원비를 주고 끝내는 분위기였다. 산재 보상을 받으면 병원비뿐만 아니라 휴직에 따른 휴업급여도 받을 수 있다. 일하다 다치면 산재 보상을 받는 분위기를 만들어보자고 마음먹고 병원에 가기로 결심했다. 머리는 온갖 고민을 하고 있었지만, 사실 몸이 버티질 못했다.

절뚝거리며 병원으로 향했다. 병원에 가면서도 많이 다치지도 않았는데 유난 떠는 게 아닌지 걱정됐다. 흔들리는 발걸음처럼 마음도 요동쳤다. 병원에 도착해 신발을 벗으려는데, 부끄러운 감정이 먼저 들었다. 그야말로 발바닥에 땀이 나도록 배달을 하는데, 신발을 벗으면 발 냄새가 심하게 날 것 같았다. 배달할 때만 신는 운동화는 더러울 대로 더러워져 있었다. 쭈뼛쭈뼛 발을 꺼내고 양말을 벗었다. 엉망이었다. 발톱 색깔은 검붉게 변해 있었다. 엑스레이를 찍고, 발톱의 피를 뽑았다. 나는 뾰족한 걸 무서워하기 때문에, 주사 맞는 걸 피하려고 평소 어지간하면 병원에도 안 가던 사람이었다. 주삿바늘을 발톱에 꽂기 전에 정신이 먼저 아파 왔다. "아파요"라는 의사 선생님의 경고는 거짓말이 아니었다.

검사 결과를 기다리면서 확실하게 도움을 받고 싶어 평소 알던 노무사님께 전화를 걸어 필요한 산재 절차를 물었다. 일하다 다쳤는데 산재 신청을 하고 싶다고 하면 병원에서 안내해줄 것이라고 했다. 누구한테 물어봐야 할지도 몰랐던 상황에서 용기를 주는 통화였다. 응급처치를 마친 뒤 병원 원무과에 산재 신청을 하고 싶다고 말했다. 병원 직원은 당황하며 어떻게 하는지 잘 모른다고 했다. 그 병원은 산재지정병원이 아니었다. 이내 분주하게 사수들에게 산재에 대해 물으러 돌아다녔다. 산재 신청에 대해 아는 사수가 의사 소견을 받아서 근로복지공단에 제출하라고 알려줬다. 이번에는 의사 선생님에게 산재 신청을 하고 싶다고 말했다.

"회사에서 해준다고 하나요? 괜찮아요?"

진심이 느껴지는 걱정이었다. 나 역시 처음 하는 일이었기에 주저하는 목소리로 괜찮다고 답했다. 불안한 마음에 다시 아는 노무사님께 전화를 걸었다. 그는 초진 진료서 등 병원 기록을 발급받아서 가지고 있다가 집 근처 산재지정병원을 검색한 다음, 거기서 치료받으면서 필요한 서류를 병원에 가져다주면 된다고 안내해줬다. 설명을 해주고도 안심이 안 됐던지 텔레그램으로 근로복지공단 홈페이지 링크와 산재지정병원을 검색할 수 있는 링크를 남겨주고는 다음과 같이 덧붙였다.

'산재지정병원으로 내일이나 오늘 가서 원무과에 가봐. 근로복지공단 홈페이지의 서식자료 중 요양급여 신청서를 주면서 회사 도장 받아오라고 할 것임.'

간단한 내용이었지만, 내가 믿을 수 있는 권위 있는 사람의 조언이 필요했다. 내가 아파서 쉬어도 되는 건지, 병원비가 너무 많이 나오면 어떡할지, 일을 못하는 동안 생계비는 어떡할지, 산재 신청 절차는 누구한테 물어야 할지 아무것도 확신할 수 없었다. 아는 노무사가 있다는 게 이렇게 큰 힘이 될지 몰랐다. 다른 보험들은 보험 가입자가 다쳤거나 사고를 냈을 경우 보험사에 전화만 하면 알아서 처리해주는데, 산재는 전화하기조차 힘들다.

우여곡절 끝에 치료를 마친 뒤 붕대를 칭칭 감고 조퇴했다. 며칠 뒤 근로복지공단 홈페이지에 들어가 산재지정병원을 검색한 다음 치료를 받으러 갔다. 집 근처에 산재지정병원인 홍익병원 목동관이 있었다. 원무과에 가서 진료를 받고 산재 신청을 하고 싶다고 했더니 바로 별관 지하 1층에 있는 의료사회사업과로 가보라고 했다. 직원은 이런 일에 익숙한 듯 산재 상담과 지원을 해줬다. 요양급여 신청서와 휴업급여 신청서를 주면서 작성해오라고 했다. 치료를 받고 집으로 돌아와 신청서들을 작성한 뒤, 필요한 서류를 준비해 다음 치료를 받으러 갈 때 제출했다. 요양급여 신청서에 써야 할 내용 중 사건 경위는 본인이 쓰면 되지만, 사업장관리번호와 목격자 연락처, 사업주 확인란은 매장의 도움이 필요했다(사업주 확인란 기재는 이후 폐지됐다). 필요한 서류를 떼러 직접 매장으로 갔다. 점장님은 흔쾌히 필요한 서류들을 제공해줬고, 매장에서 파는 음식도 싸주시면서 푹 쉬었다 오라고 해주셨다.

산재 신청을 한 지 얼마 지나지 않아 관할 근로복지공단 지사에서 전화가 왔다. 관할은 사업장 소재지 기준인데 내가 맥도날드 합정점에서 일했으므로 나의 산재 처리는 근로복지공단 서울서부 지사 소관이었다. 초진 진료서만 제출해달라는 전화였는데, 첫 방문 때 받아놓길 잘했다는 생각에 절로 미소가 지어졌다. 팩스로 보내달라는데 나도 그랬지만 개인이 팩스를 가지고 있는 경우는 거의 없지 않은가. 보통 1장당 500원이니 돈도 아깝다. 상황을 설명하니 공단에서 쓰는 공용 폰으로 초진 진료서 사진을 찍어 보내달라고 한다. 훨씬 편했다. 한번 해보니 복잡하게만 보였던 산재 신청은 생각보다 간단했다.

그런데 나를 포함해 사람들은 왜 산재 신청을 어렵게 생각할까? 산재 신청을 망설이게 하는 것은 크게 두 가지다. 첫째는 사장님이 싫어하지 않을까 하는 우려다. 여기서 한 가지 짚고 넘어가야 할 사실이 있다. 4대 보험 중 산재보험료는 사업주들만 낸다는 것이다. 돈만 내고 혜택을 받지 못하니 많은 사람이 4대 보험을 세금처럼 생각하지만 엄연한 보험이다. 특히 산재보험은 사업을 하면서 고용한 노동자에게 사고나 질병이 생기면 이를 처리하는 데 큰 비용이 들기 때문에 만든, 사장님을 위한 보험이다. 우리가 자동차 의무보험에 가입해야 하는 이유와 같다. 자동차는 편리하기도 하지만 자칫 잘못하면 타인의 생명과 재산을 심각하게 손상할 수 있는 물건이기도 하다. 사고가 크게 났는데 운전자가 피해자에게 제대로 보상할 수 있는 경제적 능력이 없으면 운전자도 피해자도 모두 불행해진다. 이를 막기 위해 자동차 운전자에게 보험을 의무적으로 들게 한다. 산재보험도 사업을 하다가 노동자에게 손상을 끼쳤을 때 사장님과 노동자를 보호하기 위해 만든 사장님을 위한 보험이다. 보험금은 내는데, 정작 필요할 때 보험금을 받지 않는 것만큼 아까운 일이 있을까.

게다가 사장님들은 노동자의 사고를 수습하기 위해 추가적인 비용 부담을 하지 않아도 된다. 보험에서 비용 지급이 되기 때문이다. 그래서 산재 신청을 할 때 사장님의 승인은 필요 없다. 그런데도 사장님들이 산재 처리를 싫어하는 것은, 사고 과정에서 산업안전보건법(산안법)을 어긴 것이 드러나 처벌받을까 봐 두렵기 때문이다. 보통 산재는 사업장에서 안전 규칙을 제대로 지키지 않아서 발생한다. '산재 사업장'이라고 불리는 것도 싫을 것이다. 아무래도 근로감독의 압박이 느껴지기 때문이다. 반면, 노동자 입장에서는 산재를 신청하는 편이 대부분 유리하다. 보통 '좋은 회사'라고 불리는 곳에서 하는 지원이라고 해봐야 병원비와 하루 이틀 동안의 임금을 주는 게 전부다. 산재를 신청하면 병원비도 나오고 일을 못 하는 동안의 임금도 지급한다. 그래서 산재 승인 기간 동안만큼은 생계비 때문에 몸이 다 낫지도 않았는데 무리해서 일을 다시 시작할 필요가 없다.

이런 마음 정리가 끝났다면, 두 번째로 해야 할 것은 하던 일을 중단하고 바로 병원에 가는 것이다. 그런데 살짝 다치면 많은 사람이 병원에 가겠다고 말하기가 힘들다. 산재는 4일 이상의 요양이 필요할 경우에 혜택을 받을 수 있다. 여기에는 입원뿐만 아니라 통원 치료도 포함된다. 3일 이하의 요양은 근로기준법상의 보상을 받는다. 그러므로 아파서 일을 못 하겠으면 산재 신청을 하겠다고 마음먹고 바로 병원에 가는 게 좋다. 그리고 다친 직후 처음으로 갔던 병원 진료 기록을 가지고 있어야 나중에 산재 승인을 받는 데 유리하다.

주관적인 경험이긴 하지만, 초보 라이더가 처음으로 오토바이 시동을 걸고 첫 사고를 당하고 첫 산재 신청을 하는 과정을 돌이켜보면 적어도 난폭운전만이 배달노동자 사고의 원인은 아닌 것 같다. 실제로 근로복지공단 자료에 따르면 2016~2018년 총 27명의 청년이 배달을 하다가 사망했는데, 이 중 3명은 첫 출근날, 3명은 이튿날, 6명은 보름 안에 사망했다. 난폭운전을 할 줄도 모르는 초보 라이더가 배달업에 뛰어드는데 그 누구도 그가 배달일을 할 준비가 되어 있는지 확인하지 않았다. 이 지점이 배달라이더 산재 문제를 풀기 위한 첫 번째 열쇠다. 이제 배달라이더 산재 문제를 풀기 위한 두 번째 열쇠를 살펴봐야 한다. 바로 라이더들의 작업장이다.

배달기업의 공장, 도로[1]

배달노동자 산재를 이해하기 위해서는 시민들의 공적 공간인 도로가 배달기업의 공장이 됐다는 사실을 먼저 이해해야 한다. 여기서 배달노동자 산재의 독특함이 도출된다. 배달노동자 사고는 도로 위에서 벌어지는 교통사고이자 배달업무를 하다 발생한 산재사고. 담벼락이 처진 사적 공장이 아니라 모든 시민이 이용하는 공적 공간에서 일어나는 사고이기 때문에 사고를 둘러싼 다양한 해석과 충돌이 일어난다. 갈등은 사고의 순간뿐만 아니라 배달 서비스를 생산, 유통, 소비하는 전 과정에서 일어난다.

"오토바이 세워두면 발로 차버릴 거야!" 2019년 9월, 화창한 하늘을 뚫는 신경질적인 고함 소리가 튀어나왔다. 주택가 2층 창문 너머로 한 주민이 고래고래 외쳤다. 배달노동자들에게 음료수를 나눠주면서 라이더보호법 통과를 위한 서명 캠페인을 하던 중이었다. 라이더유니온 조합원들이 책상을 펴고 유인물을 나눠준 곳은 인천의 한 B마트 앞이었다. B마트는 배달의민족(배민)이 손님에게 생필품 주문을 받고 오토바이 라이더가 비닐봉지에 포장

된 주문 물품을 픽업해 손님에게 배달해주는 서비스를 제공한다.

> "초소량 번쩍배달 B마트가 왔다?? 간편한 식사, 소량 과일, 과자 한 봉지, 1개씩 골라 담아 5천 원부터 주문 가능! B마트는 주문하면 지금 바로 옵니다. 배달이⚡내일 오는 거 ⚡봤어요?⚡"_배민 B마트 페이스북(2020.08.01.~2021.01.31. 기준)

　배달의민족 페이스북에 게시된, B마트를 소개하는 문구다. 온갖 생필품이 쌓여 있는 마트 진열 창고 안에는 손님이나 라이더가 들어갈 수 없다. 손님의 주문대로 물건을 담아 포장하는 알바노동자만 있다. 알바노동자는 라이더들이 한 번에 들고 갈 수 있도록 비닐봉지에 물건을 포장해서 픽업 선반 위에 던져놓는다.
　그전에도 마트 배달이 없었던 건 아니다. 동네 중형마트에서도 일정 금액 이상 장을 보면 오토바이나 자동차로 몇 시간 뒤에 배달을 해줬다. 홈플러스나 이마트 등 대형마트는 전문적으로 빠른 배송을 해준다. 그러나 B마트는 아이스크림 하나도 배달해줄 뿐만 아니라 1시간 이내에 배달해준다. 가까운 편의점에 가기 위해 일어날 결심을 하고, 이불을 걷어 몸을 일으키고, 옷을 입고 모자를 눌러쓰고, 터벅터벅 걸어갔다 오는 시간과 큰 차이가 없다. 배민이 밝힌 B마트 배달 서비스 속도는 평균 29.9분이다.

"야구 보는 지~~~금 이 순간 주문하면 얼추 한 타순 돌 때쯤 도착!

※ 평균 29.9분, 1시간 내 약 97% 배달 완료 _배민 B마트 페이스북(2020.08.01.~2021.01.31. 기준)

류현진급 투수가 마운드에 오르는 날에는 타순이 더 빨리 돌 테니 29.9분보다 더 빨리 배달해야 한다. 마트 배달을 이 속도로 하려면 단순히 라이더가 신호위반과 난폭운전을 하는 것만으로는 부족하다. 물건을 쌓아놓은 창고가 동네 한가운데에 있어야 한다. 대형마트는 목이 좋고 자동차 주차가 편리한 커다란 부지를 확보하고 커다란 건물을 지어야 한다. B마트는 다르다. 오토바이 주차만 가능하면 되고 물건만 잘 보관하면 되니 군이 비싼 임대료를 내거나 건물을 크고 화려하게 지을 필요도 없다. 대형마트가 들어서면 교통 혼잡에 대한 책임을 지고 규제를 받지만, B마트는 아니다. 배민은 오토바이 라이더들이 주문 상품을 빠르게 픽업해서 배송할 수 있으면서도 비교적 임대료가 싼 동네에 물품 창고를 만들어놓았다.

이 때문에 오토바이 주차와 소음 문제로 주민들의 항의가 빗발친다. "배민에 이야기하세요"라고 해봐야 소용없다. 배민은 주민들 눈앞에 보이지 않는다. TV 광고나 앱에 나오는, 예쁘고 깔끔한 민트 컬러의 라이더 캐릭터는 사랑스럽고 귀엽지만, 소음을 유발하는 라이더는 그저 미울 뿐이다. 2층에서 소리를 질렀던 주민은 이내 들어가고 골목길에 터줏대감처럼 보이는 아저씨가 연신 오토바이 라이더를 붙잡고 주차 안내를 하고 있었다.

주민들은 라이더에게 자신들의 골목길을 빼앗겼다고 생각할 터였다. 반면 라이더들은 동네가 작업 공간이자 출근해야 하는 공장이다. 회사로 출근했는데 인근 주민들이 길을 막고 성을 내는 상황에 직면하는 것이다. 골목길을 벗어나도 상황은 달라지지 않는다. 도로에는 택배차, 오토바이, 전동 킥보드, 자전거가 분주히 오간다. 시민들이 살아가는 마을과 많은 사람이 공적으로 사용하는 도로 위에 배달플랫폼기업이 거대한 공장을 지어버렸다.

자동차가 오가는 도로는 배달노동자들이 끊임없이 생산 활동을 하는 일터다. 오토바이와 택배차가 달리는 동선을 이어보면, 도시 전체를 돌리는 거대한 컨베이어벨트가 드러난다. 배달노동자들은 이 기계에 몸이 빨려 들어가거나, 팔과 다리가 잘려나간다. 공장 안에서 벌어졌다면 아무도 관심 갖지 않을 산재다. 하루 6명이 일하다 사망해도 변화가 없는 나라다. 이 사망사고는 시민들의 눈에 보이지 않았다. 굳게 닫힌 공장 안의 파쇄기에서, 시골의 비닐하우스에서, 펜스가 쳐진 공사 현장에서, 알 수 없는 화학물질을 내뿜는 공장 안에서 사람들이 죽거나 다친다. 그러나 플랫폼이 만들어놓은 거대한 기계는 차량 운전자, 횡단보도를 건너는 시민, 유모차를 끌고 가는 부모, 꿀잠을 자고 싶은 주민 옆에서 돌아간다. 김용균이 죽은 석탄발전소가, 삼성 노동자가 죽은 반도체 공장이 내 집 앞 길거리에서 돌아가고 있다면 누가 분노하지 않겠는가.

다만, 시민들은 눈에 보이지 않는 배달플랫폼기업이 아니라 눈앞에 보이는 라이더를 비난할 수밖에 없다. 도시가 일터인 라이더와 도시가 생활공간인 시민들 사이에 화해할 수 없는 갈등이 벌어지는 이유다. 라이더들은 빠르고 신속하게 일할수록 플랫폼 회사와 점주, 소비자에게 칭찬받지만, 시민들로부터는 욕을 먹는다. 그래서 도로 위에서 벌어지는 하나의 죽음이 누군가에겐 산재이고, 누군가에겐 교통사고다. 배달플랫폼기업은 산재를 무수히 유발하면서도 시민들의 지지를 받으며 법적·도덕적 책임에서 도망칠 수 있다. 게다가 도시 전체가 이들의 공장이니 시민들을 로그인만 시킬 수 있으면 언제 어디서든 일을 시킬 수 있다. 누가 얼마나 죽든 대체 인력을 구할 수 있다.

플랫폼회사는 이 최고의 공장을 짓고 관리하는 데 필요한 비용을 지불하지 않는다. 도로를 깔고 정비하는 것은 국가가, 사고 예방을 위한 단속은 경찰이 한다. 배달 쓰레기는 공공의 세금과 시민들이 감당하고, 교통사고 처리는 배달노동자 스스로 해결한다. 배달업으로 발생하는 위험과 비용을 시민과 노동자가 책임진다는 사실은 해외 투자자들에게도 매력적이었다. 최근 합병과 상장에 성공한 배민과 쿠팡은 서울이라는 도시를 투자 유치를 위한 프레젠테이션 화면으로 만들 수 있음을 보여줬다. 배달기업은 얼마나 신속한 배달이 가능한지를 해외 투자자들에게 시연했고, 투자자들은 도시와 시민을 사유화하면서도 책임은 지지 않는 플랫폼에 열광했다.

시민들이 배달라이더를 욕하는 심정은 충분히 이해한다. 오토바이 단속 강화도 찬성한다. 그런데 악플만으로 배달기업의 공장이 되어버린 우리들의 마을을 되찾을 수 있을까? 배달기업들은 우리가 일상적으로 이용하는 도로를 배달 프로그램 화면으로 구축했다. 그러고는 그 화면 속 도로 위에 돈을 뿌려놓고 먼저 줍는 사람이 더 많은 돈을 가져가도록 했다. 한때 〈포켓몬 GO〉 게임을 즐기던 사람들이 포켓몬 사냥을 위해 도로 위를 서성였던 것처럼 배달라이더들은 앱에 접속해 도로 위에 돈이 둥둥 떠다니는 화면을 보며 일한다. 화면 위에는 길거리마다 배달료 액수가 매겨져 있다. 이 작업장을 바꾸지 않는다면 산재사고 문제를 결코 막을 수 없다.

물론 배달노동자의 작업장을 바꾸는 일은 쉽지 않다. 산재사고의 불행함과 안타까움을 제거하고 냉정하게 바라보면 배달노동자와 자동차의 충돌사고는 배달을 둘러싼 여러 이해관계자의 충돌을 의미한다. 시민들이 안전하게 도로와 도시를 이용할 권리와 빠른 배달 서비스를 제공하고 싶은 배달기업의 이익이 충돌한다. 빠르게 배달받고 싶은 소비자의 욕망과 시민의 안전이라는 이익이 충돌한다. 여기에 빠르게 음식을 판매하고 싶은 가게 사장님의 욕망, 빠른 배달을 통해 많은 수익을 올리고 싶은 라이더의 욕망까지 뒤엉킨다. 이는 기업의 입장에서는 최고의 효율을 자랑하는 라이더와 시민의 입장에서는 최악인 라이더가 동일 인물인 모순을 발생시킨다. 내 앞을 빠르게 지나치는 배달라이더는 혐오스럽지만, 내 핸드폰 속에서 빠르게 이동하는 배달라이더 캐릭터는 사랑스러운 법이다. 기업, 소비자, 자영업자, 배달라이더, 그리고 시민 간의 복잡한 이해관계 충돌은 배달노동자 산재 문제를 푸는 일이 쉽지 않음을 보여준다. 우리가 확인할 수 있는 한 가지 분명한 사실은 라이더를 욕한다고 해서 배달노동자 산재사고나 배달노동자의 난폭운전을 해결할 수 없다는 점이다. 이제 배달노동을 포함한 플랫폼산업이 우리 사회의 주요한 의제로 떠올랐을 뿐만 아니라 여러 이해당사자가 얽혀 있는 만큼, 일방적인 혐오와 욕설 대신 합리적인 토론을 통해 진지한 대안을 모색해야 할 때다.

'주의' 표지판이 없는 공장에서 안전하게 일하려면

맥도날드에서 겪은 크고 작은 사고들은 초보라서 생긴 일들이었다. 첫 번째 사고는 내가 일하는 작업장에 대한 무지에서 비롯됐다. 공장이라면 위험한 곳에 '주의' 표지판이 곳곳에 부착되어 있고, 위험 물질에는 '경고' 스티커가 붙어 있다. 노동자들은 이런 표시를 통해 작업장에 존재하는 위험을 인식하고 피한다. 일에 익숙해지면 위험을 회피할 수 있는 경험도 쌓인다. 그러나 배달라이더들의 작업장에는 '주의' 표지판이나 '경고' 스티커가 없다. 게다가 우리 작업장은 계절과 날씨, 교통의 흐름에 따라 시시각각 변한다. 햇빛의 강도나 비와 눈발의 세기에 따라 우리가 바라보는 시야가 달라지고, 바람이 거세게 불기라도 하면 오토바이가 밀려 나도 모르게 차선을 넘게 된다. 폭우가 내리면 도로 곳곳에 구멍이 생긴다. 이런 변화무쌍한 환경을 모두 알려면 사계절을 두루 겪어봐야 한다. 계절과 날씨 외에도 초보 배달노동자들이 예상할 수 없는 수많은 위험이 도사리고 있다. 생전 처음 오토바이를 탄 배달라이더가 지하 주차장에 들어갔을 때 브레이크 양쪽을 꽉 잡으면 오토바이 핸들이 돌아갈 수도 있다는 사실을 어떻게 알겠는가. 나도 처음에는 오토바이를 메인 스탠드로 세우는 방법조차 몰랐다.

어느 날 친구에게 연락이 왔다. 배달 일을 하기 위해 오토바이를 배우고 싶다고 했다. 친구에게 내가 가장 먼저 알려준 것은 오토바이를 메인 스탠드로 고정하는 방법이었다. 두 번째로 알려준 것은 오토바이를 끌고 가는 법이었다. 배달라이더로 일하려면 단순히 오토바이 주행만 할 줄 아는 것으로는 부족했다. 오토바이를 익숙하게 다룰 줄 알아야 했다. 오른쪽 발가락이 날아가는 경험을 그 친구는 겪게 하고 싶지 않았다. 그러나 대부분은 이런 교육을 받지 못한 채 바로 배달 현장에 투입된다. 맥도날드 같은 직접고용 작업장이 배달노동자의 훈련소라면, 배달대행은 전쟁터다. 아무런 훈련도 받지 못한 병사들이 바로 총을 지급받고 전투에 투입되는 곳이 바로 배달대행이다. 이제 총알이 난무하는 그 현장으로 들어가보자.

2장

도로 위의
생존 게임
- 전투 콜

총알택시와
총알배송이 만날 때

택시 기사는 비행기 탑승 시간을 맞춰야 하는 승객을 싣고 액셀을 밟았다. 같은 시간 오토바이 기사는 배달 시간을 맞춰야 하는 음식을 싣고 달리고 있었다. 총알택시와 총알배송이 만나는 순간 '쾅'. 오토바이에 타고 있던 강석구 씨는 그렇게 하늘로 튕겨져 날아갔다. 2017년, 일을 시작하고 4개월째 되는 날이었다. 그는 이후 6번의 사고를 더 겪어야 했다.

사고가 난 날은 무척 바쁜 날이었다. 오토바이 뒤에 달린 배달통에는 배달 순서를 기다리는 음식들이 옹기종기 앉아 있었다. 마음이 급해진 강석구 씨는 신호의 방해를 받지 않는 마곡동 이면도로를 달리기로 결정했다. 이면도로에는 점멸신호만이 깜빡거렸다. 점멸신호란 굳이 정차할 필요는 없지만 다른 차량을 주의 깊게 보면서 지나가라는 의미의 신호다. 사람 마음은 다 똑같아서, 그날따라 마음 급한 차들이 모두 이면도로에 몰렸다. 꽉 막힌 차량 사이를 아슬아슬하게 지나가던 그의 앞을 큰 택배 차량이 막아섰다. 오토바이 운전을 하다 택배 차량이나 버스를 보면, 숨이 탁 막힌다. 시야가 확보되지 않기 때문이다. 보통 오토바이는 오른쪽 갓길로 앞 차량을 추월하는데, 폭이 너무 좁아 지나갈 수 있을지 확신이 서지 않았다. 그렇다고 중앙선을 넘어서 왼쪽으로 추월하다가는 반대편 차와 충돌할 수 있었다. 반대쪽 차선의 시야를 가린 택배 차량이 원망스러웠다. 차들은 앞으로 갈 생각이 없었다. 뒤에 실린 음식들이 마치 승객인 양 빨리 가라고 아우성치는 것 같았다. 어느 쪽으로든 움직여야 했다.

앞 차량을 추월하기 위해 오토바이 핸들을 왼쪽으로 틀어 주황색 선을 넘는 순간 '쾅'. 강석구 씨의 몸은 반대편에서 오는 택시에 치여서 왼쪽으로 날아갔다. 그는 그 순간을 '붕'이라고 표현했다. 택시 기사는 그가 죽은 줄 알았다고 했다.

"부딪히기 전까지는 기억이 나는데 그 뒤로는 기억이 안 나요. 땅바닥에 떨어지고 나서, '아, 뭐야 다쳤나? 부러졌나?' 이 생각밖에 안 났어요."

다행히 부러진 곳은 없었다. 훌훌 털고 일어나서는 걸어서 병원에 갔다. 강석구 씨는 나중에 자신의 사고 영상을 블랙박스로 봤는데, 자신의 오른쪽 다리가 올라가는 걸 보고 신기해했다. 그 짧은 순간에도 택시와 부딪혔을 때의 충격을 줄이기 위해 오른쪽 다리를 올린 것이다.

"사람이 살려고 순간적으로 반응을 하는구나……."

살리지 못한 것은 음식이었다. 그날 땅에 내동댕이쳐진 음식 값으로 10만 원이 깨졌다. 음식 가격에 다들 놀랐겠지만, 그만큼 많은 음식이 배달통에 실려 있었다. 배달이 늦어 주문이 취소되면 배달통에 담긴 음식들 비용은 라이더가 물어내야 한다. 손실을 만회하기 위해 기분 좋게 먹기도 하지만, 먹다 보면 날린 금액이 머릿속에서 떠나지 않는다. 먹을 수 있다면 그나마 다행이다. 강석구 씨는 음식은 망가지고 몸은 다쳐서 병원에 가야 했기 때문에 음식값 10만 원을 주고도 먹지를 못했다.

음식값만 문제가 아니다. 오토바이 수리비도 라이더 책임이다. 사고 과실 비율은 강석구 씨가 70퍼센트, 택시 기사가 30퍼센트로 나왔다. 오토바이 수리비 총액이 100만 원이라면, 70만 원은 라이더가, 30만 원은 택시 운전자가 책임지는 것이다. 수리비 70만 원에 음식값 10만 원, 80만 원만 손해 보면 끝인 줄 알았는데 끝이 아니었다. 강석구 씨는 오토바이 리스를 했다. 동네배달 대행사에 하루 2만 원 정도를 지불하면서 오토바이를 빌려서 탄 것이다. 사고가 나서 며칠간 오토바이를 사용하지 않아도 이 리스비 납부를 중단할 수 있는 게 아니다. 가령, 자영업자들이 코로나19 때문에 영업정지 중일 때도 무조건 월세를 냈던 것처럼, 라이더들은 사고가 나도 오토바이 임대료를 무조건 납부해야 한다. 상가 임대료가 아까운 자영업자들이 주6일 12시간 일하듯, 라이더들도 리스비 때문에 주6일 12시간은 일하게 된다. 아파서 병원에 누워 있어야 하지만, 가만있어도 빠져나가는 돈을 생각하면 자리를 털고 벌떡벌떡 일어나게 되는 것이다.

진화 혹은 퇴화, 끊임없이 변하는 배달산업의 3가지 형태[2]

강석구 씨가 일한 곳은 맥도날드도 배민커넥트도 쿠팡이츠도 아닌 동네배달대행사. 강석구 씨가 다친 몸을 일으켜서 일을 해야 하는 상황을 이해하려면 동네배달대행사라는 한국의 독특한 배달산업을 먼저 이해해야 한다. 배민 앱을 깔아본 독자라면 배민 앱에 접속했을 때 맨 상단에 '배달'과 '배민1'로 구분되어 있는 아이콘을 볼 수 있다. '배달'은 주문접수와 음식점 광고는 배민 앱을 통해 하고, 배달은 음식점이 알아서 하는 형태다. 음식점은 동네배달대행사와 계약을 맺고 동네배달대행사는 위탁계약을 맺은 라이더에게 배달을 맡긴다. '배민1'은 주문접수와 음식점 광고는 배민 앱으로 하고, 배달은 배민의 자회사인 우아한청년들과 계약을 맺은 배민커넥트 라이더가 해주는 형태다. 배달접수와 음식점 광고, 배달을 동시에 해주는 서비스라고 보면 된다.

소비자의 기준에서 보면 전자는 여러 건의 음식점 배달을 묶어서 여러 곳의 손님 집에 배달하는 묶음 배송 서비스이고, 후자는 한 집에 하나를 배달하는 한 집 배송 서비스다. 요기요도 '배달'에 해당하는 '요기요'와 '배민1'에 해당하는 '요기요익스프레스'로 구분되어 있고, 쿠팡이츠는 주문접수와 배달을 동시에 하는 시스템만 존재한다. 다시 한번 쉽게 이야기하면 '배달', '요기요'는 전단지와 주문접수원 역할, 즉 손님에게 음식점을 홍보하고 주문접수해주는 역할만 하고 음식 배달은 음식점에서 알아서 해결하는 형태다. '배민1'과 '요기요익스프레스'는 주문접수 및 광고와 배달을 동시에 해결해주는 곳이다. 그렇다면 이제 이런 산업구조가 탄생한 배경과 이유를 살펴보자.

우리는 음식점에 직접고용되어 일하는 배달원이 예전에만 존재했다고 착각하지만 요즘에도 이러한 형태로 일하는, 근로기준법상 근로자 신분인 라이더들이 존재한다. 이들을 고용하는 음식점 종류도 치킨집, 중국집, 피자집, 백반집, 도시락집 등 매우 다양하다. 노동자 입장에서는 안정적인 출퇴근 시간 보장과 4대 보험 가입을 원할 수도 있다. 근로기준법상 근로자라면 오토바이를 따로 구입하거나 오토바이 보험료를 지급하지 않아도 일할 수 있다. 비교적 가까운 거리에 정해진 구역만을 배달하므로 경력만 쌓이면 숙련노동자로 능숙하게 일할 수도 있다. 일감을 얻기 위해 경쟁하거나 기름값이 올라 스트레스를 받을 필요도 없다. 가게로 들어온 배달주문을 순서대로, 혹은 코스대로 묶어서 가면 된다. 주어진 배달 일을 완료하고 다시 가게로 돌아오면 일감이 또 쌓여 있다. 곧 살펴볼 동네배달대행사의 전투 콜이나 플랫폼의 AI 배차처럼 좋은 일감을 얻기 위해 정신없이 핸드폰을 두드리거나, 길거리를 배회할 필요도 없다.

음식점 사장님 입장에서도 여러모로 이득이다. 배달대행을 사용하면 비용 절감도 가능하고 근로기준법상 사용자 책임에서도 벗어나지만 여러 가게가 배달라이더를 공용으로 사용하기 때문에 공용 배달라이더가 본인 가게에 도착하는 시간이 들쭉날쭉하다. 특히 배달이 밀리는 피크 시간이나 눈이나 비가 와서 라이더가 빠르게 달리지 못하는 날이면, 음식을 어느 시간에 맞춰서 조리할지 감을 잡기 힘들다. 피크 시간에 라이더가 너무 일찍 오면, 음식점 사장님은 큰 압박을 받는다. 홀에 있는 손님을 응대하고, 앞선 배달주문을 처리하느라 제때 음식을 포장해서 라이더에게 건네기 힘들기 때문이다. 반대로 비가 오는 날 라이더가 너무 늦게 와도 스트레스다. 음식을 만들어놨지만, 라이더가 늦게 오면 그사이 음식이 식어버려 결과적으로 퀄리티가 떨어진다.

직접고용을 하면 이런 스트레스에서 벗어날 수 있다. 비가 오나 눈이 오나 배달원을 출근시킬 수 있고, 배달을 끝내면 내 가게로 되돌아오기 때문에 안정적인 음식 배달이 가능하다. 오배송을 했을 때도 바로 대처할 수 있다. 가령, 배달을 보냈는데 케첩이 빠져서 손님이 컴플레인을 걸었다고 치자. 근로기준법상 근로자 신분의 배달라이더를 고용해 배달을 시켰다면 금방 다시 갔다 오라고 할 수 있지만, 배달대행을 썼다면 케첩 하나 때문에 배달대행사에 배달료를 추가 지급해야 한다. 또, 배달통이 따로 없는 오토바이를 모는, 이름 모를 초보 라이더가 피자를 가방에 세로로 넣어서 가져가거나 한 손에 피자를 들고 오토바이를 몰며 배달하는 만행을 막을 수도 있다. 피자는 크기가 크기 때문에 넓은 배달통이 딸린 오토바이를 모는 라이더만 배달이 가능한데, 종종 플랫폼 형태로 일하는 라이더들 중에 배달통이 없는 라이더가 기이한 방식으로 배달을 해서 가게 주인들이 충격을 받는 경우가 있다. 게다가 피자는 배달 품목 중에서도 난이도가 높다. 급정거라도 하면 피자 위의 토핑이 춤을 춘다. 그래서 도미노피자는 한동안 배달대행을 절대 쓰지 않고 모든 배달을 직접고용한 근로기준법상 근로자 신분의 라이더에게만 맡겼었다(2022년 11월, 한국 도미노피자가 미국 본사를 설득해 전 세계에서 유일하게 한국에서만 배달대행을 사용하기로 했다. 한국 도미노피자는 가맹점 사장들이 인건비 부담 때문에 배달원을 직접고용하는 것을 부담스러워해, 배달 수요를 감당하기 어려웠다고 밝혔다). 그뿐만 아니라 직접고용을 하면 배달이 없을 때는 청소나 짐 정리, 요리 등을 시킬 수 있어서 사장님들은 최저임금으로 최고의 효율을 누릴 수 있다. 물론, 이것은 배달라이더들이 가게를 떠나는 이유 중 하나다.

　이 좋은 직접고용 라이더들을 음식점 사장님들은 왜 내쫓았을까? 어느 날 음식점 사장님 5명이 회식을 했다. 가게마다 라이더를 1명씩 고용했기에 5명의 사장님이 총 5명의 라이더를 고용한 상황이었다. 그런데 가게 5곳의 배달주문 건수를 합쳐보니 하루 200건에 불과했다. 술이 거나하게 취한 사장 A가 "200개 정도면 배달 기사 한 명당 100건씩, 두 명만 있어도 다 배달하겠네!"라고 소리쳤다. 다른 사장들이 이 말을 듣고 눈이 번뜩인다. '그렇게 좋은 방법이 있구나!' 그래서 5명 중 3명을 자르고 2명의 배달라이더들을 다섯 가게가 공유해서 쓰자고 말한다. 최초의 공유경제다. 그런데 첫 번째 큰 문제가 발생한다. '누가 오토바이 보험료를 낼 것이며, 오토바이가 고장이라도 나면 누가 수리비를 낼 것인가?' 모두가 싫다고 하는 순간, B사장이 기막힌 아이디어를 낸다. "배달라이더에게 오토바이를 사오라고 하고, 사장님이라고 불러주자!" 다들 환호한다. 하지만 이내 C사장이 찬물을 끼얹는다. "그럼 월급은 누가 줄 건데?" B사장은 뭘 그런 걸 걱정하느냐며 배달 1건당 몇천 원씩 쥐어주면 된다고 설명한다. 건당 요금제다. 회식 이후 음식점 사장들은 배달이 뜨면 무전기나 전화로 사장이

된 2명의 라이더에게 배달할 음식을 가져가라고 요청했다. 이렇게 탄생한 것이 바로 동네배달대행업체다. 물론 실제로 이런 대화가 있었다는 것은 아니다. 배달대행업체가 생겨난 논리를 설명하기 위한 가상의 대화다.

즉, 대한민국 배달대행업은 4차 산업혁명이나 플랫폼산업과 아무런 관계가 없다. 배달 장사를 하던 음식점 사장님들이 배달 업무를 외주화한 것에 불과하다. 음식점들은 초기에 음식이 나오면 문자나 무전기로 배달라이더에게 가져가라고 했지만, 이 방식은 너무 비효율적이었다. 그러자 음식점 포스기에 주문 내역을 바로 입력하면 라이더의 핸드폰과 동네배달대행사 사무실 컴퓨터에 주문 정보가 동시에 뜨는 프로그램을 개발한 회사가 등장했다. 이게 바로고, 부릉, 생각대로, 이어드림, 날라가, 스파이더, 공유다 등 이제는 셀 수도 없이 많은 배달대행 프로그램 회사다. 2022년 국토교통부의 배달업 실태조사 결과 발표에 따르면, 배달대행 플랫폼은 무려 51개, 이 플랫폼을 사용하는 동네배달대행업체는 7749개로 파악됐다.[3] 대한민국은 이런 동네배달대행사가 이미 발달해 있었기 때문에 배달의민족이 성장하기에 맞춤한 환경이었다. 배민 영업직원이 음식점에 전단지 광고 대신 앱을 통해 배달 광고를 하라고 설득할 무렵에 기존의 동네배달대행사가 없었다면 배민이 배달 서비스까지 제공해야 했다. 그렇지만 이미 동네배달대행사가 존재했으므로 배민은 전단지로서의 역할만 충실히 하면 됐다.

배달대행라이더들을 이용하는 사장님들은 종종 자신들이 배달대행라이더들을 직접고용한 것처럼 생각하기도 한다. 왜 우리 가게에 늦게 오느냐고 소리치기도 하고, 우리 가게 배달부터 빨리 갖다주라고 독촉하기도 한다. 가게에서 내쫓았지만 우리 가게에서 일하는 직원처럼 일해주길 바라는 거다. 라이더들에게 직접 말해서는 이야기가 안 통하니 자신들과 계약을 맺은 동네배달대행업체에 컴플레인을 걸고, 동네배달대행업체는 자신과 위탁계약을 맺은 사장님 라이더의 출퇴근을 감시하고, 구체적인 업무 지시를 내리며, '강배(강제 배차)'까지 하는 모순적인 배달산업이 이렇게 자리를 잡았다.

비교적 최근 들어 서울 수도권을 중심으로 배민라이더스, 요기요익스프레스, 쿠팡이츠서비스 등 주문접수와 배달대행을 동시에 하는 배달업체가 대세로 자리 잡기 시작했다. 2018년까지는 음식점들이 배민과 요기요로 주문을 받고 배달은 동네배달대행업체에 맡겼다. '민트라이더'라고도 불리는 배민라이더는 간간이 보이는 수준이었는데 2019년부터 배민에서 본격적으로 배달대행시장에 뛰어들었다. 이들 배달대행사는 모두 자회사 형태다. '배달의민족'은 서비스 이름이고 모회사 이름은 '우아한형제들'이다. '배민라이더스'도 서비스 이름일 뿐이고 모회사 이름은 '우아한청년들'이다. '요기요'도 서비스 이름이고 모회사 이름은 '딜리버리히어로코리아'이고, 배달대행 서비스인 '요기요익스프레스'

의 모회사 이름은 '플라이앤컴퍼니'다. 최근 요기요는 GS리테일과 사모펀드 회사가 합작한 법인에 매각되면서 사명이 '위대한상상'으로 바뀌었다. '쿠팡이츠'도 원래 쿠팡 소속이었다가 2021년에 '쿠팡이츠서비스'라는 자회사를 만들어 분리했다. 덕분에 쿠팡에 단체교섭 요청을 했던 라이더유니온은 쿠팡이츠서비스 자회사에 처음부터 다시 단체교섭을 요청해야 하는 해프닝을 겪기도 했다.

배민과 요기요도 2019년까지는 동네배달대행업체처럼 단톡방을 통해서 직접적인 근태 관리와 지휘·감독을 했지만 라이더유니온의 문제 제기 이후로 등급 제도와 평점, 알고리즘, 프로모션 실시간 배달료 등의 간접적인 방식으로 통제하고 있다. 쿠팡이츠는 처음부터 자유롭게 라이더가 로그인·로그아웃하는 형태로 사업을 시작했지만 평점과 프로모션 실시간 배달료를 통해 라이더에 대한 통제를 강화하고 있다. 극단적으로 유연화된 노동을 활용하는 배달산업은 매일매일 그 모습을 바꾸고 있다.

지금까지 설명한 복잡한 배달산업 구조가 구체적으로 어떻게 현실에서 이루어지는지를 음식점 사장님의 입장에서 살펴보자. 맥도날드에서 이루어지는 배달 과정을 살펴보면 간단하다.[4] 먼저 배달접수다. 맥도날드는 전화 주문이 가능하다. 하지만 매장으로 전화하면 안 된다. 통합 콜센터(1600-5252)로 전화해야 한다. 개별 매장의 전화 접수 업무를 콜센터로 외주화했기 때문이다. 전통적인 아웃소싱이지만 구멍가게 수준은 아니다. 콜센터를 통해 들어오는 주문은 해당 매장 배달용 포스기 화면에 뜬다. 맥도날드 CM송에서 자주 들을 수 있는 "빠라빠빠빠" 소리를 내면서. 손님이 맥도날드에 배달주문을 하는 또 다른 방법은 맥도날드 전용 주문 앱에 접속하는 것이다. 맥도날드는 대기업이기 때문에 독자적인 주문 플랫폼을 갖고 있다. 여기서 하는 주문 역시 해당 매장 배달용 포스기에 뜬다.

2019년부터는 새로운 주문 방법이 추가됐다. 배달의민족과 요기요에서도 맥도날드 주문이 가능해졌다. 주문접수 소리는 각각 다르다. "배달의민족 주문~" "요기요 주문, 요기요~". 여기에 쿠팡이츠까지 추가됐다. 그래서 맥도날드 매장에서는 모두 4개의 배달접수 소리가 난다. "빠라빠빠빠" "배달의민족 주문~" "요기요 주문, 요기요~" "쿠팡이츠, 주문". 이 리듬이 깨지기도 하는데, 매장으로 직접 전화해서 "배달돼요?"라고 물어보는 아날로그적 손님이 등장할 때다. 이런 전화가 걸려오면 점원들은 "콜센터로 전화하시거나 앱으로 주문하세요"라고 응대하며 끊는다. 이 소리들이 한꺼번에 울리면 정말 정신이 혼미해진다.

배달주문이 끝났으니 이제는 접수된 주문을 처리할 차례. 맥도날드는 근로자 신분의 라이더를 고용한다. 예를 들어 5개 주문이 동시에 떴다고 가정해보자. 나 같은 근로자가 3개 정도의 주문을 처리한다. 그래도 2개의 주문이 남는다. 다른 라이더는 없다. 걸어서 갈 수 있는 거리라면 햄버거 만드는 직원을 잠시 빼서 보내면 된다. 그래도 1개의 주문이 남는다. 내가 배달 3건을 다녀와서 가면 너무 오래 걸리므로 손님의 컴플레인은 불 보듯 뻔하다. 걸어서 갈 수도 없는 거리다.

이때 배달대행 프로그램 '부릉'이나 '바로고' 중에 하나를 켜고 배달대행 접수를 누른다. 부릉이 먼저 눈에 띄어서 부릉을 클릭한다. 맥도날드가 날린 1건의 배달주문이 앱에 접속해 있던 부릉 라이더 10명의 스마트폰에 동시에 뜬다. 손가락으로 계속해서 스마트폰 위를 터치하고 있던 부릉 라이더 1명이 이 배달주문을 재빨리 낚아챈다. 내가 3건의 배달주문을 처리하기 위해 햄버거를 들고 매장 문을 열고 나설 때쯤 저 멀리서 내가 가지 못한 배달을 처리하기 위해 '부릉'이라고 적힌 배달통을 단 오토바이와 부릉 조끼를 입은 라이더가 도착한다. 우리는 서로에게 "수고하세요"라고 인사를 던지며 지나친다. 맥도날드 소속 근로자들은 최저임금과 배달 1건당 400원을 챙기고 맥도날드에서 제공한 유니폼과 노란색 오토바이를 타고 출발하고, 부릉 라이더는 배달 1건당 3000원을 챙기고 자기가 구입한 오토바이를 타고 배달한다. 배달을 마치고 나는 맥도날드 매장으로 돌아오겠지만 그는 어디로 갈지 모른다. 자, 이제부터는 이들 배달대행사 소속 라이더들이 일하는 환경을 쫓아가보자.

면허 없어도 OK,
동네배달대행사 입사하기

"지점 가서 기사용 앱 깔고 사용법 설명 듣고, 그날 바로 일을 했습니다. 사장이 내가 오토바이 탈 줄 아는지를 직접 확인하지는 않았어요. 제가 배민에서 배달 일을 하고 있는 걸 알고 있었어요. 면허 확인은 했죠." _인천 라이더 대인 씨

"배달하려고 사무실을 찾아가면, 운전면허증 한 번 보고 앱 깔아주고 아이디 비번 만들고, 접속해서 한번 일해보라고 하고 끝이에요. 사장은 관제 모니터로 보면서 새로 온 사람이 얼마나 잘하는지 지켜보는 거죠. 면허만 있으면 오토바이를 어떻게 타느냐보다 일을 얼마나 빠르게 하는지가 중요하죠."
_목포 라이더 A씨

인천 라이더 대인 씨와 목포 라이더 A씨가 배달대행사 사장에게 보여준 운전면허는 제1종 보통 운전면허, 즉 자동차 운전면허였다. 원동기 운전면허가 없더라도 자동차 운전면허만 있다면 125cc 이하 오토바이를 운전할 수 있다. 안전벨트를 매고 기어를 조작하고 핸들의 방향을 조작하는 자동차 운전과 이륜 오토바이

운전은 작동 원리와 방식이 완전히 다르다. 그럼에도 자동차 운전 면허만 있으면 오토바이를 타는 데 아무런 제약이 없다. 원동기 운전면허 시험 역시 도로주행이 없고 어려운 코스에서 발이 닿지 않는 상태로 주행하는 것이 주요한 시험이다. 원동기 운전면허 학원을 검색해보면 '학원에서 교육받고 교육받은 장소에서 교육받은 차로 매일 시험 실시로 3일 만에 면허를 취득할 수 있습니다'라는 광고 문구가 나온다. 물론 자동차 운전면허만 가지고 오토바이 운전을 하는 것보다는 며칠이라도 교육을 받고 원동기 운전면허를 딴 뒤에 오토바이를 모는 편이 낫다. 하지만 도로 위에서 오토바이를 몰며 바로 배달 일을 하기에는 그때 배운 것만으로 턱없이 부족하다. 시속 50~60킬로미터 속도로 달리면서 배달을 하는 배달라이더들이 배달에 필요한 기술을 익히려면 도로주행 교육이 반드시 필요하다. 하지만 라이더들은 교육이 아닌 실전에서 이 기술을 익힐 수밖에 없다. 배달노동자가 동네배달대행사와 계약을 맺고 일을 시작하기 위한 유일한 조건은 운전면허증 소지이지만, 이 운전면허조차도 라이더가 배달 일을 하는 데 적합한 능력을 갖추었는지 보증해주지 못한다. 그렇다고 현장에 일을 가르쳐줄 선배가 있는 것도 아니다. 심지어는 운전면허 확인을 안 하는 경우도 있다.

"원래는 스쿠터를 타고 싶어서 고2 때 땄어요. 고1 때 탈 때는 면허증이 없었어요. 사장도 알고 있었어요. 두 번째 회사에서는 (배달을) 뛰다가 중간에 땄어요. (회사에서) 면허증 있냐고 물어보긴 했는데 없다고 하니까 두 군데 다 괜찮다고, 네가 조금만 조심히 타면 의미가 없다고……"_광주 청소년 라이더 A씨[5]

배달만 빼주면 그게 누구든 상관없다고 생각하는 자격 없는 사장들이 아직도 존재하는 것이다. 운전면허증 확인조차 안 하는데 계약서를 쓸 리는 더욱 없다. 서울시는 2021년 동네배달대행사 노동자 1016명을 대상으로 설문조사를 진행했다. 이 중 절반이 넘는 50.5퍼센트가 별도 계약서 작성 없이 구두로 계약했다고 답했다. 계약서를 작성하지 않는 이유는 다양하다. 배달업에 대한 정보가 없어서 그럴 수도 있다. 동네배달대행사는 원래 계약서 따위는 쓰지 않고 일하는 곳이라는 숙련노동자의 고정관념이 작용하기도 한다. 동네의 아는 사람 가게에서 일하는데 무슨 계약서까지 쓰냐는 생각을 할 수도 있다. 이유가 무엇이었건 노동자들은 안전교육은커녕 기본적인 근무 조건조차도 잘 모르고 일을 시작한다.

실제로 인천 라이더 대인 씨는 입사 후 15일 만에 사고가 났다. 그가 근로복지공단에 제출한 요양급여 신청서에는 그날의 사고 현장이 생생하게 묘사되어 있다.

"2021년 7월 16일(금) 오토바이로 음식 배달을 하고 있었습니다. ○○바게트 ○○점에서 음식을 픽업하여 방죽공원 인근 빌라에 배달을 완료하고 빽○○ ○○역점 및 GS25 ○○점에 픽업하기 위해 이동 중이었습니다. 십정사거리에서 석바위 방향으로 1차선에서 좌회전을 위해 신호대기 했고 좌회전 신호를 받고 좌회전하던 중 오토바이 앞바퀴가 순간적으로 흔들리며 중심을 잡지 못하고 넘어져 ○○○○ 매장 앞 맨 하위차로에 뒹굴어 넘어졌습니다.

가좌IC 방향에서 석바위 방향으로 우회전하던 1톤 트럭이 멈춰서 2차 사고를 막아주었고 주변 상가 직원이 나와서 오토바이 배달통에서 떨어진 물건들을 정리해주고 오토바이를 인도로 주차해주었습니다. 저는 잠시 동안 땅바닥에 앉아 정신을 수습하고 소속 회사 지사장에 사고를 보고하고 오토바이 센터에 견인을 요청했습니다. 119를 부를까 하다가 새끼손가락이 부러진 것으로 보이는 것 말고는 다른 이상이 없는 듯해 택시로 석바위사거리에 있는 ○○병원으로 이동하여 수술 및 입원했습니다."

소름 돋는 사실은, 대인 씨도 앞서 언급했던 사례의 강석구 씨와 똑같이 상황을 정리한 뒤 택시를 타고 병원에 갔다는 점이다. 둘 다 사고 이후에도 배달이 걱정이었다. 그래서 배달대행사 사장에게 가장 먼저 연락해서 대신 배달해달라고 부탁한 다음, 오토바이를 견인해달라고 요청했다. 자신의 몸을 챙기는 것은 마지막이었다. 그의 새끼손가락은 부러져 있었다. 대인 씨는 병원 치료를 받고 나서야 사고 상황이 궁금해졌다. 왜 넘어졌는지 알 수 없었다. CCTV를 확인하니 도로에 청소차가 물을 뿌리며 지나가고 있었다.

"배달을 마치고 다음 배달을 빨리 가야 한다는 압박이 있는 상태에서 사거리 맨 앞으로 나가서 신호대기를 하고 있었어요. 그때도 신호를 보거나 주변을 봤던 게 아니라 다음 콜을 보기 위해서 핸드폰을 본 거죠. 비가 온 것도 아니고, 도로에 물이 뿌려져 있을 거라고는 생각도 못 했어요. 생각해보면 제가 그동안 자동차 운전에만 익숙했기 때문에, 자동차 운전하듯이 코너링을 돈 것 같고 오토바이 코너링에 대해서는 제대로 배워본 적이 없어요."

배달노동자들이 아무런 자격 조건 없이 배달 일을 시작할 수 있는 것도 문제이지만, 더 큰 문제는 사장님들이 아무런 진입 장벽 없이 배달대행사를 차릴 수 있는 것이다. 배달대행사 사장 중에는 산재 제도가 무엇인지, 산재 성립 및 입직 신고(일을 시작한다는 신고. 산업재해보상보험법은 배달대행라이더처럼 사실상 노동자임에도 불구하고 근로기준법이 적용되지 않는 특수형태근로종사자와 계약한 사업주는 노무를 제공받은 날을 기준으로 그다음 달 15일까지 입직 신고를 반드시 해야 한다고 규정하고 있다)가 무엇인지, 세금 처리는 어떻게 해야 하는지도 모른 채 무작정 창업하는 사람도 있다. 노동조합인 라이더유니온에 산재 처리를 어떻게 해야 하는지 상담 문의를 하는 사장도 봤다. 동네에 아는 배달라이더 3~4명을 모아 친한 음식점 2~3곳의 배달을 수행하는 것으로도 배달대행사 창업이 가능하다. 사무실도 필요 없다. 관리 프로그램 접속은 꼭 컴퓨터가 아니더라도 핸드폰으로도 가능하다. 핸드폰을 통해서 현재 로그인한 배달라이더의 위치와 그 라이더가 배달 콜을 잡았는지 여부, 현재 배달주문량이 어느 정도인지를 실시간으로 확인할 수 있다.

사고 위험이 높은 배달산업 창업에 필요한 그 어떤 규제도 없다 보니 현장은 주먹구구식으로 돌아간다. 이는 사업자 간의 위험한 경쟁을 불러일으킨다. 새롭게 창업하는 사장이 늘어나다 보면 라이더와 상점 모시기 경쟁이 극심해져 검증되지 않은 초보 라이더에게 배달 일을 시키는 일이 벌어진다. 운전면허도 확인하지 않고 청소년에게 일을 시키는 사장이 그냥 나오는 게 아니다.

천안의 한 초보 배달대행사 사장은 청소년과 오토바이 리스 계약을 맺었는데, 오토바이 보험에 가입하지 않은 무판 오토바이를 청소년에게 빌려줬다. 이후 청소년 라이더는 오토바이를 타다가 사고가 나서 의식을 잃었는데, 사장은 무판 오토바이를 빌려준

게 염려되어 그 오토바이를 청소년이 훔쳐갔다고 경찰에 거짓으로 진술했다. 사고를 당한 청소년의 아버지는 그 말을 믿을 수 없어 음식점과 아파트 CCTV를 뒤져서 평소에도 무판 오토바이로 배달 일을 했다는 증언과 증거를 확보할 수 있었다.

자격 없는 사업자의 난립은 단가 인하 경쟁을 부추기기도 한다. A배달대행업체가 동네 치킨집 배달을 1건당 3500원에 해주고 있었는데, 새로 생긴 B배달대행업체가 1건당 3000원에 해주겠다며 음식점을 뺏어간다. 건당 배달단가가 내려가면 라이더들은 더 많은 배달을 하거나 더 오랜 시간 일해서 소득을 보존해야 한다. 배달대행업체 사장님들 간의 무분별한 경쟁은 도로 위의 라이더들이 위험천만한 생존경쟁을 벌이게 만든다.

무엇보다도 배달대행사업에 대한 실태 파악을 국가조차도 제대로 하지 못하는 실정이다. 자유업이다 보니 동네배달대행사를 모두 파악하기 힘들 뿐만 아니라 배달대행사가 라이더와 계약서를 제대로 쓰지 않으니 종사자 규모도 제대로 파악하지 못한다. 실태조차 파악이 안 되는 상황에서 산업안전 정책을 짤 수는 없다. 설사 안전 방안을 마련한다 해도 이를 라이더들에게 전달할 사장을 찾을 수 없고, 그런 사장이 있다고 한들 정말 제대로 산업안전보건조치를 이행했는지 검증하고 처벌할 방법이 없다.

그나마 최근 고용보험법 적용 범위가 확대되고 산재 전속성 기준과 산재 적용제외 신청 제도가 폐지되어 고용보험과 산재보험으로 실태 파악을 해볼 수는 있다. 2022년 4월 기준, 배달업의 고용보험 가입자 숫자는 약 17만 명, 산재보험 입직자 숫자는 약 13만 명이다. 입직 신고조차 하지 않는 동네배달대행 사업장도 있으므로 정확한 숫자는 아니다. 국토교통부에서 2022년 12월 27일에 발표한 '2022년 배달업 실태조사 결과 발표'에 따르면 2022년 상반기 배달업종사자 수는 23만 7188명이다. 조사마다 숫자 차이가 너무 커서 어떤 통계도 완벽히 신뢰하기 힘들다. 배달산업에 대한 제도화가 우선적으로 필요한 이유다.

뼈가 부러져도
다시 오토바이에 오르는 이유

2021년 생활물류서비스산업발전법이 통과되어 기존에는 법적 규정이 없던 배달업이 '소화물배송사업자'로 새롭게 규정되긴 했지만, 이 법으로는 정확하게 배달 사업장을 파악할 수 없다. 면허 확인, 보험 가입 등 최소한의 법적 의무를 다하면 소화물배송사업자에 대한 인증을 해주고 인센티브를 주는 인증 제도이기 때문이다. 국토교통부는 배달기업 중 노동자 안전과 소비자 편익을 위해 노력하는 기업에 장관 명의의 인증서를 수여한다. 인증을 받기 위해서는 전문가 등의 심사를 3개월간 받아야 하는데, 70점을 넘으면 된다. 심사표를 보면 종사자 보호와 관련해서 무려 40점이 배정된다. 여기서 높은 점수를 받으려면 안전교육과 보험, 표준 계약서 등의 요건을 충족해야 한다. 바로고 등 배달대행 프로그램 회사들 중에도 인증 기업이 있지만, 바로고와 계약을 맺은 동네배달대행사 사장이 표준 계약서를 쓰는지, 보험 확인은 하는지 등은 제대로 점검하지 않는다. 동네배달대행사 사장들은 인증을 받지 않아도 사업을 하는 데 아무런 제재를 받지 않으므로 굳이 인증을 받을 필요가 없다. 사실상 방치다. 현재의 배달산업을 한마디로 요약하면, 오토바이를 몰아본 적 없는 자동차 운전면허만 있는 라이더를 이용해 안전교육은커녕 산재가 무엇인지도 모르는 사장이 돈을 버는 구조다. 이는 초보 라이더의 사고로 이어진다.

서울시 일반대행 실태조사에서 1016명 라이더 중 764명이 최근 사고 경험이 있다고 답했는데, 1년 미만 종사자가 400명으로 비중이 가장 높았으며, 그중 33.5퍼센트가 주행 중 넘어진 사고라고 답했다. 1장에서 살펴본 대로 대부분의 초보 라이더는 운전 미숙, 도로에 대한 정보 부족 등으로 혼자 넘어지는 사고를 겪는다. 택시와 사고가 났던 강석구 씨도 그렇게 또 한 번 사고가 났다.

"2017년 추석 때쯤이었어요. 그때 비가 많이 왔어요. 음식을 픽업 가는데, 비 오니깐 주문은 많고, 그때는 드물게 배달료

할증도 붙여줬어요. (비나 눈이 오면) 기상할증 500원, 명절에 일한다고 명절할증 500원을 붙여줬어요. 마음이 급했죠. 상점 앞 도로에 오토바이를 주차하려고 브레이크를 잡는데 그냥 넘어졌어요. 내가 왜 넘어지고 있는지도 모르게. 브레이크를 딱 잡았는데, 미끄러지니깐 그냥 왼쪽으로 넘어졌어요. 항상 왼쪽이에요. 다친 곳을 계속 다쳐요. 나중에 보니 맨홀 뚜껑이 있더라고요. 비 오는 날 맨홀 뚜껑은 빙판길인데 그땐 그걸 몰랐죠."

여름에 새끼손가락이 골절됐던, 인천 라이더 대인 씨는 여름과 가을 내내 회복에 집중하다가 겨울에 다시 일을 시작했다. 일을 시작한 지는 제법 됐지만, 라이더로서는 처음 겪는 겨울이었다. 다시 초보 라이더가 된 대인 씨는 2022년 1월 18일, 또 사고가 났다. 복귀 후 19일 만이었다. 그는 배달이 아니라 산재 신청 전문가가 됐다. 그가 적은 요양급여 신청서를 천천히 읽어보면 사고의 순간을 생생하게 그려볼 수 있다.

"2022년 1월 18일(화) 오전 9시 30분경 출근하여 오토바이로 음식 배달을 하고 있었습니다. 저녁 7시 20분경 ○○○○익스프레스 ○○점에서 음식을 픽업하여 만수동 방면으로 배달을 하러 가던 길이었는데 (라이더 앱상에서 콜을 선택하여) 잡고 있던 ○○○○ 씨앤씨점 콜이 시간이 많이 지연되어 픽업 후 배달하기 위해 모래내시장역 사거리에서 석천사거리 쪽으로 좌회전하여 내리막길을 가던 중이었습니다. 배달 코스와 시간상 고민하다가 배차를 취소하든 경로를 수정하든 해야겠다는 마음에 브레이크를 잡았는데 오토바이가 미끄러지며 중심을 잡지 못하고 넘어져 오토바이와 함께 우측으로 넘어졌고 우측 팔꿈치와 어깨에 심한 통증을 느꼈습니다.

넘어질 당시에는 주변에 차량이 없었으나 넘어진 상황에서 뒤쪽을 보니 차량들이 신호를 받고 오는 것을 확인했고 어두운 데다가 경사진 면이라 시야 확보가 안 될 것 같아서 급한 대로 일어나서 2차 사고 방지를 위해 손짓을 했습니다. 오른손이 어깨 통증으로 들 수 없을 정도라서 왼손으로 손짓을 했던 기억이 납니다.

이후 차량들과 함께 오던 라이더들이 오토바이를 주변에 멈추고 차량 통행 정리 및 오토바이에서 쏟아진 짐을 정리하고 오토바이를 세워주었고 팔 통증이 조금 가라앉은 듯해 제가 오토바이를 타고 한쪽으로 이동하여 주차했습니다.

바로 문제가 됐던 콜을 배차 취소했고(추후 확인한 배차 취소 시간은 19시 38분 17초로 기록) 일단 싣고 있던 배달을 완료하기 위해 출발했습니다. 처음에는 싣고 있던 짐만 마치고 종료해야겠다고 생각했으나 당일배송 5건(화장품)의 배달 지역이 넓게 분

포되어 있고 통증이 좀 가라앉은 듯하여 23시 21분 32초까지 마지막 배달을 마치고 귀가했습니다.

2022년 1월 19일(수) 아침 7시 35분경 자고 일어나 보니 어깨와 팔꿈치 통증이 심하여 지점장에게 카톡으로 메시지 남기고 오전 10시경 ○○병원에서 진료를 받았습니다."

사고가 난 1월 18일은 눈이 온 다음 날이었다. 길거리에는 다량의 염화칼슘이 뿌려져 있었다. 게다가 날이 어두워지면서 바닥이 잘 보이지 않았다. 대인 씨는 염화칼슘이 뿌려진 바닥이 미끄러운 줄 몰랐다. 이런 와중에 상품의 픽업 시간과 배달 코스를 고려하지 못하고 콜을 잡다 보니 마음이 급해진 상황에서 방향을 틀기 위해 양쪽 오토바이 브레이크를 동시에 잡다가 미끄러졌다. 대인 씨는 처음엔 사고가 났다고 믿고 싶지 않았다. 단순 타박상이길 바랐다.

"쉬니깐 일을 하는 것도 아니고, 쉬는 동안 뭔가 생산적인 일을 해야지 계획은 했는데 결국 아무것도 안 되더라고요. 잘 모르는 사람은 사고가 제대로 나면 금전적 이익을 받는다고 생각하던데, 제 개인적으로는 무조건 손해예요. 물질적인 게 전부가 아니거든요. 인생이 좀 아깝다는 생각? 주위에 이야기하기 좀 그런 것도 있고요. 그래서 처음엔 부정하고 싶었어요. 괜찮겠지 하고. 첫 사고 이후에 조급하게 할 필요 없다고 다짐했었는데도, 그때도 순간적으로 급했던 것 같아요. 개인적으로 아무리 '여유 있게 해야지' '안전이 제일 우선이야'라고 마인드컨트롤해도 해결되지 않는구나, 이런 생각을 많이 했던 것 같아요."

사고 이후 대인 씨는 주변으로부터 놀림 반 진담 반의 걱정스러운 이야기들을 들었다. '근로복지공단에서 부정수급으로 의심하지 않냐?' '오토바이 기능이 좋지 않아서 미끄러진 거니 오토바이를 바꿔라' '일을 그만둬라'. 사고를 예방하기 위한 방법을 묻는 질문은 좀처럼 나오지 않았다. 사람들에게 오토바이 사고는 언젠가는 일어날, 막을 수 없는 사고라는 인식이 강하기 때문이다. 충분한 안전교육이 있었다면 달랐을까? 대인 씨는 그렇다고 답했다.

"충분히 설득력 있게 누군가 얘기를 했으면 효과가 있었을 것 같아요. 실제 사람이 얘기해주는 게 가장 좋은 것 같고, 영상이나 사고 사례를 보여주면 일할 때 생각이 납니다. (오토바이가) 사거리 맨 앞에 나와 있다가 커브를 돌 때, 반대편에서 달려오는 차에 치여 사고가 나는 영상을 보고 나서는 무리하게 운행을 하지 않게 되더라고요. 물론, 사고 경험으로 배운 게 더 큽니다. 약간 트라우마가 생겼어요. 좌회전이나 우회전을 할 때, 예전에는 최대한 효율적으로 빨리 가려고만 했는데, 사고 이후에는 맨홀이 있는지, 물길은 없는지 살펴보면서 최대한 안전하게 가려고 합니다."

배달산업을 잘 정비해 오토바이 산재사고를 막을 수 있다고 생각한다면, 앞서 언급한 서울시 설문조사 결과는 희망적인 통계이기도 하다. 적어도 33.5퍼센트의 사고는 제도 정비와 안전교육을 통해서 줄일 수 있기 때문이다.

한편, 오토바이 소유가 사고의 원인이 되기도 한다. 음식점에 근로자로 고용되어 일할 때는 오토바이가 없어도 일할 수 있다. 가게에 있는 오토바이를 사용하면 되므로 오토바이 없이 일하는 게 당연하다. 문제는 배달'대행' 일을 할 때다. 이 경우에는 오토바이를 라이더가 직접 마련해야 하므로 '오토바이 없이도 일할 수 있다'는 구인광고 문구는 사실상 빚을 지라는 말과 같다.

오토바이가 없으면 동네배달대행사에서 라이더에게 오토바이를 리스나 렌트로 대여해준다. 라이더들이 오토바이를 리스할 때는 2가지 조건 중 하나를 선택한다. 하나는 '운행 리스'로 소유권을 이전하지 않고 배달 일을 할 때만 사용하다가 반납하는 조건이다. 다른 하나는 '금융 리스'로 일정 기간 리스비를 내면 소유권까지 넘겨받는다. 리스비에는 오토바이 보험료가 포함되어 있다. 오토바이값은 125cc 기준으로 보통 400만 원 정도이고, 보험료가 1년에 500~600만 원 정도이기 때문에 이 둘을 합한 리스비 총액은 1년 기준 약 900~1000만 원 정도라고 보면 된다. 저렴한 오토바이를 빌리면 월 80만 원, 비싼 오토바이를 빌리면 월 120만 원 정도가 리스비로 나간다. 이 비용을 매일 차감하는 방식으로 하루 3~4만 원 정도씩 납부한다.

나이가 어릴수록 보험료도 올라 리스비가 비싸지는데, 이는 청소년 라이더들이 도로에서 남들보다 빨리 달리는 이유이기도 하다. 월 300만 원을 벌어도 리스비와 기름값으로만 100만 원이 빠져나가기 때문에 월 400만 원은 벌어야 수지가 맞다. 게다가 학교를 다니면서 일을 하는 청소년의 경우에는 방과 후에야 일을 시작하기 때문에 저녁과 밤에만 일을 할 수 있고, 짧은 시간 동안 리스비와 기름값을 빼고도 수익을 내려다 보니 과속 운전을 할 수밖에 없다.

이 리스 제도는 목돈이 없어 오토바이를 사지 못하는 청소년들과 보험료가 연간 800만 원 이상 나오는 20대, 사고 경력이 많은 라이더들을 배달대행사로 오게 하는 매력적인 제도이기도 하다.

문제는 사고가 발생했을 때다. 일을 하다 사고가 나더라도 리스비를 갚아야 한다. 신나게 오토바이를 탈 수 있게 해준 고마운 제도는 이제 갚을 수 없는 고리대가 된다. 중간에 리스 계약을 해지하면 되지 않을까 싶지만, 고용 계약서도 안 쓰는데 리스 계약서를 쓰는 경우는 더더욱 없다. 중간에 계약을 해지하게 되면

업체에서 라이더도 몰랐던 위약금을 요구하는 경우가 생긴다. 서울시 실태조사에서 리스 계약 시 위약금이 있냐는 질문에 43.3퍼센트가 잘 모른다고 답했으며, 27.6퍼센트는 위약금 지급 약정이 있다고 답했고, 29.1퍼센트가 약정이 없다고 답했다.

리스 계약서가 있다 하더라도 표준적인 계약서가 존재하지 않아 사장이 임의로 작성하는 경우도 있는데, 2019년에 라이더유니온이 입수한 S사 리스 계약서에는 위약금이 무려 300퍼센트로 기재돼 있었다. 물론 불공정 계약으로 볼 수 있지만 배달노동자들이 법적 대응을 하기는 쉽지 않다.

강석구 씨도 오토바이 리스 때문에 사고 이후에도 치료에 전념할 수 없었다. 리스비가 매일 빠져나가다 보니 배달료를 표시하는 앱 화면에는 빨간색 마이너스 표시가 떴다. 뼈가 부러져도 라이더들이 오토바이에 올라타는 이유다.

"사고가 나고 2주 있다가 퇴원하자마자 다시 일했어요. 리스비는 밀리죠. 하루 2만 원 정도. 마이너스로 쭉쭉 쌓이는 거예요. 내가 리스비를 안 내면 사장이 일단 감당을 하니까, 일해서 갚아줘야 했죠. 치료비는 상대방 보험으로 보상을 받긴 했는데 (입원한 동안) 일 못한 보상은 받지도 못했죠. 그때는 산재는 생각도 못 했고요. 과실 비율상 상대방 잘못이 더 큰 사고가 나서 보상을 받을 수 있다 하더라도 병원에 들어가 누워 있으면 리스비는 무조건 나가니깐 부담이죠. 또 교통사고 보상이라는 게 당장 내일 바로 해주는 게 아니잖아요. 돈 못 버는 게 문제가 아니라 (일을 못 하는 중에도) 리스비가 계속 차감된다는 게 엄청난 부담이었죠."

몸이 아픈 상황에서 제대로 치료도 받지 않고 배달 일을 하게 되면 몸은 더더욱 나빠진다. 불공정하고 불합리한 리스 제도 때문에 1차 산재사고가 2차, 3차 산재로 이어지게 된다.

당연한 말이지만 배달노동자들을 근로기준법상 근로자로 본다면 이런 문제가 발생하지 않는다. 일에 필요한 오토바이 제공과 오토바이 보험료를 노동자를 사용하는 사장님이 책임지기 때문이다. 현실적으로 당장 배달노동자를 근로기준법상 근로자로 보고 오토바이 지원을 할 수 없다면, 단체협약 등을 통해 오토바이 관리 및 유지비용을 지원하는 방법을 고민해볼 수 있다. 분산된 개별 노동자들을 일일이 찾아 오토바이를 지원할 수 없다면 영업용 보험료 일부를 앱 캐시를 통해 지원하는 형태도 상상해볼 수 있다.

이것도 당장 실현되기 힘들다면, 합리적인 계약을 제도화할 필요가 있다. 2022년 부산에서 일을 하던 청소년 배달라이더 A의 경우 하루 리스비가 4만 5000원이었는데, 사고가 나서 일을 하지 못하는 날이 늘어나 리스비 빚만 무려 700만 원이 됐다. 비상식적이고 과도한 빚은 상환 의지마저 꺾어버린다. 이렇게 되면 사장에게도 손해다. 과도한 빚 부담 때문에 도망치는 노동자들이 발생하기 때문이다. 노동자가 도망가면 리스 회사에 오토바이를 빌린 동네배달대행사 사장이 모든 비용을 감당해야 한다. 실제로 현장에서 사장들은 준비되지 않은 노동자에게 오토바이를 빌려주면서까지 일을 시켰다가 낭패를 겪는 일이 잦다.

> "중간에 힘들어가지고 도망가버렸거든요. 그런데 뭐, 위약금이라는 게 있대요. 계약 기간을 정확히 정해놓지는 않았는데 한 3개월 정도 되는 거 같은데, 그 중간에 그냥 도망가버렸어요. 위약금 내라고 재촉하는 연락도 오고. 위약금 안 냈어요. 50만 원. 그러니까 제 핸드폰 (배달앱 프로그램) 안에 돈이 있었는데 그거를 압수당했어요. 그거 못 받았어요. 코인에 20만 원인가, 암튼 얼마가 있었어요. 거기서 위약금을 빼고 나머지 35만 원을 보내라고, 지금도 문자가 계속 와요."[6]

리스한 오토바이는 다른 사람에게도 빌려줄 수 있으므로, 사장이 다른 배달노동자를 구할 수 있는 기간인 7~15일 정도까지만 위약금을 물리는 표준 계약이 있다면 사장과 노동자 모두에게 이익이다. 사장은 도망간 노동자를 증오할 게 아니라 위약금을 일부만 받고 다른 노동자를 찾는 것으로 문제를 해결하면 된다. 여기에 더해 산재사고를 당했을 때는 리스비 차감이 자동으로 중단되도록 하고, 노사 합의를 통해 리스 오토바이를 다른 노동자가 이용할 수 있도록 해야 노동자들이 치료에만 전념할 수 있다. 표준적인 계약이 상식으로 자리 잡아야 사장도 리스를 할 때 신중한 계약을 할 수 있을 뿐만 아니라 산재사고 예방에 대한 경제적 유인도 생긴다. 라이더 사고가 배달대행사 사장에게도 손해인 구조를 설계해야 사장도 산재 예방에 최선을 다하게 된다.

지금까지 동네배달대행사 산업의 배경을 살펴봤다. 이제 배달앱에 접속해 본격적으로 일을 시작해보자.

앱에 접속하는 순간, 전투가 시작된다

라이더가 핸드폰에서 앱을 켜고 접속하면 여러 음식점에서 배달을 요청한 주문 내역이 화면에 뜨기 시작한다. 앱에 접속한 라이더가 1명이라면 그 모든 배달주문을 혼자 처리해야 하겠지만, 보통 여러 명의 라이더가 일감을 기다린다. 그래서 일감이 하나 뜨면 라이더들 사이에 배달 콜을 가져가기 위한 쟁탈전이 벌어진다. 먼저 화면을 터치해서 가져가는 사람이 임자다. 보통 전투는 1초 안에 끝난다. 그래서 이를 '전투 콜'이라 부른다.

'띠링~'[7]

전투의 시작을 울리는 핸드폰 알람음이다. 배달 콜은 이 소리와 함께 수십 명의 라이더에게 자신을 가져보라고 외친다. 2020년의 복날, 내 핸드폰에도 전투 개시 소리가 울렸다. 내가 대기하고 있던 길거리에서 직선거리 500미터 안에 있는 A치킨집이었다. 위치를 잘 알던 가게였으므로 보자마자 잡았다. '띠링~'. 다시 핸드폰이 울린다. A치킨집 바로 옆에 있는 B치킨집이다. 생각하는 순간, 놓쳤다. '닭 쫓던 개 지붕 쳐다본다'는 속담은 '닭 쫓던 라이더 핸드폰 쳐다본다'로 수정해도 좋을 것 같다. 앞서 배달주문을 잡았던 A치킨집으로 바로 이동해 닭이 튀겨지는 시간 15분을 기다리고 10분 안에 배달 하나를 해서 총 25분 동안 3000원을 벌었다간 굶어 죽는다. 따라서 한 번에 여러 개의 음식점 음식을 묶어서 픽업한 후 여러 건의 배달을 해야 한다. 치킨이 조리되는 15분 안에 근처 다른 가게의 배달도 잡아야 하는 이유다. '묶음 배송'이다. 다행히 치킨집 근처의 떡볶이집 배달이 하나 떠서 콜을 잡았다. 역시 가게 위치를 알고 있었기 때문에 망설임 없이 잡을 수 있었다. A치킨집에 배달주문한 손님 집으로 가는 길에 있는 초밥집 콜이 떴다. 바로 잡았다. 1건 배달하는 데 넉넉잡아 10분이니, 3건의 배달을 30분 안에 해야 한다. 머릿속에 내비게이션 화면처럼 길이 그려졌다.

이제 음식을 만나러 갈 시간이다. 치킨집과 떡볶이집에서 음식을 '픽-픽'. 손님 집으로 가는 길에 초밥집에서 초밥을 '픽' 했으니 배달통에는 음식 3개가 실려 있고, 이제 '배달-배달-배달'만 남았다. 배달 하나를 완료했는데, 초밥 주문을 한 손님 집 근처에 있는 치킨집에서 새로운 배달주문이 떴다. '픽'! 운수 좋은 날이다. '픽-픽-픽-배-픽-배-픽'. 리듬을 타며 배달신과 접신한다. 작두 위에 오른 무당의 심정으로 아슬아슬한 질주를 벌인다. 이 리듬이 끊겨버리면, 1건당 3000~4000원 정도의 배달료로는 생계에 필요한 소득을 벌 수 없다. 최소한 1시간에 5~6건을 배달해야 오토바이값, 기름값, 보험료를 감당한다. 음식점에 음식을 픽업하러 가는 도중에도, 음식점에서 음식을 픽업하고 손님 집으로 배달하는 와중에도 라이더들이 끊임없이 핸드폰을 보고 일감을 차지하기 위한 전쟁을 벌여야 하는 이유다.

먼저 일감을 가져가는 것만 생각하면 큰코다친다. 이미 '픽'한 배달과 정반대 방향의 배달을 잡아버리면 동선이 붕괴되고 배달이 늦어져 오히려 음식값을 물어줘야 하기 때문에 동네 지리와 음식점 위치를 정확히 알아야 한다. 지역을 잘 아는 숙련노동자가 아니라면 전투에서 패배한다.

핸드폰에서는 1초 단위의 일감 잡기 전쟁이, 도로 위에서는 배달 1건당 10분 단위의 주행 전쟁이 벌어지는 것과는 달리, 손님의 시간은 지루하게만 흘러간다. 치킨 1마리 시키는 데 1시간이 걸리다니 도저히 이해가 안 간다. 손님이 배달의민족 앱으로 주문하면, 음식점 포스기에는 '배달의민족~! 주문!' 알림이 요란하게 울린다. 나를 잊지 말라는 절규에 가까운 소리에 치킨집 사장님은 포스기의 접수 자판을 누른다. 사장님은 앞선 주문들을 처리하고, 홀 손님을 응대하느라 정신이 없다. 급한 일을 처리하고, 5분 정도 흐른 뒤에 배달을 대신해달라고 배달대행앱 프로그램을 켠다. 부릉부릉 오토바이 소리를 연상시키는 '부릉', 바로 간다는 '바로고', 생각하는 만큼 빨리 올 것 같은 '생각대로' 등 프로그램 이름도 재밌고 다양하다. 라이더가 빨리 우리 가게 배달 콜을 잡기를 바라며 치킨을 튀기기 시작한다. 다행히 콜을 띄운 지 5분 만에 우리 집에 자주 오던 배달대행 라이더가 콜을 잡았다. 조리 시간은 더 필요한데, 라이더가 너무 빨리 오면 압박이 되고, 너무 늦게 오면 초조하다. 딱 맞춰서 가게로 오는 라이더가 제일 사랑스럽다. 이미 다른 2곳의 배달 콜을 잡은 라이더가 조리 시간에 딱 맞춰서 15분 뒤에 치킨집에 도착한다. 라이더는 앞서 잡은 배달 2건을 끝내고 마지막에 실은 치킨을 30분 만에 손님에게 전달했다. 손님 입장에서는 배달주문한 지 50분 만에 치킨을 받았다. 주문을 접수하고 치킨을 만드는 데 20분, 배달을 하는 데 30분이 걸렸다. 라이더 입장에서는 30분 동안 미친 속도로 3군데로 배달을 했다. 라이더의 시간과 음식점 사장님의 시간, 손님의 시간은 저마다 다르게 흐른다. 아인슈타인이 배달을 했다면, '치킨의 상대성이론'이라 명명했을 거다. 여기서 예로 든 배달 시간은 이론상의 시간이고, 실제 현실은 더욱 복잡하다.

치킨에 대한 대규모 학살이 일어나고, 배달앱에는 무차별적인 쿠폰이 뿌려지는 초복의 밤은 도시 구석구석이 오토바이 라이트 빛으로 빛난다. 이런 날은 치킨집 배달주문을 여러 건 잡으면 안 되는데, 주문이 밀려 조리대기 시간이 평소보다 길어지기 때문이다. 예기치 못한 배달 시간 연장은 대단지 아파트에서 다시 한번 벌어진다. 머리에는 헬멧을 쓴 채 왼손에는 핸드폰을, 오른손에는 치킨이 담긴 박스를 든 라이더들이 아파트 1층 엘리베이터에 하나둘씩 모여든다. 10층에 있던 엘리베이터가 내려오는데 억겁의 시간으로 느껴진다. 엘리베이터의 숫자가 1로 바뀔 때 성급한 라이더 1명이 앞으로 움직이자 옆에 있던 라이더들도 우르르 앞으로 달려갔다. 엘리베이터 문은 열리지 않았다. 숫자는 B1, B2, B3으로 바뀌었고, "아~" "씨~" 하는 탄식과, 각자의 핸드폰에서 울리는 콜 소리만 가득하다. 다시 1층으로 올라온 엘리베이터에는 입주민이 타고 있었고, 라이더들은 보이지 않는 레이저를 쏘아댄다. 가까스로 고지에 도착했다고 생각한다면 초보다. 고장 난 초인종, 문 두드리는 소리를 듣고 나서야 온 집 안을 뒤집어 카드 찾는 사람, 샤워하는 사람, 술에 취해 자는 사람이 라이더들의 오장육부를 뒤집어놓고 다른 집에 가야 할 치킨을 붙잡는다.

앞서 서술한 내용을 바탕으로 배달노동자들의 배달 시간을 구성하면 다음과 같다. 콜을 잡기 위한 주문대기 시간, 음식점으로 이동하는 픽업 및 이동 시간, 음식이 만들어지는 조리대기 시간, 손님 집까지 오토바이로 이동하는 배달지 도착 시간, 그리고 오토바이를 주차하고 손님의 손 또는 손님 집 앞에 놓는 배달 전달 시간. 이 5가지 배달 과정에서 조금이라도 시간이 지연되면 무리한 운전으로 이어진다.

동네배달대행사의 노동과정에서는 산재사고의 위험이 곳곳에 도사리고 있다. 먼저 일감을 잡는 과정에 첫 번째 위험이 기다린다. 핸드폰 화면을 보다가 앞에 서 있는 차를 들이박거나 불법 주차된 트럭을 박는 사고들이 벌어진다. 콜을 잡은 다음에는 여러 건의 음식을 빠르게 배달하는 과정에서 배달라이더들이 받는 재촉이 위험 요소로 작용한다. 음식점 사장님들은 픽업을 하러 오지 않는 라이더를 재촉하거나 음식을 픽업하러 가는 순간에 빨리 가 달라고 재촉한다. 손님의 항의를 받은 가게 사장님이 어디쯤 갔냐는 확인 전화를 걸기도 한다.

실제 2021년 11월 고용노동부 산업안전기준과가 배달대행 플랫폼에 등록된 6개 업체 5626명을 대상으로 설문조사를 진행한 결과[8], 무려 86퍼센트(4858명)가 배달 재촉을 경험했다고 답했다. 이 중 음식점으로부터 재촉을 받은 경우가 4189명으로 비중이 압도적으로 높았다. 그 뒤를 주문 고객(3772명), 지역 배달대행업체(1690명), 배달플랫폼업체(1558명)가 이었다. 주문 고객은 배달노동자와의 직접 통화를 꺼리므로 주로 평점을 낮게 주는 방식으로 재촉한다. 반면, 지역 배달대행업체 관리자의 경우 배달라이더와 직접적인 관계를 맺는 경우가 많아 배달 수행 중에 전화를 걸어 재촉하는 경우가 많다. 배민, 쿠팡, 요기요 같이 알고리즘을 이용해 배달을 시키는 플랫폼기업은 앱상에 배달 시간을 표시하거나 라이더의 동선을 손님에게 그대로 보여주는 통제 방식을 사용한다.

재촉을 경험한 라이더 중 50.3퍼센트는 사고 경험이 있었고, 재촉을 경험하지 않은 라이더 중 23퍼센트만이 사고를 경험했다. 이 통계에서 우리는 배달노동자 산재 예방을 위한 또 하나의 실마리를 찾을 수 있다.

그저 배달을 재촉하지 않는 손님이 되겠다는 결심만으로는 이 문제를 해결할 수 없다. 대부분의 배달 재촉이 개념 없는 손님에 의해 이루어진다고 생각되지만, 실제 배달노동자를 사용하는 소비자는 음식점 사장, 배달대행업체, 배달앱, 배달주문한 소비자 등 여러 명이며 이들이 배달라이더와 맺는 관계에 따라 재촉 방식은 다양해진다. 사회적 인식의 변화와 비대면 배달 및 디지털 기술의 발달 등으로 교양 있는 소비자들은 배달노동자에게 직접적인 배달 재촉을 하지 않는다. 그러나 음식점 리뷰에는 여전히 '배달이 느리다'는 익명의 컴플레인이 음식점 사장님을 향해 지속적으로 올라오고, 배달노동자를 이용하는 또 다른 소비자인 음식점은 배달 시간이 느린 배달대행업체와 계약을 해지하고 보다 빠른 배달 서비스를 제공하는 동네배달대행업체와 계약한다. 특히 맥도날드, 버거킹, SPC 등 B2B(기업 간 거래) 물량을 계약하기 위해서는 서비스 시간에 대한 내용이 들어가야 한다. 대형 화주 역시 배달 시간에 대한 커다란 이해관계 당사자다. 각 개인이 개념 있는 손님이 되는 것만으로는 배달 재촉으로 인한 라이더 사고 문제를 해결할 수 없다.

실제로 2번의 사고를 겪었던 인천 라이더 대인 씨는 무려 동네배달대행업체 사장으로부터 천천히 다니라는 지시를 받았다. 배달대행업체 사장은 대인 씨에게 픽업 15분, 배달 20분이 기본이지만, 통상 1시간 이내까지는 자기가 커버하니까 천천히 다니라고 친절히 안내했다고 한다. 하지만 사장의 말은 대인 씨에게 와닿지 않았다.

"누가 압박하는 건 아닌데, 전투 콜에서는 콜을 여러 개 잡다 보니까…… 화면에 배달 시간이 나오잖아요. 파란색은 15분, 4분 남으면 노란불, 3분 이내면 빨간불. 그런 걸 보면 압박감이 느껴지죠. 사고 났을 때도 상점에서 전화가 왔어요. 두 군데서 전화가 왔어요. 배달 완료가 안 되니까요. 가게 사장님들은 사고 난 줄 모르잖아요. 그러니 아픈 건 둘째 치고 빨리 가야 된다는 생각이 먼저 들죠. 무엇보다 콜이 쌓여 있는 걸

보면, 우리 사무실에 기사가 엄청나게 많은 게 아니라는 걸 아니까 빨리 처리해야겠다는 생각이 들죠. 이런 것 자체가 압박이 됩니다."

배달 재촉을 하는 사람 1위가 음식점 사장이라는 점은 많은 것을 시사한다. 음식점은 배달을 외주화하고 배달 과정의 모든 책임에서 해방됐지만, 실제 업무 과정에서는 배달노동자들이 자신이 직접고용한 배달원처럼 일하기를 원한다. 배달대행업체 역시 배달노동자와 위탁계약을 맺었기 때문에 배달노동자를 지휘·감독할 권한이 없지만 실제 업무 수행 과정에서는 배달노동자를 통제할 수밖에 없다. 문제는 배달 재촉을 하는 사용자들은 배달노동자 사고에 대한 아무런 책임을 지지 않는다는 점이다.

배달 재촉이 없어져도 여전히 문제는 남는다. 음식점에 주문이 밀려 조리대기 시간이 길어지거나 손님이 집에 없거나 주소를 잘못 적는 등의 사건 사고들이 발생해서 다음 배달이 지연되기도 한다. 라이더들은 다음 배달이 늦어지지 않도록 과속을 하기도 한다. 만약 늦으면 음식값을 자신들이 감당해야 하는데, 배달기사들은 이렇게 취소된 음식을 끼니로 먹기도 한다. 같은 설문조사에서 라이더들에게 배달을 서두르는 이유를 물었더니 다음 주문 수행 때문이라는 응답이 65퍼센트(3648명)로 나타났다. 이는 배달 재촉(28퍼센트)보다 훨씬 높은 비율이었다. '묶음 배송'과 건당 임금체계라는 배달산업 구조는 굳이 개인이 배달 재촉을 하지 않더라도 라이더들이 알아서 과속하게 만든다.

　라이더들의 난폭운전은 배달 서비스라는 상품이 생산되고 소비되는 과정의 모순이 도로 위에서 우리 눈앞에 드러난 형태일 뿐이다. 물론 모든 문제를 산업구조의 탓으로만 돌릴 수는 없다. 배달 수익을 위해서 무리하게 배달하는 개인의 문제도 분명하다. 그러나 이들 배달노동자를 사용하는 소비자, 자영업자, 배달기업들은 빠른 배달을 규제할 생각이 별로 없어 보인다는 점에서 공범 내지 방조자라고 볼 수 있다. 범법 행위는 라이더들에게도 복잡한 내적 갈등을 발생시킨다.

　"죄책감 들죠. 마음도 찜찜해요. 안 해야겠다고 생각을 해요. 라이더들 중엔 그렇게 (난폭하게) 운전하는 걸 멋으로 생각하는 사람들도 있더라고요. 실제로 그렇게 운전하는 사람도 있고. 근데 보는 사람 눈이 있기 때문에 '저 XX 새끼' 다 욕을 한다고요. 내가 하는 신호위반도 누군가 욕할 거고요. 하지만 사람들은 내가 얼마나 바쁜지 모르잖아요. 직접 경험을 해본 거랑 얘기를 듣는 거랑은 달라요. 그 사람들은 욕할 수밖에 없어요. 나도 위험하게 신호위반 하는 사람들 보면 욕해요. 그래도 나는 나름 '최소한'이라는 걸 가지고 있거든요. (신호를) 다 보고 나서 간단 말이에요. 확인을 안 하면 안 되거든요."

강석구 씨의 말을 선뜻 이해하기 어렵겠지만, 라이더들은 자기 나름의 신호위반 원칙을 설정해놓고 그 선을 넘지 않으려고 한다. 가령, 지나가는 사람이 아무도 없는 1차선 도로의 신호를 무시한다거나 일방통행을 무시한다거나 하는 자기만의 원칙을 세우는 것이다. 그러고는 그 기준을 넘어서는 사람들, 이를테면 큰 교차로 신호를 위반하는 라이더를 비난한다. 언뜻 보면 모순적인 원칙을 가지고 있는 셈이다. 이것이 범법 행위에 대한 핑계는 될 수는 없지만, 전쟁터에서 나름의 윤리를 지키려는 노력 정도로 볼 수는 있을 것이다.

이런 모순적인 윤리는 배달노동자에게서만 볼 수 있는 게 아니다. 대형 배달기업들은 안전운전을 강조하지만, 신호위반을 하지 않으면 생계비를 벌 수 없을 정도의 배달료를 책정한다. 음식점들은 직접고용은 하지 않고 인건비를 줄이려고 하지만, 자신의 가게 배달은 아주 빠르게 되기를 원한다. 소비자들은 배달료를 많이 내기는 싫지만 라이더들이 자기 집으로 바로 배달해주기를 바란다. 배달산업에 연관된 기업, 음식점 사장, 노동자, 소비자들의 도덕과 윤리만으로는 이 문제를 해결할 수 없음은 명백하다.

해결책을 내놓기가 쉽지 않다. 초보 라이더의 운전 부주의로 생기는 사고는 운전면허 강화, 배달대행사 규제, 안전교육 강화 등 비교적 쉽게 제도적 대안을 상상해볼 수 있지만, 전투 콜 방식의 노동과정과 빠르게 배송할수록 돈을 많이 버는 건당 배달료 책정 방식, 음식점 사장 등이 배달을 재촉하는 문제는 해결책을 찾기 쉽지 않다. 이는 배달산업을 근본적으로 바꿔야 하는 문제다. 가령, 라이더의 안전을 위해 이륜차 배송을 없애고 자동차 배송만을 도입하자고 제안해보자. 모두가 반발할 것이다. 빠른 배송을 포기하라는 이야기이기에 쉽게 주장하기도 힘들다. 결국 가장 탓하기 쉬운 타깃인 배달노동자가 안전사고의 주범으로 계속해서 호출되고 있다.

안전교육이
해결할 수 없는 것들

우리는 이 책의 마지막 부분에서 제도가 할 수 있는 일들을 살펴볼 예정이다. 당연한 말이지만 제도가 해결해주지 못하는 부분도 엄연히 존재한다. 산업과 노동에 대한 이해, 공동체의 안전을 위한 라이더들 간의 이해와 연대다. 연대와 윤리의식이 문제를 근본적으로 해결할 수는 없지만 대안적인 제도 위에서 꽃피워야 할 가치인 것만은 분명하다.

배달노동자들의 자발적인 노력도 이어지고 있다. 2번의 사고를 겪었던 배달노동자 대인 씨는 배달 일을 하면서 배달라이더 안전교육 강사로도 활동 중이다. 그는 자신이 초보 시절 겪었던 사고 경험을 바탕으로 라이더를 지키는 운전 습관의 중요성을 강조한다. 오토바이 정비 방법과 신호체계, 도로 환경, 방어 운전 등 개인이 주의를 기울일 수 있는 방안을 알려준다. 그러나 안전교육만으로 산재사고를 예방하는 것은 불가능함을 그도 잘 안다.

"가장 먼저 운전면허 제도가 바뀌어야 할 것 같아요. 저도 사실은 오토바이 교육을 따로 받지 않았어요. 오토바이를 처음 구입한 날, 막상 집에 가려니 막막했어요. 최소한 오토바이 전용 면허를 딴 사람만 오토바이를 탈 수 있게 해야 해요. 특히 지역은 헬멧이나 운전면허 확인도 안 하고 일을 시키는 경우가 있는데, 이런 것부터 없애야 합니다. 이건 사장님들이 점검하고 제재하는 것 외에는 방법이 없을 것 같아요. 개인의 선택에 맡겨서 해결하기 어렵죠. 배달사업자도 배달노동자를 아무나 다 할 수 있기 때문에 이런 걸 규제하지 않으면서 사고 예방을 한다는 건 어불성설이죠."

2022년 12월, 광주 라이더유니온 조합원들과 밤새 이야기를 나눈 적이 있다. 라이더유니온 조합원들은 지역의 무판 오토바이를 잡아서 신고하는 일을 하고 있었다. 경찰에 신고를 해도 바로 출동하지 않기 때문에, 여러 명이 무판 오토바이 라이더가 도망가지 못하도록 오토바이를 막아버리고 경찰이 올 때까지 기다린다는 거다. 엉망인 이륜차 환경을 이야기하던 중 한 라이더가 이렇게 말했다.

"이륜차 면허 시험장에 가보면, 합격하는 사람보다 떨어지는 사람들이 많아요. 그런데 떨어진 사람들이 '에이, 씨' 하면서 자기가 몰고 온 오토바이를 타고 면허 시험장을 빠져나가요. 웃기는 일입니다."

사실 이륜차는 관리 시스템부터 엉망이다. 안전생활실천시민연합(안실련)과 손해보험협회가 2022년 10월 22일부터 24일까지 3일간 전국 20세 이상 성인 559명을 대상으로 이륜차 교통안전 대국민 설문조사를 진행했다.[9] 설문조사에서는 일반 자동차와 달리 이륜차에 대해서는 등록이 아닌 사용 신고만으로도 운행이 가능하다는 사실을 알고 있었는지 물었는데, 전체 응답자 559명 중 370명(66.2퍼센트), 즉 절반 이상이 그 사실을 몰랐다고 응답했다. 많은 국민들이 이륜차가 어떻게 관리되고 있는지 모르고 있는 것이다. 오토바이를 중고로 판매했을 경우 원 소유자는 폐지 신고를 해야 하지만, 산 사람이 사용 신고를 했는지 여부는 알 수 없다. 이렇다 보니 중고 오토바이는 유령처럼 도로를 떠돌고 관리가 안 된다. 최초로 사용 신고한 기록이 있다 하더라도 번호판을 떼서 폐지 신고만 하면, 그 오토바이가 지금 어떤 상태인지, 누구 손에 있는지 알 수 없다.

　사람들은 왜 사용 신고를 하지 않을까? 신고를 하려면 보험 가입은 물론이고 취득세 등의 세금을 납부해야 하기 때문이다. 이런 이유로 무보험으로 운행하는 일명 '무판 오토바이'가 판을 치는데, 원 소유주를 확인할 방법이 없다. 자동차 중고 매매의 경우에는 구매자가 반드시 소유권 이전 등록을 해야 하고 이를 준수하지 않으면 판매자까지 처벌받는다. 그나마 2023년부터는 법이 개정되어 이륜차의 무보험 상태가 1년 이상 지속될 경우 지자체가 등록을 말소할 수 있게 됐다. 또 무보험 적발 시 300만 원 이하의 과태료가 매겨지고, 무보험으로 운행하다 적발될 때는 1년 이하의 징역 또는 1000만 원 이하의 벌금형에 처해지는 등 처벌도 강화했다. 너무나 당연한 이런 조치가 2023년부터 시행된다는 사실이 믿기지 않는다.

　이륜차 정비 시스템도 엉망이기는 마찬가지다. 안실련이 실태조사와 함께 발표한 '이륜차 교통안전을 위한 제도 개선 과제' 자료에 따르면 오토바이 센터는 자유업의 영역으로, 전국적으로 약 3000개소의 센터가 있다고 추정되지만, 정확한 숫자는 알 수 없다고 한다. 영업 신고만으로 운영이 가능하고, 종사자의 75퍼센트가 무자격자라고 지적한다.

　이런 기본적인 배경을 인지한 상태의 시민들에게 대안을 물으면 이륜차 운전자를 비난했던 사람도 제도 정비가 대안이라고 답할 수밖에 없다. 같은 조사에서 자동차와 동일하게 이륜차에 대해서도 등록 후 운행하도록 제도 개선을 해야 한다는 답변이 전체 응답자의 97퍼센트(542명)를 차지했다. 또, 이륜차 배달 운전자에게 별도 자격(라이선스)을 부여하는 것에 대해서도 전체 응답자 559명의 93퍼센트인 520명이 찬성했다.

전문가들도 제도적 대안을 강조한다. 이 설문조사를 진행한 이윤호 안실련 정책본부장은 "안전 운행을 유도하기 위한 최소한의 법·제도적 시스템도 구축하지 않고 단속 등 단기적으로 이륜차 운전자에게만 책임을 전가하는 정책은 지양되어야 한다"고 지적했다. 손해보험협회도 "향후 국회 및 정부 부처와 협업하여 배달업 등록제 도입 및 이륜차 면허 제도 개편 등 이륜차 법·제도 개선과 대국민 홍보를 적극 추진할 것"이라고 말했다.

노동조합도, 시민들도, 전문가들도 모두 지지하는 제도 개선이 어려운 이유는 뭘까? 대한민국은 산업화 이후 자동차 고속도로부터 만들었기 때문에 이륜차의 특성을 이해하는 문화나 시스템이 제대로 갖춰지지 못했다. 자동차 위주로 도로, 정비, 보험, 관리, 면허 시스템이 발전하면서 상대적으로 이륜차에 대한 관리는 소홀해졌고, 규제도 관심도 없었다. 그 결과, 배달산업에서 핵심적인 기계인 오토바이에 대한 공식적인 관리 시스템과 매뉴얼이 아직까지도 존재하지 않는다. 게다가 노동자의 작업 도구이자 배달산업 공장을 굴리는 기계인 오토바이에 대한 관리 책임 역시 개별 노동자에게 있으니, 공장의 주인인 배달사업자가 나서서 이를 표준화하고 관리할 유인도 적었다. 같은 이유로 기계 설비의 안전과 성능을 확보하고 효율적 관리를 할 관리자도 고용할 필요가 없었다. 이런 열악한 환경 조건에 배달노동자를 확보하면 확보할수록 성장하는 배달기업의 이윤 논리가 결합하자 최악의 오토바이 문화가 만들어졌다. 이제 허술한 오토바이 관련 규제의 빈틈을 이용해 무한한 배달노동자를 축적하고 AI 알고리즘으로 이들을 통제하는 배민, 쿠팡이츠, 요기요로 접속해보자.

3장

AI 사장님이
라이더를 관리하는
방법

혁신의 아이콘 플랫폼산업,
사고 현장이 되다

2022년 국정감사를 앞두고 의미심장한 산재사고 통계가 발표됐다. 김영진 더불어민주당 의원이 근로복지공단으로부터 받은 자료에 따르면 대한민국 산재 신청 기업 1, 2위를 배민과 쿠팡이 차지했다(2022년 8월 기준). 산재 신청 기업 순위가 변하는 속도는 극적이다. 2018년 산재 신청 기업 1위는 대한석탄공사, 2위는 현대자동차, 3위는 현대중공업, 4위는 GS건설, 5위는 대우조선해양이었다. 2018년 배민은 산재 신청 기업 91위였는데 4년 만에 1위를 차지한 것이다. 쿠팡㈜는 회사를 여러 개로 쪼갰지만, 2022년 산재 신청 기업 순위에서 쿠팡㈜가 2위, 쿠팡물류센터가 7위, 쿠팡이츠가 9위를 차지했다. 산재를 유발할 뿐만 아니라 산재를 예방하고 대책을 세우기도 쉽지 않은 위험한 일자리가 엄청난 속도로 늘고 있다. 산재사고 현장이 건설, 중공업에서 디지털 일자리로 옮겨가고 있는 셈이다.

2022년 산재 신청 기업 순위 1위, 9위를 차지한 배민과 쿠팡이츠는 라이더에게 1건만 배차하는 AI 알고리즘 배차 시스템이 안전하다고 주장했다. 일견 합리적인 이야기로 들린다. 여러 개의 배달을 묶어서 배송하는 것보다 하나의 배달을 수행하다 보면 콜을 잡기 위해 정신없이 핸드폰을 볼 필요도 없고, 목적지도 1곳이라 안전하게 배달할 수 있을 것 같다. 산재 신청이 늘어난 이유도 산재보험료를 제대로 걷지 않고, 산재 신청을 부정적으로 생각하는 동네배달대행사와 달리 대형 플랫폼은 투명하게 산재보험료를 걷고 산재 정보도 잘 제공하기 때문이라고 주장할 수 있다.

그러나 두 기업이 말하지 않은 비밀이 있다. 단건 배달을 하기 위해서는 무수히 많은 초보 라이더가 필요하다는 사실과 AI는 배차뿐만 아니라 동네별 배달료도 실시간으로 결정한다는 사실이다. 도대체 이게 라이더의 안전과 무슨 상관이 있는 것인지 알기 위해 배달플랫폼에 접속해보자.

라이더로 접속하는 데 걸리는 시간, 5분

쿠팡이츠 배달파트너 앱을 깔고 개인정보와 오토바이 차량

번호 등을 입력한 후 로그인하기까지 5분이 채 걸리지 않는다. AI 가 배차를 하겠냐고 물어보면 바로 배달을 시작할 수 있다. 쿠팡이츠 배달파트너 앱을 깔기 위해 앱스토어에 접속하면 쿠팡이츠의 장점을 소개하는 다음의 글을 볼 수 있다.

1. 자유로운 업무시간
원하는 시간에 원하는 만큼만 일하세요. 당신의 시간은 소중하니까요.

2. 세상 쉬운 꿀알바
만 19세 이상이면 배달 경험 없어도 누구든지 쉽게!

3. 누구나 시작 가능
자동차, 오토바이, 자전거, 심지어 도보까지!

앱에서 등록하고 바로 배달을 시작할 수 있습니다.

'배달 경험 없어도 누구든지 쉽게!' '앱에서 등록하고 바로 배달을 시작할 수 있습니다'. 현재 배달노동자의 상태를 이보다 잘 표현하는 말은 없다.

아르바이트처럼 일할 수 있다고 홍보하는 배민커넥트 역시 다르지 않다. 배민커넥트를 소개하는 홈페이지에는 '배달이 처음이어도 걱정 마세요'라고 적혀 있다. 배민커넥트 지원 방법도 '배민커넥트 앱 설치하기 → 원하는 수단과 지역 선택하기 → 안전보건교육 듣기 → 배달 준비 끝'으로 매우 간단하다고 안내한다. 지원 방법 중에 '안전보건교육 듣기'가 있는 것은 산안법이 개정되어 플랫폼에 접속해서 일하는 배달노동자도 안전교육을 반드시 들어야 하기 때문이다. 대형 플랫폼들은 수만 명의 초보 라이더들을 교육하기 위해 교육 장소를 빌리고 강사를 섭외하거나 수강생을 모집할 필요가 없다. 2시간짜리 안전교육을 영상으로 만들어 라이더 지원자들에게 시청하게끔 하면 된다. 초기에는 안전교육 영상도 엉망이었다. 이륜차 오토바이 라이더에게 '안전벨트를 잘 매라'는 말이 교육 내용으로 나오기도 했는데, 이륜차에 안전벨트가 있을 리 없다. 이륜차에 적합한 교육이 없어 엉뚱한 교육이 진행됐다가 최근 안전교육이 강화되면서 교육 영상이 업데이트됐다. 당연히 대부분의 예비 라이더들은 안전교육 영상을 틀어놓고 다른 일을 한다.

그나마 배민과 요기요를 통해 배달 일을 하려면 안전교육 이수가 필수이고 영업용 보험을 들었는지 확인도 받아야 한다. 하지만 쿠팡이츠는 안전교육을 받지 않아도 일을 할 수 있다. 일단 일을 시키고 나중에 안전교육을 받아도 상관없다. 배달라이더가 영업용 보험에 가입했는지는 확인하지 않는다. 쿠팡이츠는 도로 위에 무보험 오토바이와 차량을 수만 대 풀어놓은 셈이다.

2022년 12월에는 14세 청소년이 쿠팡이츠 라이더로 등록해 음식을 배달해온 사실이 언론 보도를 통해 드러나 논란이 되기도 했다. 중학교 1학년생이던 그 청소년은 엄마 명의로 등록된 쿠팡이츠 계정으로 쿠팡이츠 라이더 앱에 접속해 배달 일을 했다. 심지어 버스와 택시를 타고 음식을 배달했는데, 음식을 받은 소비자가 이 사실을 SNS에 올리면서 세상에 알려졌다. 이 일을 알린 소비자가 쿠팡이츠에 항의하자 쿠팡이츠 측은 이 청소년이 용돈을 벌어보라는 부모님의 권유에, "어머니의 명의로 등록된 계정으로 배달했다"며 "해당 계정을 즉시 위탁 금지했다"고 밝혔다. 언론사에서 쿠팡이츠 측에 재발 방지책 마련 계획이나 라이더 검증 강화 수단 등을 질의했으나, 쿠팡이츠는 "배달파트너 가입이 성인 인증을 통해서만 가능하며, 가입자 본인 외의 타인을 통한 배달은 엄격히 금지하고 있다"는 원론적인 입장만 내놓았다. 노동조합도 이 사안을 두고 쿠팡이츠에 항의했는데, 배달파트너가 특수형태근로종사자에 해당해 근로기준법의 적용을 받지 않는다는 무책임한 태도를 보일 뿐이었다. 근로기준법은 15세 미만과 초·중등교육법에 따른 중학교에 재학 중인 18세 미만인 사람을 근로자로 사용하지 못한다고 명시하고 있지만, 배달파트너는 근로기준법상 근로자가 아니기 때문에 법 적용을 하기 어렵다. 정작 쿠팡이츠는 '쿠팡이츠 배송사업자 이용약관'에서 미성년자의 배달라이더 등록을 금지하고 있다. 쿠팡이츠는 앱 소개란에 좋은 말을 늘어놓았지만 현실에서 누가 배달하는지에 대해서는 별 관심이 없는 것이다.

플랫폼들이 이렇게 입직 과정을 간단하게 만든 이유는 라이더들의 숫자를 무한하게 확보하기 위해서다. 정확한 배달노동자 숫자를 확인할 수는 없지만 간접적으로 라이더 숫자를 확인할 수 있는 방법이 있다. 바로 배민커넥트와 쿠팡이츠가 배달라이더들에게 중요한 공지와 상담을 하기 위해 개설한 카카오톡 채널을 친구 추가한 사용자 수를 보면 된다. 배민커넥트 채널은 20만 4000명, 쿠팡이츠는 28만 9872명이 친구 추가를 했다(2022년 8월 기준). 두 업체를 합치면 50만 명 정도다. 물론, 두 플랫폼에 중복으로 친구 추가를 한 라이더들이 대부분일 테고, 실제 배달을 하는 라이더의 숫자는 이보다 적다. 그렇다 하더라도 배달앱을 깔거나 배달에 관심이 있는 예비 노동자의 숫자가 쿠팡이츠만 해도 30만 명에 가깝다. 극단적으로 말해서 5분 안에 배달앱을 깐, 배달 경험 여부도 모르는 무보험 라이더의 숫자가 30만 명에 육박한다는 것이다.

여기서 10퍼센트만 실제로 배달 일을 한다고 계산해도 무려 3만 명이다. 실제 쿠팡이츠가 산재보험 가입을 위해 근로복지공단에 입직시킨 라이더 수만 해도 3만 9313명이었다(2022년 8월 기준). 2022년 8월에는 산재 전속성 기준이 존재했기 때문에 쿠팡이츠는 월 93시간 또는 115만 원 미만으로 일하거나 소득을 얻은 노동자는 산재 입직 신고를 하지 않았다. 부업으로 일하는 쿠팡이츠 노동자까지 합치면 5만 명은 족히 될 것이다.

이 중 초보 라이더의 숫자가 얼마일지는 가늠하기 힘들지만, 산재사고 위험이 높은 노동자들이 도로 위를 활보하고 있다는 사실만은 분명하다. 그런데도 플랫폼들은 배달노동자들이 늘 부족하다고 한다. 도대체 무슨 일이 벌어지고 있는 걸까?

치타와 번쩍 배달의 비법,
초보 라이더

과거에 배달을 빠르게 하는 비법은 한정된 동네에서 주소와 신호체계, 지형지물을 완벽히 익힌 숙련된 배달노동자에게 여러 건의 배달을 맡기는 것이었다. 이들은 노동자 신분으로 사장님과 매니저의 독촉을 받았다. 동네배달대행사가 등장한 뒤에도 방식은 크게 달라지지 않았다. 사장님과 매니저의 독촉은 여전히 존재했지만, 이제는 그들이 굳이 독촉하지 않아도 라이더들이 알아서 움직이게 됐다. 건당 요금체계를 낮게 책정하면 라이더들은 자연스럽게 여러 건의 배달을 묶어서 도로 위에서 미친 속도로 배달했다. 직접고용 라이더들은 '30분 배달제'라는 회사 내규 때문에, 동네배달대행사 라이더들은 낮은 건당 임금과 느리게 배송하면 음식값을 물어내야 하는 잔혹한 책임 전가 때문에 빠른 속도로 배달했다.

문제는 숙련노동자를 쥐어짜거나 여러 개의 묶음 배송을 하는 것이 손님 입장에서는 빠른 배달이 아니게 되면서 생겼다. 손님 A, B, C가 있다고 가정해보자. 배달주문은 A, B, C 순으로 각각 12시, 12시 5분, 12시 10분에 했고, 직접고용 배달노동자가 3개의 주문 음식이 다 만들어지기를 기다렸다가 3개의 배달을 동시에 수행하려고 마음먹었다. 그런데 가게에서 A손님 집에 가는 길 중간에 B와 C의 집이 있다. C의 집이 가게에서 가장 가깝고 그다음이 B의 집이다. 그렇다면 배달노동자들은 C, B, A 순으로 배달해야 효율적이다. 가장 늦게 주문했는데 가장 먼저 음식을 받은 손님 C는 엄청난 배달 속도에 별점 5개를 주겠지만, 가장 빨리 주문한 손님 A는 가장 늦게 배달을 받게 되므로, 별점을 1개만 줄 가능성이 높다.

손님의 불쾌함과 만족스럽지 못한 서비스와는 다른 차원의 문제도 있다. 회사가 모든 배달을 30분 안에 배달하라는 지시를 내리거나 배달 독촉으로 사고가 날 경우 사회적 비난은 물론 법적 책임까지 질 수 있다. 그렇다면 사회적으로는 안전 배달을 하는 기업이라고 홍보하면서도 손님에게는 빠른 배달 서비스 경험을 줄 수 있는 방법이 없을까? 그런 생각에서 탄생한 것이 바로 단건 배달이다.

단건 배달은 한 사람의 라이더가 한 음식점의 음식을 1명의 손님에게만 전달하는 서비스다. 단건 배달 덕분에 손님들은 라이더가 여러 음식점의 음식을 여러 손님에게 배달할 때보다 자신이 주문한 음식을 빠르게 받을 수 있게 됐다. 이는 배달의 거리적 한계도 부숴버린다. 여러 음식을 여러 손님에게 배달하려면 비교적 한정된 지역에서 배달해야 음식을 식지 않은 상태로 전달할 수 있다. 그러나 단건 배달이 가능해지면서 5~6킬로미터 거리의 배달도 15분에서 20분 안에 배달할 수 있게 됐다. 이는 배민, 쿠팡 같은 회사들이 음식점 광고를 할 수 있는 범위가 확장됐다는 의미이기도 하다. 극단적으로 이야기하면 경기도에 사는 주민이 서울 음식점 음식을 받아볼 수 있고, 서울 음식점 역시 경기도 주민에게 가게를 광고하는 게 가능해졌다. 플랫폼업체가 가져가는 광고 수수료도 올라간다.

단건 배달을 수행하려면 배달노동자의 숫자 역시 많아져야 한다. 예전에는 3~4건의 배달을 1명의 배달노동자가 동시에 처리했다면, 이제는 3건의 배달을 수행하기 위해 3명의 배달노동자가 필요하다. 주문 단위가 늘어나면 이 차이가 더 심각하게 벌어진다. 예전에는 100건을 처리하는 데 30~40명의 배달노동자만 있으면 충분했는데, 이제는 100명이 필요해졌다. 과거에는 1000건의 배달을 처리하는 데 350여 명 정도면 충분했는데, 이제는 1000명이 필요하게 됐다.

문제는 실제 현장에서는 필요한 라이더 수가 더 많다는 점이다. 순간적으로 발생한 1000건의 배달을 모두 수행하려면 1000명의 라이더만 필요하다고 생각하기 쉽다. 1000명의 라이더가 모두 앱에 접속해 대기하고 있다면 맞는 말이다. 하지만 1000명 중 단 1명이라도 배달을 거부하면, 라이더의 선택을 받지 못한 1개의 배달은 999명의 배달라이더가 기존에 배차를 받은 배달을 완료할 때까지 기다려야 한다. 이 경우 플랫폼은 음식점과 손님의 강력한 불만을 견뎌야 한다. 1000명의 라이더 중 100명이 밥을 먹고, 100명은 화장실에 가고, 100명은 AI가 배차한 배달이 마음에 들지 않아 거절한다면 문제는 더 심각해진다. 따라서 단건 배달이 원활히 이루어지려면 배달을 하겠다고 마음먹은 라이더의 숫자가 무조건 많아야 한다. 1000개의 배달을 수행하기 위해서 1만 명의 라이더가 필요한 이유다. 그 인원이 1억 명이든 10억 명이든 대기하는 인력이 많으면 많을수록 플랫폼에 나쁠 일은 없다.

따라서 플랫폼은 노동자를 무한하게 축적하고 싶어 한다. 여기에 바로 플랫폼산업의 비법이 있다. 플랫폼은 노동자에게 오토바이를 제공할 필요도 없고, 출근시킬 공장을 제공할 필요도, 사고에 대한 책임을 질 필요도 없다. 앱의 서버만 넉넉하다면 플랫폼은 시공간의 한계 없이 라이더를 축적할 수 있다.

이런 맥락을 고려하면 라이더가 부족하다거나 라이더가 귀한 몸이 됐다는 일부 언론의 주장은 전혀 다르게 해석할 수 있다. 플랫폼은 라이더가 몇 명 가입하든 만족하지 못하는 배고픈 아귀와 같다. 이런 이유로 배민, 쿠팡 등 플랫폼기업들은 라이더들을 제한 없이 모집한다. 심지어 내 소개로 다른 사람이 라이더가 되어 일을 하면 둘 모두에게 보너스를 준다. 배달노동자의 모집과 면접, 업무 독려를 배달노동자를 통해 해결함으로써 노무관리 비용도 줄일 수 있다.

따라서 플랫폼기업의 입장에서 숙련된 노동자는 반드시 필요한 존재가 아니며, 그 가치도 낮다. 단건 배달은 내비게이션을 보고 길을 찾아 헤매는 초보 라이더에게도 시간에 쫓기며 서두르지 않고 배달할 수 있는 여유를 준다. 초보 라이더들이 많이 유입되면 유입될수록 단건 배달을 하는 플랫폼기업에겐 좋은 일이다. 이 초기 노동력 축적 과정에서 안전과 숙련은 주요한 고려 사항이 될 수 없다.

이런 배경하에 자전거, 전동 킥보드, 자동차, 도보 라이더들이 등장했다. 플랫폼기업은 배달을 하기 위해서는 오토바이가 필요하다는 진입 장벽마저 무너뜨렸다. 도보와 자전거, 전동 킥보드 라이더들에게 단거리 배달을 맡기고 자동차와 오토바이 라이더들에게 장거리 배달을 맡기면 보다 효율적으로 노동력을 사용할 수 있다. 문제는 이 새로운 운송수단에 대한 안전 문제다. 배민, 쿠팡이츠는 초기에 이들 노동자들이 일을 할 때 발생할 수 있는 위험에 대비한 보험을 준비하지 않았다. 실제 자전거 배달을 하다가 사람을 친 라이더유니온 조합원의 경우 가입된 보험이 없어 현금으로 보상해야 했다. 배민은 이후 'PM 보험'이라고 불리는 퍼스널모빌리티(전동 휠, 전동 킥보드, 전기 자전거, 초소형 전기차 등 전기를 동력으로 하는 1인용 이동 수단) 보험을 만들어 라이더들이 유료로 가입할 수 있게 했지만, 쿠팡이츠는 여전히 대책이 없다.

2018년 공유형 전동 킥보드가 처음 등장했을 당시, 안전에 대한 규제가 전무했다. 이들이 발생시킬 수 있는 위험에 대한 책임은 플랫폼기업이 아니라 노동자와 우리 사회 전체가 져야 했다. 삼성교통안전문화연구소가 2022년 3월 25일 발표한 보도자료에 따르면,[10] 2019년 12월 1만 7130대 수준이던 공유 킥보드는 2021년 3월 기준 9만 1028대로 증가했다. 이 공유 킥보드가 모두 배달에 사용되지는 않지만 킥보드가 중요한 운송수단으로 급속도로 부상했다는 사실을 알 수 있다. 사고도 늘었다. 2019년에서 2021년 사이 삼성화재에 접수된 전동 킥보드 교통사고는 2019년 878건에서 2021년 2177건으로 2.5배 증가했다. 전동 킥보드의 법정 최고 속도는 시속 25킬로미터다. 보행 평균속도인 시속 4~5킬로미터, 자전거 평균속도인 시속 15킬로미터보다 빠르다. 국내 도로에서 전동 킥보드는 인도나 자전거 전용도로, 차도를 구분하지 않고 이용하는 경우가 많은데, 현격한 속도 차이로 사고 위험이 높다. 삼성교통안전문화연구소는 보행자와 자전거 운전자의 안전을 위해 전동 킥보드 속도를 20킬로미터 미만으로 낮춰야 한다고 주장하지만 현실에서 실현되기는 쉽지 않아 보인다. 되레 전기 자전거와 전동 킥보드를 개조해 엄청난 속도로 달리는 라이더들이 등장하기도 했다. 정부와 지자체가 뒤늦게나마 운전면허, 헬멧 착용 의무, 불법주차 견인 등의 규제를 하나둘 만들었지만 배달에 사용되는 전동 킥보드를 현장에서 단속하기는 힘들어 보인다. 전동 킥보드는 눈에 잘 띄지도 않고 역주행도 자주 일어나 사고 위험은 더 높다.

플랫폼기업들은 정부의 규제들이 혁신을 가로막는다고 주장한다. 일단 실험을 해보고 데이터를 확보한 이후 문제가 생기면 프로그램을 업데이트하듯 문제를 해결하면 된다고 생각한다. 바로 그런 이유로 기존에 규제가 없거나 미비한 영역이야말로 플랫폼기업들이 마음껏 실험을 할 수 있는 매력적인 실험장으로 여겨진다. 최근 진행 중인 배달로봇 시범 운행 역시 마찬가지인데, 배달로봇이 인적·물적 피해를 발생시켰을 때 져야 할 민형사상 책임에 대한 명확한 기준이 없는 상태에서 각종 실험들이 이루어지고 있다. 이 문제는 인간 배달노동자와 비교해보면 상징적인 쟁점을 만든다. 인간 배달노동자들이 배달플랫폼기업의 배달을 하다가 타인에게 피해를 입히면 개별 배달노동자에게 민형사상 책임이 주어지지만, 배달플랫폼기업이 개발한 로봇이 타인에게 피해를 준다면 사람들은 아직 명확한 기준이 없더라도 회사에 민형사상 책임이 있다고 생각하게 될 것이다. 배달로봇과 인간 배달노동자들이 하는 일이 다르지 않지만 위험에 대한 책임을 누가 질 것인가에 대한 생각은 배달 주체에 따라 달라진다.

초보 오토바이 라이더, PM 및 도보 라이더, 배달로봇은 투자자들에게는 매력적인 숫자로 보이겠지만, 시민들의 눈에는 위험한 폭탄으로 보인다. 이 초보 라이더들은 앱이 아니라 도로 위에 존재하기 때문이다. 그럼에도 플랫폼기업은 이 축적을 멈출 수 없다. 배달노동자들을 플랫폼에 등록시키는 것은 플랫폼경제를 돌리기 위한 원시적 축적 과정이다.

AI가 관리자를 대체한다

플랫폼노동자들을 무한하게 축적하기 위해서는 인간 관리자를 축출해야 한다. 작은 동네 배달을 하는데, 30명 정도의 라이더가 필요하다고 가정해보자. 이때는 인간 관리자가 30명의 라이더를 관리하는 게 효율적이다. 30명을 관리하기 위해 수억 원의 개발비를 들여 배차를 해주고 평점을 매기고 배달료를 결정하는 알고리즘 프로그램을 만들 필요가 없기 때문이다. 새롭게 배달노동자가 일을 하고 싶어 한다면 사무실에 오게 해서 앱을 깔아주고 일하는 법을 대충 알려주면 된다. 30명 중에 2~3명이 일을 하러 나오지 않으면 전화를 해서 당장 접속하라고 잔소리하는 데 10분이 채 걸리지 않는다. 아무도 배달을 하지 않으려 하는 '똥콜'(다음 배달 콜을 받기 힘든 주거지 밀집 지역이나 손님을 찾기 힘든 병원, 공원 등 라이더들이 기피하는 배달주문)이 있으면 베테랑 라이더나 가까운 위치에 있는 라이더에게 전화해 하나만 빼달라고 부탁하고 밥 한 끼 사면 된다. 열심히 일하는 라이더가 있으면 맛있는 것도 사주고 소주도 한잔하고, 눈에 띄게 문제가 있는 라이더는 면담 후 내보내면 된다. 100명 정도로 라이더가 늘어나도, 라이더를 관리하는 사람을 늘리면 그만이다. 그러나 1만 명의 라이더를 관리해야 한다면 이야기가 달라진다. 라이더를 관리하는 인간 매니저만 수백 명이 필요하다. 라이더가 아니라 관리자를 고용하고 교육하고 관리하기 위해 만만치 않은 비용을 투자해야 한다. 10만, 100만 명의 배달노동자들을 이용해 배달을 시키는 게 기업의 목표라면 어떨까? 같은 앱을 가지고 다른 나라에 진출하거나 라이더와 상점 수를 늘려 기업 가치를 높인 다음, 매각하는 게 목표라면? 수억 원을 들여서라도 알고리즘 프로그램을 개발하는 편이 수천 명의 중간관리자를 고용하는 것보다 효율적이다.

요약하면, 플랫폼기업은 전통적 사업자가 져야 했던 사업주의 책임에서 벗어나 무한한 인원과 계약을 맺을 수 있게 됐고, 무한한 노동자들을 데이터로 치환시켜 앱에 모아둘 수도 있다. 기업은 무한한 숫자의 배달노동자들을 관리하고 일을 시키기 위한 방법을 고안해내야 한다. 라이더들이 인간 관리자를 만나지 않고 스스로 핸드폰에 앱을 깔고 라이더로 등록한 후 배달 일을 할 수 있어야 한다. 일감을 배정하고, 배달료를 결정하는 것도 인간 관리자가 아니라 앱이 알아서 하게 해야 하고, 초보라도 이 일을 하는 게 어렵지 않게 프로그램을 설계해야 한다. 쉽게 말해 배달노동자를 관리하는 기계를 도입해야 한다. 알고리즘 도입으로 일자리를 잃은 건 현장의 배달노동자가 아니라 배달 현장을 잘 알고 배달노동자들과 싸우기도 하고 웃기도 하면서 노하우를 쌓아온 숙련된 관리자들이다.

그러나 기계도 결함이 있다. 따라서 배달노동자들의 사건 사고와 불만을 상담해줄 또 다른 노동자들이 필요하다. 이들이 바로 외주화된 상담노동자들이다. 배달노동자들은 인간이 아닌 AI의 배차와 그들이 결정한 배달료에 따라 움직이다가도 AI가 처리할 수 없는 사건 사고가 발생하거나 오류가 발생하면 인간과 대화하기를 간절히 바라게 된다. 손님이 주소를 잘못 적었거나 부재중이거나, 앱이 위치를 잘못 파악해서 핀 위치 오류가 나거나, 29층 배달인데 엘리베이터가 고장 나거나, 손님이 가게에 전화해 배달을 취소하거나, 사장님이 재료가 없어서 음식을 만들지 못하거나, 주문이 너무 많이 밀려서 조리가 20분 이상 걸리거나, 다른 라이더가 나의 배달을 잘못 가져가는 등 배달 중 일어나는 사건 사고나 오류의 경우는 다양하다.

상담노동자들은 이때, 기업과 기계를 대신해서 배달노동자의 분노를 마주해야 한다. 키오스크를 쓰기 어려운 사람들이 인간 알바노동자들과 사장에게 화를 내듯, 라이더들은 앱이 아니라 나의 말을 알아들을 수 있는 인간인 상담노동자에게 짜증을 낸다. 이때 알고리즘은 알 수도, 느낄 수도 없는 감정의 충돌이 벌어지는데, 역설적이게도 상담노동자들이 상처받지 않고 무사히 살아남기 위해서는 성난 배달노동자에게 기계나 알고리즘 같은 대답을 해야 한다. 이 때문에 종종 배달노동자들은 인간 상담원과 대화하면서 자신이 대화하는 상대가 챗봇인지 인간인지 헷갈려 한다. 인간 같은 기계와 기계 같은 인간 사이 어딘가에서 우리의 노동이 통제되고 있다.

라이더를 위한 플랫폼은 없다
: 플랫폼별 AI 알고리즘과 배달료

AI 알고리즘이 노동을 통제하는 분야는 배달료, 배차, 배달구역, 미션 및 프로모션(보너스), 평점, 페널티 등 크게 6가지다. AI 알고리즘이 배달 과정에서 작동하는 방식은 각 플랫폼기업마다 조금씩 차이가 있다. 배민의 경우 라이더들이 AI배차와 일반배차를 선택할 수 있다. AI배차에서는 알고리즘의 배차를 라이더가 수락 또는 거절할 수 있다. 배달노동자가 배차를 수락하고 A음식점에서 음식을 픽업하면 배민 AI는 새로운 주문인 B음식점을 배차해준다. B음식점 배차를 거절하지 않고 수락하면 배달라이더는 A음식점에 주문을 한 손님에게 배달을 완료한 후 B음식점으로 움직여야 한다. 단건 배달이기는 하지만, 음식점 픽업 후 하나의 콜을 더 주기 때문에 라이더들은 AI배차를 '1.5배차'라고 부른다. AI 알고리즘은 작업의 양과 수행 방식을 구체적으로 통제한다. 배달 구역은 배민의 경우 서울 지역을 4개로 쪼개놓았다가 2022년 8월부터 통합해서 서울 북부와 남부로 나누었으며 배달 구역이 경기도까지 넓어졌다. 배달 구역의 확장은 배달노동자들의 업무 공간을 확장하고, 생소한 업무 환경에서의 스트레스를 높여 노동강도를 높인다.

배민라이더가 AI배차가 아니라 일반배차 모드를 선택하면 화면에는 여러 개의 콜이 보인다. 라이더는 그중에서 자신이 가고 싶은 주문을 선택해서 배달한다. 물론, 재빨리 선택하지 않으면 다른 라이더가 가져가거나 AI가 다른 라이더에게 배차할 수 있다. AI배차와 달리 일반배차 창에서 라이더가 선택을 하면 앱 화면에서 다른 콜은 보이지 않게 된다. 음식점에서 음식을 픽업한다고 하더라도 다른 콜을 선택할 수 없다. 일단 선택한 배달을 모두 수행한 후에야 앱 화면에 선택할 수 있는 주문 콜들이 뜬다. 배달료도 다르다. AI배차는 프로모션을 주기 때문에 라이더 입장에서는 일반배차를 선택하는 게 일감의 획득과 소득 모두에서 손해다. 배민이 AI배차를 간접적으로 장려하는 셈이다.

배달료는 AI 화면에서 최저 배달료와 최고 배달료가 지역별로 쪼개져 앱 안에 있는 지도 화면 위에 표시된다. 이 때문에 행정구역상 단일한 구에서조차 배달료가 달라진다. 가령 '합정 3000~8500원' '공덕 3300~8700원' '신촌 3500~9000원'과 같이 표시되는데 지도 위에 뜨다 보니 동네 길거리가 돈처럼 보인다.

'합정 3000~8500원'은 최저 배달료가 3000원이라는 뜻인데, 이 금액은 675미터 이내 짧은 거리를 배달했을 때 지급된다. 여기서 거리별로 할증이 붙는데, 배달료가 최대 8500원이라는 의미는 장거리 배달을 했을 때 받을 수 있는 한계 금액이 그만큼이라는 말이다. 실시간 배달료란 앱 화면에 표시된 최저 배달료 3000원과 최고 배달료 8500원이 고정된 금액이 아니라 실시간으로 변동함을 의미한다. 다행히도 AI 알고리즘이 결정하는 실시간 배달료와 상관없는 최소한의 요금 기준은 있다. 예전에는 직선거리 기준으로 △ 500미터 이내 3000원 △ 500미터~1.5킬로미터 3500원 △ 1.5킬로미터 초과 시 500미터당 500원을 추가했다. 2022년 4월부터는 새 배달료 산정 기준이 도입됐는데, 내비게이션 거리 기준으로 △ 675미터 이내 3000원 △ 675미터~1.9킬로미터 3500원 △ 1.9킬로미터를 넘어서면 100미터당 80원을 추가

지급하는 것으로 바뀌었다. 이 최저기준에서 AI가 주문량, 라이더 숫자, 날씨 등을 고려해서 실시간으로 배달료를 바꿔버린다. 이외에도 라이더마다 각기 다른 미션을 주는데, 배달 4건을 하면 5000원 보너스와 같은 방식으로 개별 라이더에게 문자가 나간다. 어떤 라이더는 이 문자를 받고, 어떤 라이더는 미션 금액을 다르게 받고, 어떤 라이더는 문자를 받지 못하기도 한다. 어떤 기준으로 누구에게 프로모션을 제공하는지는 알 수 없다. 이것도 서울에서 배달하는 라이더들 이야기이고, 지역은 이런 미션조차 잘 없다.

배민의 AI는 배달노동자를 평가하고 징계도 주는데 평점은 배차 수락률, 수락 후 배달 완료율, 고객 만족도로 측정한다. 만약 라이더가 거절을 많이 하면 '과도한 거절'이라고 해서 한동안 배차를 하지 않는다. 일시 해고다. 얼마나 거절해야 과도한 거절이라는 경고 메시지가 뜨는지는 라이더들이 각자의 경험으로 익힌 감만 있을 뿐 확실한 기준은 알 수 없다.

쿠팡이츠 역시 배민처럼 AI배차를 거절할 수 있다. 일단 수락하면 손님에게 배달을 완료해야 다음 배차를 받을 수 있다. 진정한 단건 배달이다. 배민의 일반배차 모드처럼 인간이 배차를 선택할 수 있는 옵션은 존재하지 않는다. 쿠팡이츠는 2022년 겨울부터 주문량이 많을 때 일시적으로 라이더에게 여러 건을 배차하기도 했는데, 앱상의 노동 조건은 업데이트만 하면 언제든지 바뀔 수 있다. 배달료 역시 배민처럼 실시간으로 정하고 배민과 비슷하게 지역을 쪼개서 각기 다른 배달료를 책정한다. 쿠팡이츠의 최저 배달료는 2500원이다. 거리별 할증은 정해져 있지 않다. 배민과 달리 배달 구역이 정해져 있지 않아 배달 구역의 한계가 없다. 덕분에 9~10킬로미터에 달하는 흡사 퀵서비스 같은 장거리 배달이 배차되는 경우가 있다. 라이더들은 이를 '유배배달'이라고 부른다.

쿠팡이츠는 배민에 비해 미션을 자주, 복잡하게 준다. 일단 용어부터가 '미션'이다. 노동이 아니라 마치 게임 퀘스트처럼 느껴지게 만든다. 월 400건, 500건, 600건마다 수행 보너스가 있는가 하면, 오후 5시부터 저녁 8시까지 8개의 미션을 수행하면 5000원 보너스, '1건만 배달해도 5000원'과 같이 종잡을 수 없는 미션이 하루에도 몇 번씩 문자와 앱 알람으로 온다. 모든 사람에게 해당되는 미션도 있고 특정 라이더에게만 별도로 안내되는 미션도 있다. 미션을 통해 라이더의 수급을 조절하려는 전략이다. 역시 어떤 기준으로 뿌리는지는 알 수 없다. 쿠팡이츠 역시 이런 미션 프로모션은 서울에서나 진행할 뿐 지역은 별도의 프로모션을 진행하지 않는다.

라이더 평가 방식은 배민과 똑같다. 배민이 쿠팡이츠의 라이더 평가를 따라 했다고 보면 된다. 수락률, 배달 완료율, 고객 평가 3가지 기준으로 라이더를 평가한다. 평점은 숫자로 표시되며 신호등처럼 초록색, 노란색, 빨간색으로 표시된다. 페널티 제도는 AI배차를 여러 건 거절하면 7일간 앱 정지를 시키는 것이다. 일시해고다. 7일간 앱 정지를 3번 당하면 '영구 정지'라고 해서 앱 접속 자체가 막힌다. 해고다. 라이더유니온의 항의 등으로 2021년 12월부터 이 페널티는 1일 정지로 바뀌었고 영구 정지는 사라졌다. 다만, 쿠팡이츠는 공식적으로 영구 정지가 사라졌다고 밝히지는 않았다. 언제든지 정책을 바꿀 수 있다는 여지를 남겨두고 싶어서인데, 2022년 12월 12일, 쿠데타처럼 갑작스럽게 최소 1일에서 최대 30일까지 앱 접속을 금지하는 새로운 페널티 제도를 시행한다고 공지했다. 이런 정책 변화는 기록하지 않으면 기억할 수조차 없다. 어느 정도 거절해야 앱 정지를 당하는지는 쿠팡이츠 내부에 나름의 기준이 있겠지만 공개적으로 알려진 내용은 없다.

요기요는 배민, 쿠팡이츠와 다른 시스템이다. 요기요의 시스템을 설명하기 전에 요기요 앱에 대해 먼저 설명할 필요가 있다. 기존에는 요기요 앱에 불만을 제기하면, 자신들은 딜리버리히어로가 쓰던 '로드러너'라는 이름의 앱을 그대로 쓰기 때문에 독일 본사가 고치지 않으면 수정할 수 없다는 답변만 했다. 그러다가 딜리버리히어로와의 계약이 끝나가자 새롭게 '로지요'라는 이름의 앱을 만들고, 지역에서 시범적으로 새로운 프로그램을 도입했다. 상점과 배달노동자가 많은 서울에 시스템을 도입하기 전에 고양, 광주, 부산 등 작은 도시부터 큰 도시로 확산해나가며 새로 개발한 앱을 돌리면서 앱 개선을 하는 작업을 진행했다. 이때 배달 노동자들은 불완전한 AI의 지시를 수행하면서 기업에 데이터를 제공하는데, 이 순간 배달노동자들은 육체노동자에서 디지털노동자로 전환된다. 지역노동자들의 희생을 통해 요기요는 2023년 1월, 예전보다 안정적인 로지요 앱을 서울을 포함한 전국으로 확대, 도입했다.

요기요는 AI가 라이더에게 묶음 배송으로 배차한다. AI가 한 가게에 들어온 주문 3개를 한꺼번에 내게 주기도 하고, 손님에게 가는 길목에 있는 음식점을 들렀다 가라며 묶음 배송을 지시하기도 한다. 사실 이런 경우는 많지 않고 일감이 없어 대부분 단건 배달이다.

배달료는 최저가 3000원이고 로드러너 앱에서는 맨해튼 방식으로 거리를 측정해서 지급한다. 맨해튼 방식은 미국 맨해튼 거리처럼 도로가 사각형 모양으로 잘 정비된 거리를 가정해서 만든 거리 계산법이다. 이런 도로 체제를 가진 도시에서는 복잡한 건물들 사이를 뚫고 이동할 수 없기 때문에 계단 모양으로 돌아간다고 가정하고 직선거리에 일정 값을 곱해서 배달료를 측정한다. 정사각형 모양에서 왼쪽 아래 지점에서 오른쪽 상단 지점으로 이동한다고 가정할 때, 직선거리는 대각선 길이다. 그런데 잘 정비된 도로 체제를 가진 도시의 경우에는 계단 모양으로 이동해야 최단 거리가 된다. 즉, 왼쪽 변과 상변을 이으면 총 이동 거리가 나온다. 만약 직선거리가 1킬로미터라면 맨해튼 방식으로는 대략 1.4142킬로미터로 계산되는 방식이다. 하지만 실측 거리는 아니기 때문에 라이더들은 손해를 보기도 한다. 라이더들은 앱 프로그램의 거리 계산을 믿지 않는다. 요기요는 로지요 앱 도입 이후에는 실거리 기준으로 배달료를 책정하기 시작했다.

　요기요는 배민이나 쿠팡이츠처럼 AI가 배달료를 마음대로 측정하지는 않는다. 배민, 쿠팡처럼 국제적 투자를 받지 못한 기업이 실시간 배달료를 함부로 썼다가는 피크 시간에 기하급수로 늘어나는 배달료를 감당하지 못할 것이다. 대신 특정 시간에 프로모션을 준다. 피크 타임 프로모션으로 점심(오전 11시~오후 1시)과 저녁(오후 5시 30분~저녁 7시 30분) 시간에 배차를 받아서 배달을 수행하면 1500원이 추가된다. 주말에는 여기에 500원의 프로모션이 더 붙는다. 마감이라고 해서 밤늦게 배달을 하면 역시 1500원이 붙는다. 그리고 AI배차 수락률 95퍼센트를 유지하고 한 주에 100건 이상을 수행하면 건당 1000원이 더 붙는다. 이 조건은 언제든지 바뀔 수 있다. 실제로 부산, 대전, 광주, 대구에서는 2022년 5월 2일 피크 타임 프로모션을 1500원에서 1000원으로, 23일부터는 1000원에서 500원으로 삭감했다. 한 달도 안 되는 기간 동안 임금이 무려 66퍼센트 삭감됐다. 그렇다고 소비자들이나 자영업자들이 부담하는 배달료가 내려가는 건 아니다. 실시간 배달료나 프로모션 축소 등의 배달노동자의 배달료 삭감은 소비자들이나 자영업자들은 알 수 없는 미지의 영역이다. 배달노동자의 배달료와 소비자, 자영업자들의 배달료는 비례관계도, 반비례 관계도 아니다.

요기요의 경우 1000원의 프로모션을 받기 위해서뿐만 아니라 등급을 유지하기 위해서도 AI의 말을 잘 들어야 한다. 요기요는 아무 때나 일할 수 있는 게 아니라 사전에 스케줄을 신청한 사람만 일할 수 있다. 1등급은 수요일에 다음 주 스케줄 신청이 가능하고, 2등급은 목요일, 3등급은 금요일에 신청이 가능하다. 따라서 피크 타임과 주말 프로모션이 붙는 시간대(오전 11시~오후 1시, 오후 5시 30분~저녁 7시 30분)에 일하기 위해서는 1등급을 유지하는 게 매우 중요하다. 부산, 광주와 같은 지역에서는 1등급 라이더조차 신청할 수 있는 스케줄이 없어 일을 못 하는 경우도 발생했다.

등급은 수락률과 신청한 스케줄 시간만큼 실제로 일했는지 여부, 제시간에 접속했는지 여부, 수행한 주문 건수 등으로 평가된다. 배달 구역도 설정되어 있기 때문에 자신이 미리 신청한 구역으로 반드시 이동해서 접속해야 출근으로 인정받는다. 요기요에서 AI의 지시를 거절하는 것은 곧 임금 삭감을 의미한다.

그래서 요기요는 배민, 쿠팡이츠와 달리 충성도 높은 라이더들, 가령 한 주에 100건 이상은 배달하는 라이더를 중심으로 운영된다. 라이더들은 직장인처럼 업무 시간을 정하고 AI 관리자의 말을 준수하면서 일해야 한다. 그래서 요기요는 배민, 쿠팡이츠처럼 배달노동자들을 마구잡이로 입직시키지는 않았다. 요기요는 로지요 앱을 도입하면서 배민, 쿠팡이츠처럼 누구나 원하는 시간에 접속해서 일을 할 수 있는 시스템을 도입하려고 했으나 안정적인 노동력 확보를 하기 어려워서였는지 다시 로드러너 앱의 스케줄 제도를 부활시켰다. 또한, 실거리 배달료를 도입하면서 프로모션 제도도 변경시켰는데, 점심·저녁 피크 시간 프로모션과 주 100건 이상 배달하면 건당 1000원을 지급하는 프로모션도 삭제했다. 그러면서 서울·인천·경기에서는 100건 이상 90퍼센트 이상 수락률을 달성하면 5만 원, 125건 이상은 11만 원, 150건 이상은 18만 원, 175건 이상은 26만 원, 200건 이상은 35만 원, 225건 이상은 45만 원, 250건 이상은 56만 원, 275건 이상은 68만 원을 제공하는 것으로 바뀌었다. 콜이 거의 없는 부산·광주·대전·대구는 80건 이상 90퍼센트 이상 수락률을 달성하면 3만 원, 105건 이상은 7만 원, 130건 이상은 12만 원, 155건 이상은 18만 원, 180건 이상은 25만 원, 205건 이상은 33만 원, 230건 이상은 42만 원, 255건 이상은 52만 원을 제공한다. 이 복잡한 프로모션 내용을 여기에 일일이 써놓은 이유는 이 책을 읽는 독자가 변경된 프로모션이 이전보다 유리한지 불리한지 직접 계산해보는 경험을 해보길 바라서다. 라이더들은 1시간에 몇 건을 배달해야 하는지를 치밀하게 계산해서 서울은 200건 이상, 지역은 180건 이상 배달할 때부터 이전보다 이익이라는 결론을 얻었다. 사실 노동자들의 계산은 무의미한데 일주일간 실제로 일을 해보지 않으면 정확한 결과를 알 수 없기 때문이다. 배달주문량, 날씨, 소위 '똥콜'과 '꿀콜'의 비율 등에 따라 미션 달성 여부는 얼마든지 달라질 수 있으며, 회사의 계산에는 이런 요소들이 반영되지 않았거나 지나치게 작은 변수로 계산했을 가능성이 높다. 회사가 라이더들의 배달 데이터를 토대로 만들었을 임금 개편안을 정작 라이더들은 정확히 알 수 없다.

배민, 쿠팡이츠, 요기요는 앱을 업데이트하거나 새로운 프로그램을 만들 때, 특정 지역에서 실험을 한다. 경기도 일부 지역에서만 실거리 요금제를 실험해볼 수도 있고, 일주일에 20시간 이상 일하는 라이더들에게만 다른 요금을 제시해볼 수도 있다. 라이더들은 실험이 진행 중인지도 알 수 없는 상태에서 일을 수행하고 배달플랫폼기업은 이 데이터를 기반으로 앱을 업데이트한다. 보통 기계를 개발하고 현장에 도입할 때 안정성 테스트를 비롯한 무수한 실험과 검사를 진행하지만, 배달앱은 라이더에게 배달을 시키면서 데이터를 수집하고 문제점을 발견해 프로그램을 수정한다. 배달노동자들은 기계의 지시를 받아 일을 하는 노동자인 동시에 기계 성능을 향상시키는 데이터 재료이자 실험체다. 그래서 배달앱은 무수한 업데이트와 새로운 패치의 결과물이다. 노동자들은 업데이트 전의 프로그램을 몸과 머릿속으로만 기억하고 별도로 저장할 수도, 기록할 수도 없다. 실시간으로 업데이트되는 배달앱 앞에서 노동자들의 불만은 모두 과거의 일이 되어버리고 그런 일이 있었던 사실조차 증명하기 어렵다. 배달노동자가 공동으로 생산한 데이터가 배달플랫폼기업의 배타적·사적 소유가 되어 배달노동자의 노동을 통제하는 기계인 배달앱을 만드는 데 사용된다는 사실만이 배달노동자가 명확히 알 수 있는 사실이다. 마르크스가 공장에서 발견한 노동 소외는 플랫폼기업의 디지털 공장에서 실시간으로 이루어지고 있다.

알고리즘은 왜
모르고리즘이 됐을까

배민, 쿠팡이츠, 요기요 등 AI 프로그램을 활용하는 배달플랫폼기업들이 구체적으로 어떻게 이 기계를 작동시키는지는 알기 어렵다.

우선 AI의 일감 배차 기준은 배달플랫폼기업이 공개하지 않는 한, 정확히 알 수 없지만 예상과 경험을 통해 유추해볼 수는 있다. 1. 라이더의 위치와 음식점과의 거리 2. 라이더가 음식점까지 움직이는 시간과 그 음식점이 음식을 조리하는 시간 3. 라이더의 평소 평점 4. 라이더의 입직일 5. 배달주문의 긴급성 등이 배차 기준일 것이라고 예상할 수 있다. 음식점과 라이더가 가깝다고 무조건 배차를 하는 것은 아니다. 해당 음식점이 음식을 조리하는 데 평균 10분이 걸린다면, 7~8분 정도의 거리에 떨어져 있는 배달라이더에게 우선 배차하는 게 효율적이다. 이때 중요하게 알아야 할 데이터가 해당 음식점의 평균 조리 시간이다. 해당 음식점이 평소 주문을 접수하고 플랫폼에 조리 완료가 됐다고 알릴 때까지 걸리는 시간 데이터를 가지고 있다면 알고리즘이 계산할 수 있다. 물론 이때 다양한 변수가 발생한다. 주문량이 갑자기 몰리거나 홀 손님이 갑자기 몰려서 평소 조리대기 시간보다 늦어질 수도 있고, 주문이 없어서 평소 조리대기 시간보다 빨리 조리할 수도 있다. 배민, 쿠팡이츠, 요기요는 서로 경쟁하기 때문에 한 플랫폼에서 프로모션을 걸어 주문량이 많아지면 다른 앱으로 들어온 주문을 늦게 조리할 수도 있다. 여기에 라이더라는 변수가 추가된다. 7~8분 정도를 이동해야 할 정도로 먼 거리 픽업을 싫어하는 라이더가 있다면 AI가 정해준 배차를 거절할 것이다. 가만히 대기하는 것보다는 이동해서라도 일을 해야겠다고 생각하는 라이더는 배차를 수락할 것이다. 첫 번째 라이더에게 배차를 했는데 거절했다면 다음 순번의 라이더에게 배차한다.

문제는 누구나 예상 가능한 이 기준들 중 어떤 기준에 더 많은 가중치를 둬서 배차를 하냐는 것이다. 똑같이 음식점과 1킬로미터 정도 떨어진 두 라이더가 있다면, 평소 AI 말을 잘 들어서 AI 배차 수락률이 좋은 라이더에게 배차하는 것을 우선순위로 삼을 수도 있고, 손님의 '따봉'에 더 많은 가중치를 줄 수도 있고, 평소

앱에 로그인해 일하는 시간이 긴 사람에게 가중치를 줄 수도 있다. 문제는 이걸 정확히 알 수 없다는 데 있다. 그래서 라이더들이 모이면 작은 분쟁들이 항상 벌어지는데, 각자의 경험들을 토대로 알고리즘이 어떻게 움직이는지 주장하다 보니 생기는 일이다. 이건 답이 없는 논쟁인데, 가끔씩 라이더들이 작은 실험들을 단행해 진실을 증명해내기도 한다.

2021년 전라남도 광주의 배민라이더들이 라이더유니온에 제보를 했다. 배민 알고리즘이 불합리하다는 주장이었다. 제보를 받은 뒤 '당연히 불합리하다고 느끼겠지' 하고 가볍게 생각했지만, 상담은 해야 할 것 같아 광주로 향했다. 카페에 5명의 라이더가 모였는데, 갑자기 이들은 자신의 핸드폰을 책상 위에 올려놓고 배민 앱을 켰다. 곧이어 AI가 라이더에게 배차를 했는데 맨 첫 번째로 핸드폰을 올려놓은 라이더 A에게 주문이 배정됐다. 라이더 A가 거절하자 두 번째로 핸드폰을 올려놓은 라이더 B에게 배정이 됐다. 소름 돋게도 라이더 C, D, E에게 순서대로 거절한 콜이 배정됐다.

"입직일 순서대로 핸드폰을 놓은 거예요."

이들의 설명에 따르면 2021년 5월 1일에 배민 앱에 등록한 라이더는 같은 거리에 있는 5월 2일, 6월 1일에 등록한 라이더보다 먼저 배차를 받을 수 있다. 수락률, 나이, 평점은 모두 상관없었다. 문제는 이것으로 끝나지 않는데, 만약 A라이더가 배달을 완료할 때까지 다음 주문이 없다가, A라이더가 배달을 끝내자마자 새로운 주문이 들어오면 A라이더에게 배차가 될 가능성이 높다. 라이더 B, C는 기대라도 해볼 수 있지만, 라이더 D, E는 배달이 엄청나게 많지 않은 한 배차가 되지 않아 소득이 0원이 될 위험이 있다.

경우에 따라 오래 일한 라이더에게 일감을 먼저 배차할 수도 있다. 배달노동자 모두가 같이 일하는 사무실이 있고, 이곳을 관리하는 인간 매니저가 있다면 일감을 받지 못한 배달노동자들이 이에 대해 항의할 것이다. 인간 관리자는 오래 일한 노동자에게 인센티브를 더 주는 곳이니 양해를 바란다고 할 수 있다. 납득을 하지 못한 다른 배달노동자들은 다른 사무실로 떠나면 된다.

문제는 배민 알고리즘이 이런 기준을 배달노동자에게 알려주지 않는다는 점이다. 이 사실을 안다면, 배민에 새로 입직하는 사람은 없을 것이다. 그렇다고 이 문제를 공개적으로 제기하고 새로운 기준을 만들자고 이야기하면 어떤 일이 벌어질까? 기존에 먼저 입직한 사람들이 가만히 있지 않을 가능성이 높다. 끊임없이 새로운 노동자들은 필요한데, 이들 모두에게 골고루 일감을 배분하는 건 쉬운 일이 아니다. 그렇다고 배민 같은 기업이 입직 순서로 배차 순서를 정한다는 사실이 솔직히 실망스러웠다.

중요한 건 이 기준을 안다고 해서 문제가 모두 해결되지는 않는다는 사실이다. 카카오모빌리티는 카카오택시 배차 알고리즘을 부분적으로 공개하면서 수락률이 높은 택시 노동자에게 우선 배치한다고 밝혔다. 이것을 두고 공정하냐는 질문으로만 접근하면 할 수 있는 말이 별로 없다. '카카오모빌리티가 왜 이런 알고리즘을 만들었을까'를 물어야 한다. 카카오모빌리티는 처음에 무료 중개 서비스로 택시 시장에 뛰어들었다가 택시 시장을 지배하면서 유료 서비스를 하나둘 도입하기 시작했다. 프로멤버십을 도입해 중개 서비스를 유료화했고, 교육비와 랩핑비, 수수료를 받는 가맹 택시 사업도 시작했다. 카카오택시 알고리즘의 지시를 거부하면 일감을 얻기 힘들다는 로직이 발표됐으니 일반 택시노동자들은 2가지 중 하나를 선택해야 한다. 수수료를 내고 가맹 택시를 신청해 알고리즘의 지휘·감독 아래에서 일하든가, 자유롭게 일을 하면서 카카오모빌리티로부터 받는 일감을 포기해야 한다. 물론 효과를 알 수 없는 프로멤버십에 가입할지는 계속 고민해야 한다. 카카오모빌리티는 단순히 시장을 지배하는 것을 넘어 알고리즘으로 택시노동자들을 통제할 수 있게 됐다.[11]

그나마 밝힌 기준도 언제 어떻게 바뀔지 아무도 모른다. 서울보다 지역에서 배달앱 알고리즘 규칙이 잘 보이는 이유는 일감이 많지 않기 때문이다. 배달노동자에 비해 일감이 적으니 배차 알고리즘의 규칙은 노동자들에게 매우 민감한 문제다. 일감이 넘친다면 어떤 기준이 적용되든 나에게 배차가 될 테니 문제가 안된다.

알 수 없는 배달앱 알고리즘은 배달료에서 절정에 이른다.

알고리즘이 설계한 도박판, 배달료

2021년 1월 14일 〈"치킨값보다 더 비싸졌다"… 강남 배달료 2만 원 시대〉라는 기사가 나왔다. 《매일경제》에 실린 기사다. 그로부터 1년 3개월이 지난 2022년 4월 8일, 〈배달비 6000원 챙겨놓고 고작 라이더에겐 3760원만〉이라는 제목의 기사가 나왔다. 역시 《매일경제》였다.[12] 도대체 진실은 무엇일까?

2021년 11월에는 《머니투데이》에서 〈'배달비 2만 원' 시대인데, 라이더 노조 "안전운임 더 달라"… 난폭운전은?〉이라는 제목의 기사가 다시 한번 나왔다. 배달 1건당 2만 원이면, 배달노동자는 하루 약 60만 원을 번다. 1시간에 3~4건은 하므로, 하루 8시간 일한다면 약 30건을 할 수 있다. 주급 300만 원이다. 주5일 일한다고 가정하고 월급으로 환산하면 약 1290만 원, 1년이면 약 1억 5000만 원을 번다. 사실이라면 라이더유니온이 배달료를 올리라고 데모를 하는 건 납득하기 어렵다. 언론이나 노동조합

둘 중 하나는 거짓말을 하고 있는 셈이다.

배달료 얘기를 정확하게 하기 위해서는 개념 정리부터 필요하다. 배민, 요기요, 쿠팡이츠는 음식점으로부터 크게 2가지 수익을 얻는다. 하나는 광고비에 해당하는 중개수수료로 쿠팡이츠는 7.5퍼센트, 배민1 서비스는 6.8퍼센트 정도를 받는다. 이 수수료도 광고 방식과 마케팅 전략에 따라 시시각각 바뀐다. 요기요는 중개수수료로 12.5퍼센트를 받는다. 배달앱의 다른 수익은 배달을 해주는 대가로 받는 돈이다. 배민, 쿠팡이츠는 음식점으로부터 6000원을 걷는다. 이 역시 정책에 따라 바뀐다. 요기요익스프레스는 단건 배달이 아니고 주문 중개수수료가 높기 때문에 배달대행의 대가로는 2900원을 받는다. 앞서 설명한 배민1 서비스와 쿠팡이츠, 요기요익스프레스처럼 주문과 배달을 동시에 해주는 경우다. 음식점 입장에서는 자신이 지불하는 이 6000원이 부담스럽기 때문에 2000~3000원 정도를 소비자 부담금으로 물리는데 이게 바로 소비자들이 부담하는 배달팁이다. 그래서 소비자들은 2000~3000원 정도를 내면 배달이 된다고 생각하고, 자영업자는 손님한테 받은 2000~3000원과 자신이 부담하는 돈을 합쳐 6000원을 모두 배달기사에게 준다고 믿는다. 배달플랫폼기업은 소비자, 배달노동자, 음식점을 연결시킨다고 하지만, 배달플랫폼기업이 이들과 1:1로 소통하고 정보를 통제함으로써 정작 서비스를 공급하고 소비하는 세 주체는 서로가 어떤 상황에 있는지 알 수 없다.

정리하면, 주문접수와 배달을 동시에 해주는 배민1, 쿠팡이 츠, 요기요익스프레스의 배달료는 다음 3가지로 구분할 수 있으 며, 이 배달료들을 명확하게 구분하지 않고 그냥 '배달료'라고 하 면 대화가 되지 않는다.

1. **상점 부담 배달료**: 상점이 플랫폼에 지불하는 배달 수수료. 주문접 수를 위한 광고비와 배달 수행에 대한 보상, 두 종류가 있으며 각각 의 가격은 상황에 따라 변동한다.

2. **소비자 부담 배달료**: 상점이 플랫폼에 지불하는 수수료를 전액 소 비자에게 전가하면 소비자가 주문을 하지 않을 것이기 때문에 일부 금 액을 소비자에게 전가시킨 배달료.

3. **라이더 수령 배달료**: 플랫폼이 상점으로부터 받은 수수료에서 라이 더에게 지급하는 배달료. 고정 금액이 아니라 AI 알고리즘이 정한다.

사실 배달료 개념이 이렇게 나뉘어져 있기 때문에 소비자들 이 저렴한 가격으로 단건 배달을 이용할 수 있었다. 단건 배달 서 비스를 소비자에게 2000원 받아서 제공하는 건 불가능하다. 단건 배달을 할 경우 라이더 한 사람이 1시간에 3건 정도 할 수 있으므로 걷은 배달료를 전부 라이더에게 준다고 해도 배달료가 6000원이면 세전 기준으로 1만 8000원이다. 여기서 기름값, 보험료, 오토바이 감가, 세금 등으로 빠지는 돈을 생각하면 라이더들은 단건 배달을 하는 게 손해다. 배달료 6000원을 자영업자들이 함께 부담했기 때문에 소비자들은 2000원 내지 3000원으로 내 집만 오는 단건 배달 서비스를 이용할 수 있었다. 배달노동자들은 이를 두고 흔히 '버스비를 받고 택시 서비스를 제공했다'고 이야기한다.

라이더가 상점과 손님이 배달라이더에게 주라고 플랫폼에 준 6000원을 모두 받는 것도 아니다. 앞에서 살펴본 것처럼 이 금액은 AI 알고리즘이 정한다. 배민은 3000원, 쿠팡이츠는 2500원으로 최소 배달료를 묶어놓고 초마다 배달료를 바꿔버린다. 심지어 같은 구 단위에서도 배달료가 똑같지 않다. 강남구는 4개로 쪼개져 동네마다 배달료가 다르다. '강남구 1'에서 6000원을 보고 출근했다가, 알고리즘이 배달료가 2500원인 '강남구 2'로 보낼 수도 있고, 높은 단가를 보고 '강남구 1'에 라이더들이 몰리면 그 순간 배달료를 낮춰버릴 수 있다. 5000원으로도 배달이 잘 빠지면 4000원, 4000원으로도 배달이 잘 빠지면 3000원으로 실시간으로 배달료를 하향 조정할 수 있다. 라이더들은 주식이나 비트코인을 매수하거나 매도하듯, 실시간 알고리즘이 제시하는 가격에 따라 배달을 갈지 말지 선택해야 한다.

라이더들은 핸드폰 앱이 5000원짜리 콜을 수락하겠냐고 물을 때, 수락할지 거절할지 한참을 고민할 수밖에 없다. 이 콜을 거절하면 7000원으로 오른 콜이 올 수도, 3500원으로 하락한 콜이 올 수도 있기 때문이다. 물론, 라이더들은 어느 것도 확신할 수 없다. 60초의 제한 시간 동안 삶을 건 도박이 벌어진다.

영국의 노동연구자 필 존스는 《노동자 없는 노동》에서 플랫폼경제와 위탁계약, 건당 임금이 확대되면서 임금이 도박처럼 변하고 있다고 설명한다. 웹툰플랫폼은 작가에게 원고료 대신 최소개런티(MG)라는 이름의 제작비를 선금으로 주는데, 추후 작품 수익이 나지 않으면 몇 배로 갚아야 할 작가의 빚이 된다. 디지털 선대제다. 공연계에서는 관객의 선택에 따라 공연비가 팀별로 차등 정산되는 일이 알려져 논란이 됐다. 노동의 대가가 얼마인지 알 수 없는 일이 점점 늘고 있다.

일부 영향력 있는 사람이나 플랫폼으로부터 높은 별점을 받은 소수의 사람에게 일감과 부가 집중되는 문제는 플랫폼산업에서 공통적으로 일어나는 현상이다. 선택받지 못한 플랫폼노동자들은 최저임금보다 못한 소득을 얻는데, 주변 동료를 보상가격을 떨어트리는 경쟁자이자 잉여 인력으로 보게 된다. 물론 큰 소득을 얻을 때도 있다. 열에 한 번 있을까 말까 한 대박이야말로 임금의 도박적 성격을 강화한다. 노동자들은 자신도 모르게 플랫폼에 중독된다.

반면 AI 알고리즘은 확실한 정보를 알고 있다. AI 알고리즘은 접속한 라이더의 숫자에 비해 배달 콜이 많으면 배달료를 올리거나 날씨가 안 좋을 때 라이더가 모자란 특정 지역의 배달료를 올린다. 출근을 유도하는 거다. 반면, 주문량이 적고 라이더 숫자가 많은 지역은 배달료를 최저로 낮춰버린다. 자발적 퇴근을 유도하거나 근무지 변경을 유도하는 것이다. 물론 적은 금액으로 배달을 해주면 더욱 좋다. 주로 봄, 가을 평일 오전과 오후 시간대에 최저 요금이 책정된다. 이렇게 AI 알고리즘은 실시간 배달료로 배달노동자들의 출근과 퇴근, 근무 장소를 간접적으로 통제한다.

그러다 보니, 한여름이나 한겨울 주말 피크 시간에 AI 알고리즘이 순간적으로 배달료를 올릴 때 앱 화면을 보고 기사를 쓰면 '배달료 2만 원 시대'라는 기사가 나오고, 봄과 가을 평일에 앱 화면을 보고 기사를 쓰면 배달플랫폼이 자영업자에게 6000원을 챙겨놓고 배달기사에게는 2500원만 준다는 보도가 나온다.

물론, 배달료 2만 원을 받아본 적은 단 한 번도 없었다. 엄청난 장거리에 집중호우가 쏟아지는 주말 저녁이라면 가능할 것 같긴 하다. 배달플랫폼기업은 배달료를 평균적으로 5000~6000원씩 지급하고 있다고 주장한다. 틀린 이야기는 아닐 것이다. 문제는 개별 라이더가 이 평균 금액을 받지 못한다는 점이다. 100건의 배달을 수행하는 데 배달플랫폼기업이 60만 원을 썼다면, 배달료로 평균 6000원을 쓴 셈이다. 그런데 100건 중 50건은 건당 4000원을 쓰고 50건은 8000원을 썼다고 가정해보자. 평균은 6000원으로 똑같지만, 8000원짜리 배달 건을 쟁취한 라이더의 평균 소득은 높을 것이고, 4000원짜리를 주로 수행한 라이더의 평균 소득은 내려간다. 8000원 배달을 낮 12시에서 오후 1시 사이에만 줬다고 생각한다면 그 시간대에 접속한 라이더의 숫자가 많을 것이기 때문에 콜 배정을 못 받아 수입이 0원인 라이더도 존재하게 된다. 만약 이 차이가 더욱 심해져 100건 중 20건은 2만 원을, 80건은 2500원을 준다면 어떤 일이 벌어지겠는가. 평균 배달료는 6000원이지만, 라이더들의 전체 평균 소득은 내려간다. 이 배달료 경쟁의 승자는 배달료 2만 원을 주는 피크 시간에 미친 듯이 달려 최대한 일감을 많이 차지한 사람이다.

실제 2022년 8월에 라이더유니온이 싱가포르국립대학교, 카이스트, 노회찬재단과 함께 150명의 배달노동자들을 대상으로 AI 검증 실험을 진행했는데 여기서 흥미로운 결과가 나왔다. 평일 오후 5시부터 저녁 8시 사이의 수익을 분석했는데, 서울의 경우 피크 시간대인 저녁 6~8시가 비피크 시간대인 오후 5~6시보다 배달료 소득이 높았다. 앞에서 본 것처럼 피크 시간에는 실시간 배달료가 올라가고 일감이 늘어나기 때문이다. 그런데 경기도의 경우 피크 시간에 오히려 소득이 줄어드는 결과가 나왔다. 피크 시간에 접속한 라이더의 숫자가 피크 시간에 늘어난 일감보다 많아 개별 노동자에게 돌아가는 배달 소득은 오히려 줄어버린 것이라고 추정할 수 있다. 배달플랫폼기업이 지출하는 전체 배달료를 늘리더라도 개별 배달노동자의 소득은 줄어들 수 있다는 점을 간접적으로 보여준 실험 결과다. 개별 배달노동자의 소득 보장이나 일감 보장을 위한 라이더 수 조절은 AI 알고리즘의 목표가 아니다.

배민, 쿠팡이츠는 AI 알고리즘의 단건 배차 시스템이 동네배달대행사보다 안전하다고 주장하고 있지만, 배차에서 확보한 안전함은 실시간 배달료의 불안정성으로 상쇄된다. 묶음 배송이 아닌 단건 배송으로는 낮은 배달료를 극복할 방법이 없기 때문에 단건 배송을 엄청난 속도로 수행하든가, 피크 시간에 목숨을 걸든가, 장시간 노동으로 줄어든 소득을 보전하든가, 눈비가 내리는 위험한 날씨에 일하는 방법밖에는 도리가 없다. 어느 쪽이든 위험을 감수해야 하는 것은 똑같다.

물론 동네배달대행사의 전투 콜과 묶음 배송이 안전하다고 주장하려는 것은 아니다. 배달대행 서비스는 여러 개의 음식점이 소수의 라이더를 공용으로 사용하면서 탄생한 시스템이다. 음식점 사장은 라이더를 직접고용하지 않음으로써, 오토바이값과 보험료, 사고 책임을 라이더에게 떠넘길 수 있다. 대신 라이더가 여러 개의 음식점에 들러서 4~5개의 음식을 배달통에 실은 다음 한꺼번에 배달하는 것을 허용했다. 건당 3000원의 낮은 배달료를 책정하는 대신 4~5개의 묶음 배송으로 1만 5000원에서 2만 원의 소득을 올릴 수 있도록 보장한 것이다. 이 과정에서 배송되는 음식의 퀄리티는 어느 정도 양보했다. 소비자 역시 낮은 배달료와 식은 음식을 교환했다. 이 합의는 가끔씩 너무 늦은 배달에 대한 소비자 항의로 라이더가 음식값을 물든가, 라이더가 정신없이 묶음 배송을 해서 사고가 나는 방식으로 파기됐다. 이 합의를 배달 플랫폼기업은 AI배차, 실시간 배달료, 단건 배달 시스템으로 파기했지만 개별 라이더의 소득은 고려하지 않았다.

여기서 잠깐 동네배달대행사의 배달료 체계도 짚고 넘어가보자. 여기에는 배민1, 쿠팡이츠, 요기요익스프레스에는 없는 동네배달대행사와 배달대행 프로그램사가 등장한다.

1. 상점 부담 광고 수수료: 배민, 요기요에 내는 중개수수료(광고비).

2. 상점 부담 배달대행 수수료: 주문접수 후에 배달을 맡길 때 동네배달대행사에 지불하는 배달대행료. 1.5킬로미터 이내는 보통 3000~3500원. 거리를 초과하면 100미터당 100원 또는 500미터당 500원을 추가한다. 콜 수가 많은 상점은 별도 관리비를 지불한다.

3. 소비자 부담 수수료: 상점에서 지불하는 배달 수수료에서 소비자에게 전가하는 비용.

4. 프로그램 사용 수수료: 배달대행사가 상점으로부터 받은 배달료를 라이더에게 지급하면, 라이더가 라이더-상점-동네배달대행사를 연결시켜주는 '생각대로' '바로고' 등의 배달대행 프로그램사에 지불하는 수수료. 보통 100원 정도다.

5. 배달대행사 사장 수수료(일명 '똥비'): 배달대행사가 상점으로부터 받은 배달료를 라이더에게 지급한 후, 관리비와 영업비 명목으로 가져가는 중간 수수료. 400원에서 500원 정도이고, 퍼센티지로 걷는 곳의 경우 13퍼센트도 있고 9퍼센트도 있다.

6. 라이더가 수령하는 배달료: 상점이 3500원을 낸다고 가정하면, 100원은 프로그램사가, 400원은 동네배달대행사가 떼어가고, 라이더는 3000원을 가져가는 구조다. 여기서 소득세 3.3퍼센트를 떼고, 산재보험료와 고용보험료도 차감된다.

동네배달대행사 배달료는 일정한 기준이 없고 동네배달대행사 사장이 일방적으로 기본료와 수수료, 거리 기준을 결정한다. 다만 한번 결정하면 거리별 할증체계와 배달료 체계가 간단하고 투명할 수 있다. 유일한 변수는 동네배달대행사끼리의 경쟁인데 음식점 영업을 위해서는 배달료 저가 경쟁, 라이더 영입을 위해서는 배달료 인상과 배달대행사 간의 수수료 인하 경쟁을 견뎌내야한다. 다만, 묶음 배송 방식이기 때문에 음식점 확보를 많이 하는 것이 라이더 확보와 수익을 위해서 더 중요하다. 주문 콜 수를 많이 확보하면 라이더 모집도 따라온다. 이 때문에 지역 배달료는 저가 경쟁이 주로 벌어졌다. 코로나19가 한창일 때 일부 지역에서 배달료가 잠깐 올랐지만, 전국적으로 배달료가 오른 것은 아니다. 배민1, 쿠팡이츠 등 단건 배달이 활발하게 서비스 되는 서울 지역을 중심으로 동네배달대행사 배달료가 올랐다. 라이더가 빠져나간다는 명분으로 배달료를 올릴 수 있었다. 지역은 코로나19와 상관없이 배달료가 동결됐다. 배달료가 올랐던 곳도 배달대행사가 가져가는 수수료를 올려 라이더들의 실수령액은 비슷해진 경우가 많다. 보통 음식점이 3500원을 배달대행사에 주면 3000원은 라이더가 가져가고, 100원은 프로그램사, 400원은 일반대행사가 가져간다. 현장에서는 이를 '똥비'라고 부르는데 '똥비'는 배달대행사 사장이 마음대로 정한다. 기본 배달료를 4000원으로 올려도 수수료를 700원 떼면 라이더는 3300원만 받게 된다. 건당이 아니라 13퍼센트로 수수료 비율을 올려, 라이더들이 힘든 장거리 배달을 갈수록 더 많은 수수료를 떼이는 역설이 발생하기도 한다. 일부 동네배달대행사 사장들은 사회보험료 때문에 수수료를 올릴 수밖에 없다고 주장해, 라이더들이 사회보험에 대한 불신을 가지기도 했다.

2022년 1월 1일부터 고용보험이 의무화되면서 동네배달대행사들은 라이더들로부터 고용보험료를 징수하기 시작했다. 라이더들이 받는 배달료에서 30.4퍼센트를 기름값, 보험료 등 배달을 하기 위해 쓴 지출 비용으로 간주해서 뺀 다음에 0.7퍼센트를 사장과 노동자에게 각각 부과해 징수했다. 이후 배달료에서 비용으로 빼주는 비율은 27.4퍼센트로 줄고, 보험료율은 0.8퍼센트로 올랐다. 이 복잡한 숫자와 작은 변화를 인지하고 있는 라이더는 많지 않을 것이다.

막상 계산해보면 월 400만 원을 버는 라이더의 보험료는 고용보험이 처음 도입됐을 때 기준으로 약 2만 원에 불과하다. 문제는 고용보험을 핑계로 동네배달대행사가 라이더로부터 떼 가는 수수료를 높여 라이더의 불만을 증폭시키는 데 있다. 여기에 소득세 3.3퍼센트와 산재·고용보험료를 추가로 뗀다. 이 금액도 사장 마음이다. 산재보험료는 1만 5190원 정액이다. 2021년 7월 1일부터 2023년 6월 30일까지는 50퍼센트를 경감해줘서 월 7595원만 내면 된다. 일부 지자체는 90퍼센트까지도 지원해줬다. 그런데 산재보험료 명목으로 하루 808원을 걷는 곳도 있고, 1000원을 차감하는 곳도 있다. 음식점으로부터는 배달료를 3500원으로 올려받으면서 앱상으로는 3300원만 보여주고 200원을 가져가는 회사도 있다. 내가 먹고 내보내는 똥이 어떻게 생겼는지 알 수 없는 구조다.[13]

배민, 쿠팡이츠, 요기요익스프레스의 배달료는 AI가 실시간으로 거리, 배달 난이도, 수요공급 등을 고려해서 종합적으로 결정하기 때문에 불투명하다. 대신 세금과 사회보험료는 투명하다. 반면, 동네배달대행사는 AI와 달리 거리별 요금체계를 복잡하게 계산할 수 없기 때문에 분명하고 깔끔한 기준을 정한다. 이 기준은 사장이 마음대로 정하고 법에서 정한 보험료 부담 원칙을 준수하지 않기 때문에 마음대로 수수료를 떼는 양상을 보인다. 그러나 둘 다 마음대로 배달료를 정한다는 점에서 AI와 동네배달대행사 사장이 하는 일은 본질적으로 같다.

따라서 동네배달대행사는 '배달료 2만 원 시대'와 아무 관련이 없고, 동네배달대행사를 통해 배달료 2만 원이 나왔다는 것은 음식 주문을 퀵서비스 거리로 시켰다는 의미다.

그럼에도 불구하고 소비자의 배달료 부담에 대한 불만은 매우 크다. 우리는 한때 배달료가 무료였던 시절을 경험했다. 사실 배달료가 무료였던 시절은 2킬로미터 이내 단거리 동네 배달일 때, 인건비가 고정으로 나가서 음식값에 적당히 녹이는 일이 가능했던 시대의 이야기다. 그러나 배민, 요기요, 쿠팡은 광고회사다. 먼 동네 손님에게도 광고를 해준다. 그로 인해 배달 거리가 상식 밖으로 늘어났다. 100cc 수준의 '시티' 오토바이 수준이던 동네배달 오토바이가 125cc의 일제 바이크로 업그레이드된 계기도 배달 거리 확대가 한몫했다. 여기에 배달을 외주화하면서 보이지 않던 배달료가 우리 눈에 보이기 시작한 것이다.

이렇게 보면 자영업자의 배달료 부담에 대한 문제도 다르게 해석할 필요가 있다. 상점이 배달료가 늘었다고 했을 때는 순수 부담액만을 가지고 계산하면 안 된다. 배민, 요기요 등에 내는 중개수수료는 기존에 부담했던 전단지 광고비다. 전단지 책자 등 기존 홍보비용에서 초과된 금액이 배달플랫폼기업으로 인해 실제 늘어난 순수 부담액이다. 배달대행료에서는 기존에 들어갔던 오토바이값, 인건비, 보험료보다 초과된 금액이 있다면 그 비용만큼이 증가된 순수 부담액이다. 배달대행이라는 것 자체가 상점의 비용 절감을 위해 도입된 시스템이라는 사실을 잊지 말아야 한다.

그렇다면 배달료는 어떻게 되어야 할까? 배민과 쿠팡의 단건 배달은 투자자금을 투여해서 소비자에게 버스비를 내고 택시를 이용하는 듯한 경험을 안겨줬고, 소비자들은 한번 단건 배송을 경험하고 난 뒤로 묶음 배송을 싫어하는 경향을 보이게 됐다. 배달플랫폼기업이 그동안 진행하던 프로모션을 종료하고 '계산된 적자'를 회수하려고 할 때가 되면 결국 음식점 사장님과 소비자 부담이 늘어나는 미래는 피할 수 없다. 실제 배민1과 쿠팡이츠가 단건 배달을 도입할 때, 상점에는 현재 배달료보다 1000원이나 저렴한 5000원의 배달비만 받고 라이더에게는 더 많은 프로모션을 줬다. 시간이 지나서 상점으로부터 걷는 프로모션은 6000원으로 올렸고, 배민은 기본 배달료를 3000원으로 몇 년째 묶어놓는가 하면, 쿠팡이츠는 3100원에서 2500원으로 600원을 삭감했다. 그럼에도 소비자가 부담하는 배달료는 변하지 않거나 올랐다.

우리는 이미 카카오택시를 통해 대형플랫폼기업의 전략을 전 국민이 겪은 바 있다. 카카오모빌리티는 처음에 무료 중개 서비스로 택시 시장에 뛰어들었다가 시장을 지배하면서 유료 서비스를 하나둘 도입하기 시작했다. 프로멤버십을 도입해 중개 서비스를 유료화했고, 교육비와 랩핑비, 수수료를 받는 가맹 택시 사업도 시작했다. 카카오가 택시노동자로부터 수수료를 받기 시작하는 사이 소비자들의 이용료도 높아졌다. 일반 택시 호출 외에 카카오 블루, 벤티, 블랙 등 유료 서비스가 늘어났다. 택시라는 서비스를 생산하고 소비하려면 카카오라는 플랫폼을 통해 입장할 수밖에 없는 상태가 됐기 때문이다. 해외로 가는 비행기를 타려면 인천국제공항에 반드시 가야 하는 것처럼 말이다.

이런 상황을 막으려면 투명한 정보 소통과 합의가 필요하다. 이 합의를 방해하는 게 바로 AI의 실시간 배달료, 동네배달대행사의 기준 없는 배달료와 수수료 징수체계다. 이 합의가 늦어지면 늦어질수록 배달노동자의 산재사고로 그 비용이 전가되는 현실이 계속 이어질 것이다.

프로그램이 인간을 활용한다

2022년 1월 우아한청년들은 내비게이션 실거리를 기준으로 한 배달료(실거리요금제)를 도입하기로 했다. 라이더유니온은 정확한 데이터 정보를 기반으로 한 결정이 아니라며 비판했는데, 실거리 요금제를 도입하는 대신 거리별 기준이 후퇴하고 거리별 할증도 낮아져서 실제 배달노동자에게 유리한지 불리한지 알기 어려웠기 때문이다. 사측이 데이터 정보를 제공하지 않는 이상, 새로운 배달료 체계가 배달노동자들에게 이익인지 여부는 알 수 없다.

이보다 심각한 문제는 실제 실거리 요금제를 도입하면서 드러났다. 2022년 4월 21일부터 실거리 요금제가 도입됐는데, 배민은 내비게이션 실거리 기준이 아니라 배민이 자체 개발한 프로그램으로 거리를 측정해 배달료를 지급했다. 배민은 공지를 통해 '내비게이션 실거리 기준'이 아니라 '도로 정보에 기반한 예상 이동 거리'라는 개념을 일방적으로 사용했다. 문제는 배민이 자체 개발한 프로그램이 측정한 거리와 실제 내비게이션 거리에 차이가 났다는 데 있다. 배달노동자들은 분노했다.

이에 라이더유니온 조합원 4명이 5~6월에 걸쳐 서울시 마포구, 서대문구, 중구, 관악구, 영등포구 등지에서 100건의 배달데이터를 수집해 분석했다. 이 결과와 함께 배민 배달앱 개발자의 강연과 설명 등을 종합해 배민의 거리 측정 알고리즘의 오류와 특징을 찾아냈다.

실험 결과 내비게이션 실거리와 배민이 자체 개발한 프로그램으로 측정한 거리 사이에 평균 350미터의 차이가 났고, 최대 거리 오차는 1.9킬로미터까지 났다. 배민 배달앱이 측정한 실거리가 내비게이션상의 실제 거리보다 큰 경우도 4건이었다. 내비게이션상의 실제 거리가 배민 배달앱이 측정한 실거리보다 200미터 이상 큰 경우가 68건, 내비게이션상의 실제 거리가 배민 배달앱이 측정한 실거리보다 500미터 이상 큰 경우가 22건이었다. 이런 오차로 인해 배달라이더들은 기본 배달료를 1000~2000원씩 덜 받게 되는 상황이 발생했다. 왜 이런 차이가 발생했을까?

배민 측은 '오픈 스트리트 맵(Open Street Map)'이라는 오픈소스 도로 데이터를 활용해 'OSRM(Open Source Routing Machine)'이라는 최적 거리 알고리즘으로 거리 측정을 한다고 주장했다. 말이 너무 어렵다. 쉽게 이야기해 라이더의 실제 이동 거리가 아니라 라이더에게 콜을 효율적으로 배차하기 위해 개발한 '배차 최적화'를 위한 배달 거리 계산 프로그램을 기반으로 배달료를 측정한다는 의미다. AI가 콜 배차를 할 때, 즉 음식점과 라이더를 매칭할 때는 정확한 거리가 아니라 라이더 A와 B 중 상대적으로 가까운 라이더를 선택하면 된다. 더구나 거리를 측정하는 기본단위가 육각블록 모양의 작은 픽셀인데, 블록당 반경이 100미터로 측정되어 정확성이 떨어진다.

OSRM이 사용하는 데이터인 오픈 스트리트 맵도 문제다. 오픈 스트리트 맵은 사용자들이 직접 데이터를 입력하는 오픈 소스 도로 데이터로 쉽게 말하면 '지도계의 위키피디아' 같은 것이다. 오토바이로 운행했을 때 교차로에서 좌회전이 가능한지, 유턴이 가능한지, 일방통행로인지 등의 정보는 정확하지 않다.

실거리 측정의 불완전성은 배민 측도 인정하고 있는데 배민 배달앱 개발자인 이재일 씨는 '우아한 서버개발자의 위치정보 다루기'(유튜브 채널 '우아한Tech', 2020년 6월 24일자 업로딩 콘텐츠)에서도 이를 인정했다. 2022년 2월 10일에 개최된 카카오모빌리티 네모 컨퍼런스의 첫 번째 세션 '실시간 음식배달을 위한 카카오내비 API 활용'에서는 다음과 같이 말했다.

"단순 직선거리로 배달비를 계산한 것과 실제 거리가 많은 차이가 있을 때는 배달을 수행하는 입장에서는 좀 더 높은 거리로 측정된 다른 주문을 수행하는 것이 더 좋다는 판단을 하게 됨으로써 기피하는 주문이 될 수 있습니다."

"그래서 배달원에게 거리 기반 요금을 납득시킬 수 있는 공신력 있는 서비스를 찾게 됐고 많은 배달원들이 사용하고 있는 카카오 내비를 고려해보고 있습니다."

그러면 라이더들이 납득할 수 있도록 상용 내비게이션을 사용하는 것이 대안이 될 수 있지 않을까? 쿠팡이츠는 실제로 상용 내비게이션을 사용하는데, 사용할 때마다 비용이 발생한다. 배민이 비용 절감 때문에 그랬는지, 자신이 가지고 있는 배차 시스템을 고도화하고 싶어서 그랬는지는 정확히 알 수 없지만, 배민은 배차 시스템 기술을 바탕으로 자체 개발을 선택했다.

실거리 오차가 없는 경우도 발견했는데 그런 경우들은 다음과 같은 특징들을 보였다. 이를테면 경로가 대체로 직선이거나 격자형 도로로 이어지는 경우, 유턴 없이 단순히 장애물을 비켜 가는 도로인 경우, 일방통행로로 인한 우회도로를 경유하지 않는 경우였다.

즉, 배민 자체 앱은 도로 정보는 있는데 도로 위에 있는 신호등과 도로표지판을 제거한 백지상태의 도로를 상정한다고 볼 수 있다. 이로 인해 배달 거리가 내비게이션상의 도보 거리와 비슷한 경로로 계산되는 특징을 보인다. 배민 노동자들도 여러 차례 새롭게 도입된 실거리 요금제가 도보 거리 기준으로 측정된다고 주장했다. 하지만 배달노동자들은 오토바이를 타고 다닌다. 사람이 걸어갈 수 있는 육교, 일방통행로, 계단이 있는 언덕을 배달노동자들은 오를 수 없다. 배민 배달앱은 오토바이가 갈 수 없는 짧은 도보 거리로 실거리를 계산해 배달료를 지급했고, 라이더들은 분을 삭히며 언덕과 계단을 돌아갔다. 배민은 라이더들과 양대 노동조합의 지속적인 항의로 상용 내비게이션을 도입하기로 했다. '문제가 생기면 이제부터 안 하면 되지'라고 생각하는 플랫폼기업의 전략은 여기서도 반복됐다. 이전에 잘못 계산된 배달 거리에 대해서는 아무런 사과나 보상안이 나오지 않고 있다. 플랫폼기업의 이런 태도는 그들에게 예상치 못한 결과를 가져온다. 라이더들이 끊임없이 배민 배달앱이 배달 거리와 배달료를 부당하게 계산하고 있다며 의심하는 것이다. 한번 훼손된 신뢰는 쉽게 회복되지 않는 법이다.

쿠팡이츠 역시 배달료를 일정한 기준 없이 마음대로 측정한다. 쿠팡이츠는 2021년 3월 2일부터 기본 배달료를 3100원에서 2500원으로 삭감했다. 이를 비판했더니, 쿠팡이츠 측은 되레 더 많은 보상을 해주기 위한 조치라고 반박했다. 최대 2만 5000원까지 더 지급할 계획이라는 것이다.[14] 거리별 할증체계도 불분명하다. 2020년 11월까지만 하더라도 1.5킬로미터를 초과하는 배달에 대해서는 100미터당 100원을 지급했는데, 기본 배달료를 2500원으로 삭감한 이후에는 100미터당 70원으로 바뀌었다. 사실상 거리 할증 삭감이었다. 라이더들은 이렇게 바뀐 것도 확신하지 못했는데, 자신이 실제 배달한 거리보다 적게 정산되는 일들이 발생했기 때문이다. 나중에 밝혀진 바에 따르면 100미터당 70원 할증체계도 사실이 아니었다. 총 8.8킬로미터를 배달했는데도 거리 할증이 3500원에 불과한가 하면, 10.2킬로미터를 배달했는데도 거리 할증으로 3620원이 지급된 경우도 있었다. 회사의 주장은 거짓말이었다.

라이더들은 거리 할증에 일종의 캡(한도)이 씌워졌다고 의심했다. 아무리 멀리 가도 거리 할증 가격이 1750원까지만 지급됐기 때문이다. 노조가 사측에 확인해보니 거리별 할증 기준이라는 것 자체가 존재하지 않는다는 답을 받았다. AI 알고리즘이 난이도, 날씨, 거리 등을 보고 거리 할증 기준도 그때그때 알아서 정한다는 거다. 같은 거리를 가더라도 날이 안 좋으면 배달료가 비싸지고 날이 좋으면 낮아지는데, 라이더들이 받는 배달료는 회사가 정한 알 수 없는 배달 '난이도'라는 개념에 따라 다시 한번 달라진다. 거리 할증이 문제가 되자 쿠팡이츠는 픽업 거리와 배달 거리를 구분해서 표시하던 방식에서 픽업 거리와 배달 거리를 통합한 총 배달 거리를 표시하는 방식으로 앱 화면을 변경해버렸다. 거리 계산을 하기 어렵게 만든 것이다.

그럼에도 라이더들은 분노해서 관련 자료들을 쏟아지듯 제보했다. 제보에 따르면 2.6킬로미터 거리 배달을 갈 때 7370원을 받았는데, 3.4킬로미터를 갈 때는 5520원을 받기도 했다. 그러고 보면 배달료는 노동의 대가가 아니라 알고리즘의 선택에 더 가까웠다. 요기요 역시 앞에서 설명한 대로 맨해튼 방식으로 거리를 측정하기 때문에 실제 이동 거리와 차이가 났지만 로지요 앱을 도입하면서 수정됐다.

즉, 배달노동자들은 자신이 받을 수 있는 임금이 정확히 얼마인지 알기 어려운 상황에서 무턱대고 대기하고 있다가 순간적으로 AI가 제시하는 배달료를 보고 수락 또는 거부를 해서 일을 수행해야 한다. 자신이 감당해야 할 노동강도와 금전적 보상 사이의 상관관계가 무너져버려 라이더들은 소득에 따른 노동강도와 피로를 스스로 관리하는 것이 불가능해진다. 힘든 배달 5건 정도 하고 5만 원을 벌겠다, 혹은 쉬운 배달 10건 정도를 하고 5만 원을 벌겠다는 등의 계획을 세우는 게 불가능하다. 노동하는 몸에 대한 통제가 불가능해진다. 따라서 목표 금액을 설정하고, 그것을 달성하기 위해 자신의 몸을 구겨 넣는 수밖에 없다. 그런데 어떤 날은 쉽게 목표 금액을 달성하기도 하지만, 어떤 날은 고통스럽게 오래 일하더라도 목표 금액을 달성하지 못하는 경우가 발생한다. 몸에 대한 자기 통제권을 잃어버리면 노동자는 장시간 노동과 집중력 저하라는 위험한 상황에 놓이게 된다. 물론 라이더들의 집중력을 붙잡아주는 여러 방법들이 있다. 알고리즘은 프로모션과 페널티 제도라는 당근과 채찍으로 노동자를 직접 통제하기도 하지만, 제3자의 눈을 빌려 노동자를 통제하기도 한다. 인간이 프로그램을 활용하는 것이 아니라 프로그램이 인간을 활용한다.

손님을 관리자로 만드는
AI의 실시간 감시[15]

"박정훈 라이더님, 지금 어디실까요?"

손님이 주문한 음식을 들고 아파트 단지에 들어섰는데, 쿠팡이츠에서 전화가 왔다. 손님 집 근처라고 말하니 황급히 전화를 끊으려 했다. 회사에서 라이더에게 빨리 배달하라고 전화한 거냐고 따졌더니 뜻밖의 답을 들었다. 고객이 라이더가 움직이지 않는다며 쿠팡이츠에 컴플레인을 걸었다는 것이다. 주말 피크 시간대라 AI 알고리즘이 정신없이 콜을 주고 있는 상태였다. 와중에 기름이 떨어졌는데 마침 손님 집으로 가는 길목에 주유소가 있었다. 주유 중인 다른 차량도 없어 3분 정도의 시간을 소요해 기름을 채우고 이동했다. 그런데 손님이 배달앱을 통해 제공되는 실시간 오토바이 위치를 지켜보고 있다가 내가 움직이지 않자 회사에 전화를 건 것이었다.

배민1과 요기요익스프레스, 쿠팡이츠처럼 주문과 배달을 동시에 해주는 앱에서는 배달노동자의 실시간 위치를 손님에게 제공한다. 실시간으로 배달노동자를 감시하지 않는 손님들이 더 많겠지만, 배달노동자 입장에서는 손님이 나의 동선을 일거수일투

족 보고 있다고 가정하고 일할 수밖에 없다.

　이 순간 손님은 소비자에서 노동자의 작업 과정을 관리·감독하는 매니저로 변신한다. 관리자로 변신한 손님은 음식이 빨리 오지 않는 책임을 배달플랫폼기업이 아니라 핸드폰 화면 속 굼뜬 라이더에게 묻게 된다. 배달 서비스 품질의 책임이 노동자에게 전가되는 것이다.

　손님의 전화를 받은 배달플랫폼기업은 직접적인 지휘·감독이 아니라 '중개자'로서 라이더에게 빠른 배달을 지시할 수 있다. 실제로 쿠팡이츠는 손님의 의견을 나에게 전달만 한 것이라고 해명했다. 덕분에 회사가 노동자에게 빠른 배달을 강요할 때 발생하는 사회적 비난과 노동자성 문제를 회피할 수 있다. 배달플랫폼기업은 사업을 할 때 발생하는 위험과 비용을 라이더에게 외주화하는 것을 넘어 노무관리를 손님에게 외주화하는 데 성공했다. 배민, 요기요, 쿠팡이츠 등의 배달플랫폼기업이 배달라이더 위치를 실시간으로 손님에게 보여줌으로써 얻는 이득이다.

　회사가 CCTV를 이용해 목적과 상관없이 노동자의 작업 과정을 감시하거나 관리·감독하는 데 사용하면 불법이다. 그러나 '디지털 CCTV'를 통한 노동자 감시 문제는 제대로 된 논의가 되지 않고 있다. 배진교 정의당 의원실에 따르면, 검찰의 노동 감시 관련 인권침해 상담은 2019년 7건에서 2020년 46건으로 늘었다. 코로나 팬데믹 시기 우리는 비상 상황이라는 이유로 너무 많은 개인정보를 아무런 고민 없이 국가와 기업에 제공했다. 그사이 노동자와 국민은 디지털 노동 감시에 익숙해져버렸다. 사업장에 CCTV를 다는 것을 넘어서 개별 노동자의 핸드폰과 컴퓨터에 CCTV를 달고 실시간 감시를 하는 데도 아무런 문제가 되지 않고 있다.

배달은 앱 속에서 이뤄지지 않는다

AI가 문제라고 하지만 라이더들의 증언만 존재할 뿐, 실상을 있는 그대로 보여준 적이 없었다. 그러던 차에 라이더들끼리 이야기를 하다가 유튜브로 배달하는 장면을 실시간으로 보여주면서 직접 검증을 해보자는 말이 나왔다. AI가 배차를 해주는 대로 무조건 가보기도 하고, 거절하면서 가보기도 하고, 신호를 지키면서 가보기도 하자는 아이디어가 나왔다. 우선 이런 식으로 AI를 대상으로 한 테스트가 가능한지 확인할 필요가 있었다. 사회학 박사 논문을 준비하면서 라이더유니온 집행부로 활동하던 박수민 연구원의 도움을 받아 우선 내가 검증 실험을 해보기로 했다.

AI의 지시를 100퍼센트 따랐을 때의 노동강도가 어떤지, 평균 소득이 얼마인지, 실거리를 기준으로 요금을 측정하는지를 검증할 예정이었다. 노동강도는 주행거리와 구글 타임라인에 나오는 이동 동선으로 파악하기로 했다. 구글 타임라인에도 주행거리가 나오기는 하는데, 오류가 날 것에 대비해서 오토바이 계기판을 따로 촬영했다. 평균 소득은 앱에서 배달료 표시가 되기 때문에 바로 확인이 가능했고, 실거리 기준으로 요금을 측정하는지 여부는 앱이 표시한 거리와 실제 주행거리를 비교했다. 2021년 당시에는 배민과 쿠팡이츠가 치열한 경쟁을 하고 있었고, 두 회사 모두 AI 알고리즘을 활용해 실시간으로 배달료를 결정하고 배차를 하는 방식의 앱을 사용 중이었기에 두 회사의 배달앱을 비교해보는 것도 의미가 있었다. 점심에는 쿠팡이츠 배달앱만, 저녁에는 배민 배달앱만 사용해서 그 결과를 비교해봤다.

결과는 흥미로웠다. 두 배달앱 모두 AI의 지시를 100퍼센트 따랐을 때 시간당 2.6건의 배달을 수행했고, 시간당 주행거리도 13.6킬로미터(쿠팡이츠)와 13.5킬로미터(배민)로 비슷했다. 1건당 평균 배달 시간은 22~23분 정도였다. 배달료 소득을 시급으로 환산했을 때 1만 6051원(쿠팡이츠)과 1만 6141원(배민)으로 거의 차이가 없었다. 기름값과 보험료를 생각하면, 최저임금과 비슷한 수준이었다. 평소 주말 피크 시간에 2만 5000원 정도를 벌었던 나로서는 꽤나 충격적인 결과였다. AI의 지시대로 일하면, 다음 콜이 주어지지 않는 일명 '똥콜'을 수행해야 해서 시간 낭비가 심하다. 실제로 음식점은 없고 아파트 단지만 모여 있는 곳이 최종 도착지인 곳에 배달 콜을 줘서, 배달을 했다가 다음 콜을 잡기 위해 번화가 근처까지 나오느라 상당한 시간을 소요했다. AI는 배달 콜을 여러 라이더에게 배분하는 데는 효율적일지 모르겠지만, 개별 라이더의 소득에는 관심이 없는 듯한 배차와 배달료를 제공했다.

두 배달앱의 차이도 발견했다. 쿠팡이츠는 우리가 측정한 실제 주행거리와 앱이 배달료를 주기 위해 산정한 거리가 일치했다. 실험에서 직접 확인하기 전까지 라이더들은 픽업 거리와 배송 거리를 기준으로 배달료를 측정한다는 사실은 알았지만, 앱이 측정한 거리와 실거리가 동일하지 않다고 의심하고 있었다. 하지만 파일럿 실험 결과는 우리가 사용하는 내비게이션상의 거리를 기반으로 배달료를 계산해준다는 것을 확인시켜줬다. 배민 배달앱은 실제 주행거리와 앱상 거리가 상당한 차이가 났다. 오토바이 계기판과 구글 타임라인 기준으로는 40킬로미터를 주행했는데, 앱에서는 21킬로미터만 이동한 것으로 계산해서 배달료를 지급했다. 픽업 거리에 대한 보상은 지급하지 않고, 배달료를 지급하는 배송 거리도 실주행 거리가 아니라 직선거리로 지급해서 발생한 차이였다. 그럼에도 두 배달앱의 소득 차이가 크게 나지 않았던 이유는, 쿠팡이츠가 실거리를 기준으로 배달료를 지급하더라도 단가 자체를 낮춰버리면 조삼모사가 되기 때문이다. 가령, 쿠팡이츠가 2킬로미터 픽업 거리에는 350원을 주고, 2킬로미터 배송 거리에는 3650원을 줘서 총 4킬로미터의 주행거리에 4000원을 주나,

배민이 같은 4킬로미터 거리를 직선거리 1.8킬로미터로 계산해서 4000원을 주나 라이더 입장에서는 똑같다.

중요한 것은 이 기준을 AI 알고리즘이 계산하기 때문에 라이더들은 배달료의 실체를 정확히 알기 힘들다는 점이다. 그래서 실제 주행거리 기준으로 픽업 거리와 배송 거리에 따른 배달료 체계를 만들자는 것이 라이더유니온의 주장이다.

파일럿 실험을 통해서 자신감을 얻은 우리는 12명의 노동자가 배민, 요기요, 쿠팡이츠 3개 배달앱을 비교해보는 것으로 실험 규모를 확장했다. 그렇게 2021년 6월 7일부터 9일까지 배달노동자 12명이 온라인 화상회의 플랫폼 줌(ZOOM)에 접속한 상태로 배달 일을 하기 시작했다. 첫날은 AI가 주는 배달을 100퍼센트 수락해 배달했고, 둘째 날은 가기 싫은 배차는 거절하면서, 셋째 날은 교통법규를 지키며 배달했다. 우리는 오전 11시부터 저녁 8시까지 진행된 인간과 AI의 대결을 유튜브로 생중계했다. 유튜브 한쪽 화면에는 줌 접속 화면이, 화면 왼쪽에는 나와 이 검증 실험을 함께했던 박수민 연구원이 자리했다. 이 유튜브 생중계는 1시간 반 정도만 진행했는데, AI가 효율적이고 안전하다는 배달플랫폼 기업들의 주장은 1시간 반의 중계만으로도 충분히 반박이 가능했다.

2021년의 배민 AI는 직선거리 기준으로 배차했다. 오토바이가 오를 수 없는 산과 계단 등은 고려하지 않았다. 극적인 장면은

강과 바다가 있는 부산에서 나왔다. 광안리 근처에서 배달을 했던 라이더는 AI가 배차해주는 배달을 거절하지 못하고 몇 번이나 다리를 건너기 위해서 강을 따라 올라가고 내려가기를 반복했다. 바로 건너편에 목적지가 있지만, 강을 건널 수 있는 모터보트는 없었기 때문에 라이더는 다리를 향해 한참을 돌아갔다. 이상하게도 그런 콜을 한 번 받기 시작하니 AI가 비슷한 코스를 계속 배차하기 시작했다. 라이더의 기분 탓일지, 직선거리 기준으로 가까운 콜이라 생각해서 AI가 라이더를 위해서 배차했는지는 알 수 없었다. 참다못한 라이더는 줌을 향해 비명을 질렀다.

강남에서 배달을 하던 라이더는 직선거리 4.7킬로미터로 안내된 배달이 배차되었는데, 우면산 때문에 8킬로미터를 돌아서 달려야 했다. 배달회사를 위해 일하는 AI는 라이더가 실제로 이동한 거리만큼이 아니라 자신이 지도 위에 그린 직선거리 기준으로 배달료를 계산한다. 이런 AI의 계산법 때문에 라이더는 실제 자신이 수행한 노동의 절반을 빼앗겨버렸다. 라이더 입장에서는 얼른 이 '똥콜'을 끝내고 좋은 콜을 받아서 손해를 메워야 한다. 가까운 거리라고 오해해 '왜 이렇게 배달이 안 오지'라고 생각하고 있을 손님도 신경 쓰인다. 마음이 급해진 라이더는 오토바이 속도를 높일 수밖에 없다.

한편, 쿠팡이츠는 배달 구역에 한계가 없다. 쿠팡이츠 AI 말만 듣고 배달을 하다가는 서울에서 부산까지 갈 수 있다는 우스

갯소리까지 있을 정도다. 쿠팡이츠 AI는 배달 일이 지역과 지리에 대한 이해를 바탕으로 해야 한다는 사실을 알지 못하는 듯했다. 그저 앱 속에 존재하는 캐릭터가 깨끗하고 평평한 지도 위를 달려가는 느낌이었다.

요기요 AI는 독일의 딜리버리히어로의 것을 그대로 받아썼는데, 단건 배달이 아니라 묶어서 배달을 배차했다. 유튜브 생중계 중에 이 AI는 먼저 들어온 주문을 제쳐두고 뒤에 들어온 주문을 우선 배달하라고 명령했다. 첫 번째 주문을 한 손님은 화가 날 테지만, 욕은 라이더가 들어야 한다. 라이더의 마음은 급해질 수밖에 없다. 요기요의 비효율적인 배차 시스템은 2022년에 내가 직접 경험하기도 했다. 2021년 검증 실험 때처럼, AI는 이번에도 뒤에 들어온 배달을 먼저 하라고 명령했다. 참고로 요기요는 손님의 배달 주소를 라이더에게 바로 알려주지 않는다. 음식점에서 음식을 픽업해야 비로소 손님 주소가 뜬다. 그런데 첫 번째 음식을 픽업하고 나서 AI가 손님에게 가라고 명령하지 않고 다른 음식점에 들러서 하나의 음식을 더 묶어서 배달하라고 하면 첫 번째 음식점에 주문한 손님의 주소를 알 수 없다. 뒤에 배정된 배달을 먼저 하라고 했으니 나는 뒤늦게 주문한 손님의 주소지로 향했다. 배달 장소는 아파트였는데, 13층에 먼저 올라가서 배달을 하고 내려왔다. 첫 번째 음식점의 남은 배달 시간은 마이너스 24분이었다. 24분이나 늦어서 마음이 급해 오토바이에 엉덩이를 올렸는데, 주소지는 같은 아파트 2층이었다. 애초에 2개의 음식을 한꺼번에 들고 2층을 들렀다가 13층으로 올라갔다면, 보다 효율적으로 배달을 할 수 있었다. 짐작건대 요기요 AI는 목적지를 배달노동자에게 미리 알려주면 배달노동자들이 콜을 선택적으로 골라서 잡을까 두려워 정보를 주지 않았을 것이다. 이런 걸 가리켜 '게이밍(gaming)'이라고 부른다. 게이밍은 의도적인 알고리즘 교란 행위를 뜻한다. 가령, 배차를 10번 연속 거절할 경우 앱 사용이 정지된다는 사실을 알면 노동자들이 9번까지만 거절해서 업무 효율을 저하시킬지도 모른다는 우려에서 비롯된 교란이다. 그러나 앞의 요기요 사례에서 알 수 있듯이 기업이 노동자에게 투명한 정보를 주지 않아서 오히려 비효율적인 업무 수행이라는 나쁜 결과가 나왔다. 이런 예는 무궁무진하다. 배차 기준을 알려주지 않거나 실시간 배달료의 기준을 모르는 상황에서 라이더들은 각자의 경험에 기반한 주장을 할 수밖에 없고, 잘못된 정보를 바탕으로 일하는 라이더 집단이 형성되면 알고리즘이 원하지 않는 지역에 라이더들이 몰려갈 수 있다. 라이더들 사이에서 A구역으로 가면 배달 배차가 잘되고, 저녁 6시 40분부터 배차가 잘된다는 잘못된 믿음이 생기면, B구역에서 저녁 6시에 배달 콜이 몰리는 상황에서도 배달 일을 할 노동자들이 없어 애를 먹게 된다.

AI가 잘못된 주소로 안내하는 경우도 있다. 주소지는 101동인데 404동으로 표시하는가 하면, 대학교처럼 주소는 하나이지만 그 안의 건물이 여러 개인데 캠퍼스 정문 입구로만 안내하는 경우도 있다. 초보적인 실수도 벌어지는데, 요기요의 경우 앱상에 주소를 잘못 적어 배달노동자들이 엉뚱한 곳을 헤매는 경우도 종종 발생한다. 하루는 앱에서 알려준 주소에 도착했다가 앱상에 적힌 가게 이름과 현실에서의 간판이 달랐던 적도 있다. 가령, 앱상에는 '남도국밥'이라고 적혀 있었는데, 핸드폰 밖 현실에서는 '해물탕집'이라고 적혀 있는 식이다. 가끔 가게 간판에 적힌 상호명과 앱상 상호명이 다른 경우도 있어 사장님에게 문의했더니 "국밥집은 저~어~쪽 도로가"라고 했다. 겨우 국밥집을 찾아 도착해 주소가 잘못됐다고 말하려고 하는 순간 "너무 늦었네"라는 사장님의 핀잔이 먼저 날아들었다. 사장님께 주소가 잘못됐다고 하니, 자기한테 얘기하지 말고 앱에 얘기하라며 쫓아내듯 배달을 독촉했다. 잘못된 주소를 기준으로 앱이 거리를 안내하고 배달료를 제시해서 수락 여부를 묻기도 하기 때문에 가까운 줄 알고 수락했다가 실제로 가다 보니 너무 멀어 중간에 배차를 취소하는 경우도 있다. 이때도 배달노동자가 잘못한 것은 하나도 없지만, 거절에 따른 수락률 하락을 배달노동자들이 감수해야 한다.

두 경우 모두 라이더는 실제 자신이 수행한 노동보다 적은 보상을 받게 된다. 배민이나 요기요에서는 AI의 오류를 정정하려면 카카오톡 채널 형태의 고객센터를 이용해 상담 톡을 남겨야 한다. 채팅도 ARS 연결처럼 담당자를 찾는 단계를 거쳐야 한다.

우여곡절 끝에 담당자와 연결됐어도 일정 시간 동안 내가 반응하지 않으면 일방적으로 상담이 종료된다. 그러면 처음부터 다시 시작해야 한다. 잠시 콜 받기를 포기하고 채팅 상담에만 집중해야 하는 것이다. 이렇게 되면 다음 콜을 수행하지 못해 손해를 입는다. 이 때문에 배달노동자들은 다음 콜을 잡고 이동하면서 상담창을 확인한다. 요기요는 심지어 다음 배달을 수행하는 중에 예전에 배달한 핀 위치 오류를 문의하면 이 내용을 반영해주지 않는다. 배달 완료 전에 수정 요청을 해야 반영한다는 것이 원칙이다. 배달노동자의 잘못도 아닌데, 잘못을 수정하려고 하면 복잡한 과정이 필요하다. 신경이 곤두설 수밖에 없다. 채팅 상담 과정에서 사고가 나기도 한다. 상담 채팅을 하면서 이동하다가 전방주시를 못해 앞 차량의 뒷부분을 박아버리는 사고가 종종 발생한다. AI를 믿고 갔다가 길을 헤맨 노동자의 노동이나, AI의 오류를 정정하기 위해 로봇 같은 상담원과 채팅을 해야 하는 노동, 배달노동자가 받게 되는 정신적 스트레스와 채팅 중 발생할 수 있는 사고 위험은 계산되지 않는다.

돌발 상황도 벌어진다. 12층에 올라가야 하는데 엘리베이터가 고장이 나서 계단으로 뛰어올라가는 경우, 아파트 입구에 '오토바이 출입 금지'라고 적혀 있어 입구에 오토바이를 세워두고 뛰어가는 경우, 주소를 잘못 적은 손님 때문에 20분 동안 길을 헤매는 경우, 조리가 늦어져 식당 밖에서 하염없이 기다리는 경우 등 예상치 못한 일들이 배달 과정에서 늘 벌어진다. AI는 이런 변수를 계산하지 않는다. 1시간 반의 짧은 유튜브 생방송 중에도 이런 돌발 상황이 계속해서 발생했는데, 이는 배달 서비스가 결코 앱 속에서 이루어지지 않는다는 사실을 적나라하게 보여줬다.

첫날 검증 실험이 끝나고, 둘째 날이 밝았다. 이날 배달노동자들은 AI배차를 자율적으로 수락 또는 거절하면서 주행했다. 둘째 날은 별도로 유튜브 생중계를 하지 않았다. AI배차를 100퍼센트 수락할 경우 배차에 대한 인간의 판단이 필요 없으므로 줌 연결을 하면서 일을 하는 것이 가능했지만, AI배차를 거절하려면 들어오는 콜에 대해 순간적으로 빠른 판단을 해야 했다. 배달료, 주행거리, 지리 정보, 음식점 조리 시간과 메뉴 등 배달노동자들은 다양한 변수들을 순간순간 계산해야 했다. 배달노동자들이 끊임없이 앱을 확인하면서 고도의 집중력을 발휘해야 했기에 줌을 연결해 중계를 하는 것은 라이더들의 안전을 위협할 수 있었다.

AI배차를 거절할 수 있는 둘째 날의 시작을 알리자, 라이더들은 '족쇄를 벗어던진 느낌'이라고 외쳤다. 라이더들은 AI배차에 정신적으로 지쳐 있었다. 자신이 잘 모르는 동네에 배달을 가는 것이나 비합리적인 배차를 받아들여야 하는 일은 알고리즘 배차를 자율적으로 판단해서 수락 또는 거절하는 것과는 다른 종류의 스트레스를 라이더에게 줬다. 육체적으로도 지치기는 마찬가지였다. 검증 실험이 이루어지던 날은 여름의 더위가 본격적으로 시작될 때였다. 12명의 라이더 중 한 분이 배달 중 쓰러졌다. 여름철 베테랑 라이더들은 더위를 피해 주로 밤에 일하거나 배달이 없는 오후 시간 때 낮잠을 자서 체력을 회복하는 등 나름의 건강관리 노하우를 가지고 있다. 그러나 검증 실험은 오전 11시부터 저녁 8시까지 이루어졌고, 그중 8시간 일하고 오후 3~4시 사이에 1시간만 쉬는 시간으로 주어졌기 때문에 계절 특성에 맞춰 체력 관리를 하기 어려웠다. 지친 라이더를 보면서 마치 악덕 사장이 된 기분이었다.

마지막 셋째 날은 일명 '신호 데이'로 교통신호를 완벽히 지키면서 배달했다. 이때는 AI배차를 100퍼센트 수락한다는 조건을 걸지 않았는데, 신호를 완벽히 지키며 일을 함으로써 배달 시간이 길어지는 상황에서 자신이 선호하지 않는 지역으로 배달을 가게 되면 배달 사고가 벌어질 가능성이 높다고 판단했기 때문이다. 이때 사고는 교통사고만을 의미하지 않는다. 음식점 또는 손님의 컴플레인이 들어올 가능성도 사고의 범주에 포함했다. 이 때문에 실험 전 교통법규를 어느 정도 지켜야 하는지를 둘러싸고 토론이 있었다. 신호를 준수하는 것은 당연했고, '안전속도 5030(중대형 교통사고를 줄이기 위해 도심 일반도로에서는 최고 제한속도를 시속 50킬로미터, 이면도로에서는 시속 30킬로미터로 제한하는 정책)'과 일방통행, 유턴 신호도 지키는 것으로 기준을 세웠다. 다만, 차간 주행을 금지했다가는 지연되는 배달 시간 때문에 음식점과 손님이 가만있지 않을 것 같았다. 그래서 일종의 타협안으로 주행 중 차간 주행이나 갓길 주행은 금지시켰고, 신호 때문에 모든 차가 멈춰 있을 때만 느린 속도로 차간 주행과 갓길 주행을 하는 것을 허용했다.

이 때문에 라이더들은 장거리 배달을 수락하지 못하고 가까운 거리의 배달만을 잡았다. 퇴근 시간에 5킬로미터 정도 거리를 신호를 완벽히 지키면서 배달했다가는 음식이 차갑게 식어버리는 등 문제가 생길 수 있었다. 라이더들은 경험적으로 배달시스템이 교통법규 위반을 전제로 설계됐음을 알고 있었다. 3일간의 실험이 끝나고, 결과를 분석했다. 12명이 참여한 실험이라는 점, 코로나19로 인한 배달 호황기였다는 점 등 한계가 분명한 실험이었지만, 그 결과가 시사하는 바는 컸다.

도시 위의 거대한 컨베이어벨트를 시찰하다

1. AI배차 100퍼센트 수락(6월 7일): 자율적으로 선택하는 것에 비해 주행거리는 증가, 시간당 배달 건수는 감소, 수익은 감소했다. 노동강도와 피로도가 증가해 검증에 참가한 라이더들은 AI 알고리즘을 '족쇄'라고 표현했다.

2. AI배차 자율 수락(6월 8일): 라이더는 자신의 체력, 주행 스타일(단거리 배달 추구형, 장거리 배달 추구형 등), **지역 특색**(출입이 힘든 대학이나 산을 돌아가야 하는 경우나 다음 콜을 받기 힘든 지역은 거절 등), **활용 가능한 정보**(음식점의 조리 시간, 상품 특성, 지름길과 신호체계 등) 등을 고려하여 마음에 들지 않는 AI배차는 거절하는 등 전략적으로 배차를 취소하거나 수락하여 효율성을 높였다.

3. 신호 데이(6월 9일): 근무시간 중 배달 수행 건수가 급격하게 줄었고, 소득 역시 급격히 하락한 반면, 배달 1건을 완료하는 데 약 30분 정도가 걸렸다.[16]

더위 때문에 탈락한 1명의 데이터는 반영하지 않았다. 검증 과정에서 배달노동자의 소득은 순소득으로 계산했다. 사전 설문을 받아 유상운송보험료, 기름값 등도 파악했는데, 이 비용들은 라이더가 받는 배달료에서 평균 16퍼센트 정도를 차지했다. 적게는 1만 원, 많게는 3만 6000원까지를 지출했는데, 사람마다 차이가 큰 보험료 때문에 편차가 심했다. 오토바이 감가 등은 반영하지 않았기 때문에 비교적 보수적으로 비용 지출을 계산했다. 또 서울 강남과 다른 지역 간 배달료 차이도 커서 평균으로 분석하면 왜곡된 결과가 나올 가능성이 높아 중윗값을 기준으로 소득을 파악했다. 요기요의 경우 수락률 95퍼센트를 유지해야만 배달 건당 프로모션이 주어지고 배달 스케줄 신청에서 우선권을 가지는 등급을 유지할 수 있기 때문에, AI배차 100퍼센트 수락과 자율 수락을 비교할 수 없어 뺐다. AI배차 100퍼센트 수락과 자율 수락은 배민과 쿠팡이츠 라이더의 결과만 가지고 비교했다. 그 결과, 수락률 100퍼센트일 때 시급 1만 3895원, 자율 수락일 때는 시급 1만 6931원으로 시간당 3000원 정도의 소득 차이가 났다. 다만, 2021년 여름은 코로나 팬데믹으로 인한 배달 호황기로 배달 콜을 거절하더라도 바로 다음 콜이 들어오는 상황이었다는 점을 잊지 말아야 한다. 배달이 없을 때 배달 콜을 거절했다가는 다음 배차를 받지 못할 가능성이 높아 소득이 급격히 하락할 수 있다.

노동강도를 측정할 수 있는 주행거리 결과도 달랐다. 총 주행거리는 AI배차 100퍼센트 수락을 했을 때 117.4킬로미터, 자율 수락을 했을 때 101킬로미터를 기록했다. 배달 건당으로 환산하면 각각 4.6킬로미터와 3.8킬로미터로, AI의 지시를 100퍼센트 따랐을 때는 800미터를 더 갔지만, 배달료는 더 적게 받았다. 단거리를 선호하는 라이더 A와 장거리를 선호하는 라이더 B의 데이터를 비교 분석한 결과는 더 흥미롭다. 라이더 A는 건당 주행거리가 5.2킬로미터에서 2.8킬로미터로 급격히 줄어든 반면, 단거리 배달을 하다 보니 건수는 22개에서 25건으로 늘었다. 덕분에 전체 주행거리는 무려 45킬로미터가 줄었고 건당 배달료도 줄었지만, 벌어들인 총 소득은 비슷했다. 이 결과는 자신이 잘 아는 지역에서 일을 하는 것이 노동강도도 줄이고 효율적으로 일을 할 수 있다는 사실을 보여준다. 반면, 멀더라도 콜비가 높은 배달을 선호했던 라이더 B는 단거리 배달을 거절하고 장거리 배달을 수행하면서 전체 주행거리와 소득이 모두 늘었다. 콜 건수는 26건에서 22건으로 줄었지만, 주행거리는 2킬로미터 늘어 전체 소득은 1만 원가량 증가했다. 이 라이더는 정신없이 여러 건을 배달하기보다 장거리 배달을 하는 쪽을 더 편안하게 느꼈다. 이 결과 역시 2021년 여름이 배달 호황기로 건당 배달단가가 비교적 높았던 시절임을 감안해야 한다. AI가 배달료를 최저로 주는 시기에는 배달 건수를 늘리는 것보다 장거리 배달을 수락해 빠르게 끝내는 편이 유리할 수 있다.

마지막으로 신호 데이의 결과는 극적이었다. 배민, 쿠팡이츠, 요기요 라이더는 수락률 100퍼센트일 때 평균 24.6건, 자율 수락일 때 26.6건을 기록했지만, 신호 데이 때는 18.7건의 배달을 기록했다. 8시간 일했으므로, 1시간에 겨우 2건을 수행한 것이다. 라이더 11명의 중위 소득은 7일 1만 4038원, 8일 1만 6931원이었다가, 신호 데이였던 9일 1만 3421원으로 줄었다. 흥미로운 것은 개별 라이더의 소득 차이다. 자율 수락으로 일했을 때, 시간당 3만 원 가깝게 벌었던 강남 지역 라이더의 경우 신호 데이 때, 소득이 1만 5000원 수준으로 절반이 깎였다. 다른 라이더들도 시간당 3000~4000원 정도씩 깎였다.

이번 실험은 AI가 배달노동자들의 노동에 어떻게 영향을 미치는지를 보여주는 소규모 실험이었다. 말하자면 배달산업의 공장을 시찰한 셈이다. 이를 통해 우리는 AI의 지시를 따르면 노동강도는 늘고 거리당 단가는 줄어들어 효율이 떨어진다는 결과를 얻었다. AI가 인간에게 제시하는 배차에 대해 노동자들이 수락할지 취소할지를 결정할 수 있는 권한은 노동강도와 생산성, 노동시간에 대한 통제 등에 영향을 미치는 매우 중요한 문제임을 확인했다. 배민, 쿠팡이츠, 요기요가 배차 취소에 대해 일정 시간 일감을 주지 않거나, 계정을 일시 정지시키거나, 프로모션을 주지 않는 방식으로 일종의 징계를 하는 행위는 배달노동자의 노동강도를 높여 배달노동의 피로도와 스트레스를 높인다. 물론, 배달플랫폼기업들은 배달 불황기에는 다른 방식으로 라이더를 통제한다. 일감이 없는 상황에서는 페널티 제도가 없더라도 AI의 지시를 거부하기 힘들다. 함부로 거절했다가는 다음 콜이 들어오지 않아 일감을 구하지 못하는 실업의 시간이 늘어 전체 소득이 줄어들 위험이 있기 때문이다. 쿠팡이츠가 2021년 페널티 제도를 강화하다가 2022년 페널티 제도를 완화한 것은 이 같은 변화를 잘 보여준다. 페널티가 없어도 배달료와 일감으로 얼마든지 라이더들을 통제할 수 있다.

둘째 날 아침 라이더들이 '족쇄를 벗어던진 느낌'이라고 외치며 좋아했던 모습은 이를 잘 보여준다. 실험을 모두 마친 다음 날, 실험에 참여했던 쿠팡이츠 라이더가 징역을 갔다면서 내게 문자 하나를 보냈다. 쿠팡이츠는 거절을 많이 하면 '일주일 접속 금지'라고 문자로 통보하는데, 라이더들은 이를 '징역 갔다'라고 표현한다. '캐릭터 삭제(캐삭)'다. 누군가는 우리를 자유로운 플랫폼 노동자라 부르지만, 우리는 족쇄와 '캐삭' 사이를 아슬아슬 달리는 평범한 노동자일 뿐이다. 마지막으로 배달플랫폼의 배달료와 배차 시스템은 교통법규 위반을 전제로 설계됐다는 것을 다시금 확인했다.

이번 실험이 끝난 뒤, 우리는 하루 100킬로미터 정도를 달린 배달노동자들의 이동 동선을 구글 타임라인 사진으로 받았다. 도심을 어지럽게 가로지르는 그 동선을 보니, 마치 도시 위에 거대한 컨베이어벨트가 만들어진 것 같다는 느낌을 받았다. 컨베이어벨트에 사람이 끼어 들어가면 공장이 멈추지만, 배달노동자가 도시 위에 그린 컨베이어벨트가 끊어지면 사람이 죽더라도 디지털 공장은 멈추지 않는다.

배달플랫폼의 밸런스 게임: AI에 순응하고 임금 적게 받기 vs. AI에 저항하다가 잘리기

2021년의 AI 검증 실험은 참여자 수가 너무 적었다는 한계가 있었고, 코로나 팬데믹으로 배달 수요가 폭발했던 배달 호황기라는 변수가 있어 그 결과를 일반화하기 어려웠다. 2022년 배달노동자들은 배달 수요가 급격히 줄어 소득은 줄고 노동시간은 늘었다며 고통을 호소하고 있었다. 그러나 확실한 근거가 없었다. 배달 일감과 관련한 통계는 있다. 모바일 빅데이터 플랫폼 모바일인덱스가 발표한 배달앱 월간 활성 이용자 수(MAU)를 보면 간접적으로 배달 일감의 양을 알 수 있다. 2022년 1월 기준 MAU는 배민이 2072만 명, 요기요가 892만 명, 쿠팡이츠가 658만 명을 기록했다. 2022년 10월에는 배민 1992만 명, 요기요 667만 명, 쿠팡이츠가 364만 명을 기록했다. 배민은 80만 명, 요기요는 225만 명, 쿠팡이츠는 무려 294만 명이 줄었다.

산업 후퇴기에 배달노동자들의 노동과정과 현실이 어떻게 바뀌었는지 검증할 필요가 있었다. 마침 경나경 싱가포르국립대학교 교수와 김연서 카이스트 박사 학위 과정 선생님이 함께 알고리즘 검증 실험을 해보자는 제안을 해왔다. 노회찬재단도 알고리즘 검증에 관심을 보여서 라이더유니온과 함께 대규모 검증을 진행하기로 했다. 우리는 알고리즘을 가장 잘 활용하고 있는 배민라이더 150명, 요기요와 쿠팡이츠 동네 일반대행 라이더 20명을 모집해서 총 170명 규모의 실험을 하기로 했다. 2021년 단 3일간 진행했던 실험과는 달리 8월 22일부터 8월 25일까지 매일 오후 5시~저녁 8시 총 4일간의 배달데이터를 수집, 분석했다.

좀 더 과학적인 검증을 위해 한 사람이 하루씩 AI배차 100퍼센트 수락, AI배차 자율 수락, 신호 데이 조건으로 일하던 방식을 바꾸기로 했다. 50명씩 그룹을 나누어서 그룹별 비교를 했다. 배민의 경우 일반배차 그룹을 추가해서 AI배차 100퍼센트 수락 그룹, AI배차 자율 수락 그룹, 일반배차 그룹 3개로 나누었다. 쿠팡이츠도 AI배차 100퍼센트 수락 그룹과 AI배차 자율 수락 그룹으로 나누었고, 요기요는 95퍼센트 수락률을 유지해야 했기에 AI배차 100퍼센트 수락 그룹만, 동네배달대행사는 AI배차 시스템이 없었으므로 전투 콜 방식을 비교하기로 했다. 신호 데이는 8월 26일 배민과 쿠팡이츠, 요기요, 일반대행 라이더 30여 명을 선발해 별도로 검증을 진행했다.

라이더를 모집하는 것과 시기를 설정하는 것 자체가 난관이었다. 2021년 당시에는 11명에 불과해서 단체 카카오톡 방을 개설해 데이터를 공유, 수집하는 게 어렵지 않았다. 하지만 참여자가 100명이 넘어가면 관리가 쉽지 않아 카카오톡 채널을 이용해 공지를 하고 상담을 진행했다. 계기판 기록, 배달앱에 나와 있는 배달 시간, 배달료, 배달 거리 기록은 야핏라이더 앱을 통해 데이터를 수집했다. 데이터 누락이 벌어질 수 있어 사전 오리엔테이션도 진행했다. 가장 어려웠던 점은 앱 데이터를 수집하는 일이었다. 배민과 쿠팡이츠는 앱 캡처를 막아놓았다. 배달료, 배달 거리, 배달 시간 등 배달노동자들이 알아야 할 기본적인 데이터 수집도 막아놓았다. 배민의 경우 배달 거리 기록이 실거리로 앱에 표시되는데, 시간이 지나면 배달 거리 기록이 바뀌어서 반드시 당일 수집해야 했다. 유일한 방법은 아이폰을 사용하는 것이었다. 아이폰은 캡처가 가능했는데, 캡처하는 순간 '스크린 캡처가 감지됐습니다'라는 경고 문구가 뜬다. 모든 배달노동자가 아이폰을 가지고 있지 않아 핸드폰을 2개 쓰는 사람은 다른 핸드폰으로 사진을 찍어 보내고, 그렇지 않은 사람은 동료들의 도움을 받아 사진을 찍어 데이터를 카카오톡 채널을 통해 보냈다. 그러다 보니 데이터 누락이 많이 발생해, 결국 배민라이더 116명의 데이터와 다른 앱 배달노동자 데이터만이 남았다.

경나경 교수와 김연서 선생님이 최종 데이터를 정리, 분석한 결과는 매우 놀라웠다. 건별 배달료와 시간당 수익이 코로나가 한창 유행했던 2021년보다 확연히 감소했다. 피크 시간인 저녁 6~8시 사이 건당 배달수수료는 강남권 5943원, 비강남권 5616원, 경인권 5706원을 기록했다. 더 심각한 문제는 일감이었다. 피크 시간대의 시간당 배달 건수는 강남권 3.4건, 비강남권 3.1건, 경인권 3건에 불과했다. 노동자들은 일감이 넘쳐나야 할 피크 시간에도 일감이 없어 힘들어했다. 실제 배달노동자들이 가져가는 시간당 소득 역시 강남권 2만 498원, 비강남권 1만 7759원, 경인권 1만 6759원을 기록했다. 2022년 11월 22일 국회에서 개최된 알고리즘 검증 결과 발표 토론회에서 박수민 연구원은 이에 대해 다음과 같이 지적했다.

"작년(2021년 실험)의 경우 오전 11시~저녁 8시까지 피크-비피크 시간 동안 일하며 확인한 평균 건당 요금은 5300~5600원 수준이었다. 피크 타임을 기준으로만 하면 (2021년의 피크 타임 건당) 요금이 더 올라갈 것이기에 (2022년의) 건당 배달요금이 더 내려갔다는 것을 알 수 있다. 소비자들이 부담하는 배달비가 늘어난 것과 달리 2021~2022년 사이, 배달노동자들이 가져가는 배달료는 줄어들었다."

중요한 것은 시간당 소득에서 기름값, 감가상각 등 비용을 제외하지 않았다는 점이다. 고용보험료 필요경비율인 27.4퍼센트를 기준으로 비용을 계산한다면 시간당 소득은 더욱 줄어들어 주휴수당을 포함한 최저임금과 비슷한 수준이다. 평일이기는 하지만 실험이 이루어진 시기가 8월 성수기 저녁 피크 시간이라는 점을 감안하면 배달노동자들의 급격한 소득 감소를 이번 검증을 통해 공식적으로 확인했다.

한편, 경기도의 경우 오후 5~6시의 소득이 저녁 6~8시 사이의 시간당 소득보다 높은 놀라운 기록이 나왔다. 피크 시간에 일감이 늘어나고 건당 배달료가 상승하는 것보다 앱에 접속하는 노동자들의 증가가 더 큰 영향을 미쳐 소득이 줄어든 것으로 보인다. 꾸준히 배달 일을 하는 전업라이더들은 피크 시간에 높은 배달료를 노리고 들어오는 라이더들과 경쟁해야 했다. 실제 경인권에서 배달노동자들은 오후 5~6시 사이에 3.5건의 배달을 수행한데 비해 저녁 6~8시 사이에는 시간당 3건을 기록했다. 배달앱들은 배달료 지출이 계속 늘고 있다고 주장하는데, 접속 인원이 늘어나면 개별 단가를 높이더라도 개별 노동자에게 돌아가는 소득은 줄어들 수 있다는 점을 보여준다. 개별 배달노동자들의 소득 보장은 알고리즘 설계와 목푯값에서 중요한 변수가 아니기 때문이다. 플랫폼은 그저 배달노동자들을 늘리는 데만 혈안이 되어 있고 라이더가 필요 없을 때는 알고리즘이 배달료를 낮춰버리면 그만이다.

AI배차 100퍼센트 수락 그룹과 AI배차 자율 수락 그룹, 일반배차 그룹 간 노동조건의 차이도 살펴보자. '시간당 주문 수'는 일반배차 그룹 2.8개, AI배차 자율 수락 그룹 3.2개, AI배차 100퍼센트 수락 그룹 3.4개 순으로 일반배차 그룹은 일감을 확보하는 것 자체가 어렵다는 사실이 확인됐다. 이 때문에 일반배차 그룹에 배정된 일부 라이더들은 실험 포기를 선택하기도 했다. '시간당 수익'은 일반배차 그룹 1만 4110원, AI배차 자율 수락 그룹 1만 8248원, AI배차 100퍼센트 수락 그룹 1만 9353원을 기록했다. '건당 소요 시간'은 AI배차 100퍼센트 수락 그룹이 16.6분, AI배차 자율 수락 그룹이 18.2분, 일반배차 그룹이 21.6분이었다. 회사는 일반배차와 AI배차 간에 차별이 없다고 주장했지만 실제로는 일감 배차에서 차이가 분명했다.

AI배차 100퍼센트 수락 그룹과 AI배차 자율 수락 그룹 간의 비교에서는 2021년과 정반대의 결과가 나왔다. 배달 일감이 넘쳐 나는 호황기에는 알고리즘이 배차한 콜을 거절하더라도 바로 다음 콜이 들어왔지만, 일감이 없는 배달 불황기에는 알고리즘이 배차한 콜을 거절하면 다음 콜을 보장받기 힘들기 때문이다. 라이더 들은 배차를 거절할 때 다음 일감을 받을 때까지 긴 대기 시간을 견뎌야 하는 위험을 감수해야 했다. 이는 초단기 실업이다. 실제 건당 소요 시간에서 AI배차 100퍼센트 수락 그룹과 AI배차 자율 수락 그룹 사이에 약 1분 30초 정도의 차이가 났다. 평균 배달 거리가 AI배차 100퍼센트 수락 그룹에 비해 AI배차 자율 수락 그룹이 더 짧았다는 점을 감안하면, AI배차 자율 수락 그룹에서 배달 1건당 최소 1분 30초 이상의 시간 동안 실업이 발생했다고 해석할 수 있다. 일반배차 그룹의 경우 무려 5분의 차이가 나는데, 알고리즘의 지배를 거부한 플랫폼노동자의 실업 시간을 보여준다.

배달 호황기에는 배달노동자의 거절을 막기 위해 플랫폼이 페널티 제도를 이용했다면, 일감이 없을 때는 페널티 제도가 따로 필요 없었다. 배달노동자들은 적정 소득을 보장받고 실업을 피하기 위해 알고리즘의 지시를 수용해야 했다.

그러나 알고리즘 배차를 모두 수용하면 노동강도는 올라가고 업무 효율은 떨어졌다. 시간당 이동 거리는 일반배차 그룹 6킬로미터, AI배차 자율 수락 그룹 6.6킬로미터, AI배차 100퍼센트 수락 그룹 7.2킬로미터 순으로 AI배차 100퍼센트 수락 그룹이 가장 긴 거리를 이동했다. 대기 장소에서 식당까지 이동하는 픽업 거리는 빠졌기 때문에 계기판 기록을 참고해 도출한 총 주행거리는 일반배차 그룹 11.4킬로미터, AI배차 자율 수락 그룹 11.5킬로미터, AI배차 100퍼센트 수락 그룹 12.9킬로미터 순이었다. 이동 거리가 많으니 수익도 높아지는 걸까? 아니었다. '음식점-도착지 거리당 수익'의 경우, 일반배차 그룹 2837원, AI배차 100퍼센트 수락 그룹 2876원, AI배차 자율 수락 그룹 3035원으로 AI배차 자율 수락 그룹이 거리당 수익이 가장 높았다.

즉, AI배차를 100퍼센트 수락하면 노동강도는 높고, 소득 효율은 떨어지지만 일감은 보장된다. 전체 소득을 위해서는 거리도 단가도 좋지 않은 콜도 수락하고 일하는 게 유리하다. AI배차를 선택적으로 수락해야 효율적으로 소득을 올릴 수 있지만 이 경우 일감이 보장되지 않기 때문에 위험도가 높으며, 일반배차는 일감 배정과 단가에서 차별적이라 사실상 AI배차를 권유한다고 볼 수 있다.

배달노동자들이 이런 현실을 어떻게 느끼고 있는지에 대해서 참가자를 대상으로 설문조사를 진행했다. 배달 수행 능력에 대한 자신감과 결정권은 AI배차 자율 수락 그룹이 가장 높았고, AI배차 100퍼센트 수락 그룹, 일반배차 그룹 순이었다. 노동자들이 배달 콜을 선택할 수 있는 일반배차 모드에서 자신감과 결정권을 느낄 것 같았지만, 결과는 반대였다. 배달노동자들은 일반배차가 AI배차에 비해 일감 배정이나 단가 측면에서 차별적이라는 것을 경험적으로 알고 있기 때문에 결정권이 오롯이 자신에게 있다고 생각하지 않았다. 현장의 배달노동자들은 기업이 제시하는 단어에 속지 않는다. AI배차를 선택적으로 수락한 배달노동자들은 지리 정보, 배달료, 일감의 질에 대한 판단을 할 수 있다는 자신감을 가진 노동자들이었다. 그러나 노동자의 능동적인 판단은 업무 스트레스를 높인다.

AI배차에 대한 의존도 및 플랫폼으로부터 존중받는다고 느끼는 정도는 AI배차 자율 수락 그룹이 가장 낮았고, 다음으로 AI배차 100퍼센트 수락 그룹, 일반배차 그룹 순이었다. 배달 수행 능력에 대한 자신감, 결정권과 정확히 정반대되는 결과다. 배달 활동의 의미 및 AI배차 만족도 역시 AI배차 자율 수락 그룹이 가장 낮았고, AI배차 100퍼센트 수락 그룹, 일반배차 그룹 순이었다.

AI배차 자율 수락 그룹의 경우, 다음 배차가 보장되지 않는 상황에서 배달료, 배달 거리, 상점 등에 대한 판단을 해야 하므로 업무 긴장과 스트레스가 높게 나왔다고 해석할 수 있다. 게다가 AI배차를 선택적으로 수락하는 경우 마음에 들지 않는 콜을 거절하는 상황이 자주 발생하므로 알고리즘에 대한 불만도 높아진다. AI배차를 선택할 수 있다고는 하지만 '선택'의 의미가 매우 좁다. 알고리즘이 배차해준 것을 수락할 것인지 또는 거절할 것인지에 대해서만 선택할 수 있을 뿐, 다른 대안이 없기 때문이다. 마치 진행자가 제시한 2개의 선택지 중에서 반드시 결정해야 하는 밸런스 게임과 닮았다. 밸런스 게임에 참가했을 때의 곤혹스러움과 긴장감을 매 순간 느낀다고 상상해보라. 반면, AI배차를 100퍼센트 수락할 경우, 노동자는 별도의 판단이 필요 없다. 단순 반복 노동을 할 경우 업무 과정에서의 긴장과 스트레스 정도가 낮아진다는 것을 보여준다. 일반배차의 경우에는 여러 개의 콜 중에서 자신이 마음에 드는 콜을 골라서 가기 때문에 알고리즘에 대한 별도의 판단을 할 필요가 없다.

우리는 2022년 두 번째로 배달앱 AI 알고리즘 검증 실험을 하면서 참여자들로부터 '콜이 없다' '콜을 잡기 위해 이동해야 하나?' 등의 증언을 수없이 들었다. 그리고 결과를 보면서 2021년에 우리가 사용했던 용어를 수정해야 한다는 결론에 이르렀다. AI배차 100퍼센트 수락 그룹, AI배차 '선택적' 수락 그룹, '잔여'배차 그룹(일반배차 그룹)이 현재 배달노동자들의 상황을 알려주는 데 더 적합한 용어라고 생각했다. AI배차를 거절하는 걸 '자율'이라고 부를 수는 없다. 노동자가 모든 주문을 볼 수 있고 그중에서 선택하는 게 아니라, AI가 제안하는 단 하나의 콜을 수락할지 여부만을 결정할 수 있기 때문이다. 다음 일감 배차는 될지, 어떤 일감이 배차될지를 전혀 알 수 없는 상황을 자율이라 부를 수는 없다. AI배차에 비해 일감과 배달료가 차별적인 일반배차 모드도 '일반'이라는 말보다는 '잔여'배차가 더 어울린다.

한편, 신호 데이는 월요일부터 목요일까지 알고리즘 검증에 참여한 라이더들 중 배민 15명, 쿠팡이츠 4명, 요기요 6명, 일반 대행 4명을 선발해 금요일에 시행했다. 참여자는 총 29명이었다. 월요일과 목요일에는 평소처럼 운행하고, 금요일에는 교통법규를 완전히 지키면서 일을 했다. 구체적인 조건은 2021년과 비슷했다. 과속 금지(안전속도 5030), 신호 준수, 차간 주행 금지, 일방통행, 유턴 등 교통체계를 준수하도록 했다. 횡단보도를 건널 때, 오토바이에서 내려서 끌고 걸어가는 일명 '끌바'는 허용했다. 다만, 차간 주행까지 막으면 손님과 음식점의 강력한 항의를 받을 것 같아 신호대기 시에는 천천히 이동할 수 있도록 허용했다. 교통법규 준수를 공지했으나 실제 배달라이더들이 교통법규를 완벽히 준수하는지는 확인하기 어려웠다. 그래서 사후에 야핏라이더 앱 기록 기준으로, 60킬로미터 이상 과속 주행 기록이 있는 12명은 일반 그룹으로, 60킬로미터 미만으로 주행한 17명은 안전 그룹으로 구분해서 데이터를 분석했다.

실험에 참여한 배달노동자들이 월요일부터 목요일까지 오후 5시~저녁 8시 사이에 배달한 기록을 보면, 평균 10건의 배달을 수행하면서 35킬로미터를 주행했고 약 5만 5800원을 벌었다. 시급으로 환산하면 1만 8600원이다. 신호 데이에 안전 그룹 중위 시급은 4만 9420원을 기록했다. 시급으로 환산하면 1만 6473원 정도다. 여기에 오토바이 감가, 기름값, 보험료 등의 비용을 빼면, 소득은 더 줄어든다. 앞에서 살펴본 대로 고용보험료의 필요경비율 27.4퍼센트를 지출 비용으로 잡고 실소득을 계산해보면 시간당 1만 1959원이다. 피크 시간에만 배달료가 오르고 일감이 많다는 걸 감안하면 심각한 수준이다. 검증 실험에 참가한 마포의 라이더 A는 시급이 가장 높았던 날에 비해 신호 데이 시급이 무려 6374원이나 줄었고, 강남의 라이더 B의 경우도 시급이 가장 높았던 날에 비해 6791원이 줄었다.

비피크 시간이었다면 더 큰 차이가 날 것 같았다. 우리가 JTBC와 함께 비피크 시간인 오후 시간에 배달 실험을 해보니, 시간당 9000원 정도를 벌었다. 최저임금 미만 수준의 금액이었다. 문제는 오후 12~1시, 저녁 6~8시 사이만 피크 시간이고 하루 대부분은 비피크 시간이라는 데 있다. 라이더들은 피크 시간에 무리하게 운전하거나, 장시간 노동을 통해 부족한 소득을 보충해야 했다. 신호 데이 참가자들은 사후 설문조사를 통해 교통법규를 지키면 배달 시간이 길어져 초조함을 느끼고, 일반 차량의 위협 운전이 증가했다고 증언했다. 그러면서 불안정한 배달료 체계와 불투명한 알고리즘 개선을 가장 중요한 문제로 꼽았다. 또, 배달플랫폼기업이 갑자기 공지하는 미션이나 프로모션 때문에 72퍼센트의 응답자가 더 오래 일하고, 68퍼센트의 응답자가 더 빨리 배달한다고 응답했다. 71퍼센트의 라이더들은 프로모션보다 기본료가 높은 모델을 선호한다고 답했다. 라이더들이 실시간 배달료 외에도 플랫폼의 미션 프로모션에 민감하게 반응하는 이유는 배달 플랫폼기업이 배달노동자들에게 빠른 배달과 장시간 노동을 지시하는 방법이기 때문이다. 배달플랫폼기업은 절대 10분 이내에 배달하라거나 하루에 몇 시간 이상 일하라고 지시하지 않는다. 다만, 어느 순간 갑자기 지금부터 1시간 이내에 3건을 하면 1만 원을 준다거나, 주에 40건을 달성하면 보너스를 준다던가, 요기요처럼 200건 이상을 하면 보너스를 준다고 하면서 미션이 없는 평소 배달료를 최저금액으로 묶어놓는다. 사실상 앱이 노동을 통제한다고 생각할 수밖에 없다.

실제로 2021년과 2022년 이루어진 검증 실험에서 실시간 배달료를 통해 배달요금의 변동 폭이 극단적이라는 사실을 확인할 수 있었다. 2021년에 최저 배달료는 2500원, 최대 배달료는 1만 6500원을 기록했고, 중윗값은 5420원이었다. 2022년에 최저 배달료는 2880원, 최대 배달료는 1만 3300원을 기록했다. 2021년 최저 배달료 2500원은 쿠팡이츠의 영향이고, 2022년 최저 배달료가 2880원이었던 것은 기본 배달료가 조금씩 높아지는 오후 5시 ~저녁 8시 사이에 실험을 진행했기 때문이다. 건당 배달료의 중윗값은 비슷했지만 최대 배달료를 줄임으로써 배달료는 전반적으로 하락하고 있다는 점을 확인할 수 있을 뿐만 아니라, 최저 배달료와 최고 배달료의 차이가 5~6배 정도로 상식적인 수준을 넘어선다는 사실을 확인할 수 있다. 배달노동자의 수요-공급에 맞춰진 실시간 배달료 알고리즘이, 배달노동자로 하여금 피크 시간에 집중적으로 신호를 위반하게 만드는 업무 규칙을 간접적으로 만들고 있다. 적은 수이지만 일반대행 라이더의 기록도 확인할 수 있었다. 일반대행은 시간당 6~7건을 기록하기도 했는데 건당 배달료가 낮고 주행거리는 짧았다. 낮은 배달료를 여러 건의 배달을 수행하면서 만회하는 방식이다.

이번 검증을 통해 배달산업 후퇴기에는 알고리즘 정보가 더 중요하다는 점이 밝혀졌다. 한정된 일감을 배분하는 기준, 앱에 접속한 라이더의 숫자와 주문량, 배달료 산정 기준 등 정보가 투명하게 공개되어야 배달노동자들이 자신의 상황에 적합한 판단을 내릴 수 있다. 일감과 임금에 대한 보장 없이 그저 대기만 하라고 하는 회사는 없다. 배달플랫폼기업이 이렇게 할 수 있는 이유는 배달노동자들이 근로기준법상 근로자가 아니기 때문이다. 배달노동자가 근로기준법상 근로자였다면 배달플랫폼기업이 일감이 없어 노동자를 집으로 돌려보내려고 할 경우 휴업수당을 지급해야 하고, 대기하라고 지시하려 해도 최저임금 이상을 지불해야해서 매출 하락에 대한 책임을 지게 된다. 이 때문에 배달플랫폼기업도 인력 구조조정과 노무관리를 중요한 문제로 생각해야 한다. 이런 경우 대부분의 기업들은 노사 갈등과 사회적 책임에 대한 요구에 직면하게 된다. 그러나 배달플랫폼기업들은 해고로 인한 갈등도, 임금 삭감으로 인한 노사 갈등도 피할 수 있다. AI 알고리즘이 배달노동자들에게 일감을 주지 않고, 배달료를 낮추면 그만이기 때문이다. AI 알고리즘이 휘두르는 플랫폼기업식 구조조정이라 불러도 좋겠다. 이 구조조정의 결과는 언제 일을 시작할지 알 수 없는 긴 대기 시간, 즉 초단기 실업시간의 확대와 장시간 노동이다. 하루 10시간 노동으로 하루 20만 원을 벌었던 노동자는 이제 12~15시간씩 길바닥에서 대기하거나 일해야 한다. 실업과 취업의 끊임없는 반복이다. 이를 피하기 위해서는 배달료가 올라가는 짧은 피크 시간대의 배달과 간간이 주어지는 미션 수행을 위해 무리한 운행을 감수해야 한다. AI 알고리즘은 배달을 빨리 배송하는 데는 최적화되어 있지만, 개별 노동자들의 안정적인 소득 보장과 안전 운행에는 관심이 없다.

날씨에 따라 변하는 작업장과 AI, 그리고 안전[17]

"비 오는 날 배달을 시키는 게 맞아요, 안 시키는 게 맞아요?" 매년 장마철이면 듣는 질문이다. 맥도날드에서 일할 때는 배달을 시키지 않는 게 좋다고 자신 있게 말했다. 시급을 보장받기 때문에 일감이 줄어드는 위험을 노동자가 책임지지 않기 때문이다. 매장에서는 비나 눈이 너무 많이 오면 도보로 배달할 수 있는 거리의 주문만 받거나 배달을 아예 막기도 했다. 그런데 맥도날드에서도 배달대행사를 이용하면서부터 맥도날드 라이더들에게는 가까운 거리 배달을, 배달대행 라이더에게는 먼 거리 배달을 맡겼다. 위험을 외주화한 나쁜 경우이지만, 동네배달대행사 소속 라이더들을 위해 배달을 막으라고 자신 있게 말할 수도 없다. 동네배달대행사 소속 라이더들은 시급이 보장되지 않아 일감이 없으면 수익도 0원이다.

수익만이 문제가 아니다. 기록적인 폭우가 수도권을 강타한 지난여름, 모 치킨 프랜차이즈 부사장이 끝까지 배달하라는 지시를 직원들에게 내렸다가 사회적 지탄을 받았다. 그러나 악마 같은 임원을 치운다고 이 문제가 해결되지는 않는다. 동네배달대행사도 경쟁이 치열하기 때문에, 폭우가 내려도 배달하는 업체가 단 한 군데라도 나타나면 음식점들이 이 업체로 배달대행사를 옮겨버린다. 반대로, 본사 회장님이 배달 업무를 지시하고 싶어도 모든 동네배달대행업체가 배달을 거부하면 일을 시킬 수 없다. 모 치킨 프랜차이즈 부사장은 이런 현실을 자각하지 못했을 가능성이 높다. 만약 직접고용을 했다면 본사 부사장의 지시로 배달노동자들이 밖으로 나가야 할 수도 있었겠지만, 사고에 대한 직접적인 책임을 감당해야 한다. 따라서 프랜차이즈 부사장의 지시에서 우리가 읽어내야 할 문제는 따로 있다. 모 치킨 프랜차이즈 부사장의 지시는 엄밀히 따지면 강제가 아니라 동네배달대행사와의 공조 속에 이루어지며, 이런 구조에서는 위험한 배달 일을 할지 말지를 결정하는 책임마저 배달업체와 노동자에게 떠넘길 수 있다는 것이다.

배민, 쿠팡이츠, 요기요는 이 문제를 AI 알고리즘에 떠넘길 수 있다. 날씨가 쾌청하면 3000원 내지 2500원의 최저 배달료를 주다가, 비가 오는 순간에만 배달료를 올려 지급하면 된다. 날씨가 좋은 날엔 요금도 배달주문도 적어 최저임금도 벌지 못하기 때문에 주문도 많고 배달료도 높은 궂은 날씨에 열심히 일해야 하는 구조다. 배달라이더들 중에는 마음속으로 기우제를 지내는 사람도 있는데, 나 역시 우비를 꺼낼 때 설렌다. 비 오는 날 배달을 시키지 말라고 하기 어려운 이유다. 날씨가 안 좋을 때 우리가 할 수 있는 일은 손님에게 배달이 1시간 이상 걸리더라도 화내지 말아달라고 부탁하는 것뿐이다.

결국, 기후 재앙의 순간에 배달 서비스를 할지 말지를 기업과 노동자에게 묻는 것은 번지수를 잘못 찾은 질문이다. 오히려 폭우나 폭설이 내릴 때 배달회사들이 어떤 규칙 안에서 경쟁해야 하는지를 우리 사회와 국가에 묻는 것이 맞다. 우리는 이미 산안법이라는 답을 가지고 있다. 야외 노동자에겐 길거리가 작업장이다. 하늘에서 폭우가 내리는 건 공장 천장에서 유해화학물질이 쏟아지는 것과 같다. 산재를 유발하는 위해 위험 요소가 사라질 때까지 모든 기업과 종사자들이 작업을 중지하는 게 산안법을 준수하는 방법이다. 이때 문제가 되는 건 노동자와 자영업자의 수익이다. 앞서 살펴본 대로 배달 일을 하지 못하면 오토바이 리스비와 보험료 때문에 수익이 마이너스다.

해결책이 아예 없는 것은 아니다. 현재 배달대행 노동자들과 일부 자영업자도 고용보험료를 납부하고 있다. 따라서 폭우, 태풍, 폭설 등으로 배달하지 못하는 상황이 벌어지면 일시적 실업으로 보고 휴업급여를 지급하는 방법을 고민해볼 수 있다. 현재의 실업급여는 전통적 노동자를 상정해서 설계됐다. 노동자가 실직하면 새로운 일자리를 구할 때까지 시간이 걸릴 테니 구직 기간 동안 생계비를 지급하겠다는 취지다. 그러나 취업과 실업이 빠른 시간 내에 반복되는 플랫폼산업에서는 이 제도가 들어맞지 않는다. 노동자처럼 퇴직금이 있는 것도 아니고 급작스러운 해고에 대비해서 해고예고수당을 받을 수 있는 것도 아니다. 당장 생계비가 없는 근로기준법 밖 플랫폼노동자들은 빠르게 취업할 수밖에 없기 때문에 고용보험에서 상상하는 장기실업 상태에 빠지기 힘들다. 따라서 전통적 노동자만을 대상으로 상정한 기존 인식에서 벗어나 고용보험을 새롭게 정비할 필요가 있다. 고용보험은 노사가 모두 분담하기 때문에 휴업손해에 대한 재원으로 활용해도 별 무리가 없다.

휴업급여가 보장된다면 노동자들은 위험한 상황에서 배달

일을 거부할 힘이 생긴다. 이는 노동자의 안전을 생각하는 사업주가 노동자를 위험에 빠트리면서까지 일을 시키는 사업주로 인해 시장에서 도태되는 것을 막는 방법이기도 하다.

한편, 폭염 시에는 열사병과 일사병, 땀띠, 강한 햇빛으로 인한 안구손상의 위험이, 혹한 시에는 동상과 저체온증의 위험이 있다. 또 황사나 미세먼지가 심하면 호흡기에 문제가 생길 수 있고, 비가 오는 날에는 지하 주차장이 빙판과 같이 미끄러워 노동자들의 안전에 영향을 준다. 모두 날씨에 의해 배달노동자들의 작업장 환경이 변한 것인데, 우리나라 노동법에는 작업장을 안전하게 유지하기 위한 몇 가지 규칙들을 정해놓았다. 바로 '산업안전보건기준에 관한 규칙'이다.

'산업안전보건기준에 관한 규칙' 제2장 작업장 제3조(전도의 방지) 제1항에는 "사업주는 근로자가 작업장에서 넘어지거나 미끄러지는 등의 위험이 없도록 작업장 바닥 등을 안전하고 청결한 상태로 유지하여야 한다"라고 되어 있고, 제4장 보호구 제32조(보호구의 지급 등)에서는 분진(粉塵)이 심하게 발생하는 하역작업의 경우 방진 마스크를, 섭씨 영하 18도 이하인 급냉동어창에서 하는 하역작업에서는 방한모·방한복·방한화·방한장갑을 지급하도록 적시해놓았다. 이외에도, 작업장의 밝기까지 세세하게 규정한 제7조(채광 및 조명)와 제8조(조도), 제37조(악천후 및 강풍 시 작업 중지) 조항 등을 통해 안전한 노동환경에 대한 가이드를 마련해놓았다.

이를 배달플랫폼기업에게 적용시킨다면 배달플랫폼기업은 배달노동자에게 미세먼지가 심한 날엔 마스크를, 날씨가 추운 날엔 방한용품을, 햇빛이 강한 날엔 선글라스 등을 지급하고, 지하주차장 미끄럼 문제 등을 기업이 책임지고 해결해야 한다. 이 비용을 기업이 부담하는 것이 아니라 일하는 사람에게 전가시켰을 때, 개별 노동자들은 큰 비용을 들여서 보호 장구를 구입하거나, 위험을 감수하고 맨몸으로 위험한 작업장 위를 달리는 2가지 선택을 할 수밖에 없다. 사업주에게 책임을 지우면 간단하지만, 사업주 책임이 아니라고 하면 배달노동자 한 명 한 명을 찾아가 설득하고 교육해야 하는데 현실적으로 불가능한 일이다. 참고할 법이 있더라도 산재 예방 정책을 펼치기 어려운 이유는 결국 산업의 형태와 고용구조에 있다.

"우리는 기계가 아니다"에서 "우리는 데이터가 아니다"로

노동자의 안전 문제를 일정한 규칙에 불과한 AI와 연관시키는 게 납득이 되지 않을 수도 있겠다. AI는 비합리적이고, 임의적이며, 감정 기복이 있는 인간 관리자를 대체해 배달료와 일감 배차를 '합리적'인 규칙에 따라 결정하는 것뿐이다. 따라서 AI 자체에 대해 정당성이나 도덕적 책임을 묻는 것은 무리한 이야기다. 동의한다. AI가 성실하고 감정이 없는 중간관리자라면 우리는 AI가 아니라 AI를 설계한 기업에 책임을 물어야 한다. 우리가 안전사고가 벌어졌을 때 최종책임자에게 책임을 묻는 것과 같다.

배민, 요기요, 쿠팡이츠와 같이 AI 시스템을 사용하는 배달플랫폼기업의 문제를 정리해보자. 첫째, AI는 초보 라이더들의 직무 능력이나 경험을 보지 않고 무분별하게 고용한다. 유해위험업무(산재가 발생할 우려가 높은 업무)라면 취업에 제한을 둬야 하지만 우리 사회는 이에 대한 제도적 규칙을 가지고 있지 않다. 제한이 없으니 지치지 않는 앱 프로그램은 지금 이 순간에도 수많은 노동자와 계약을 하고 있다.

둘째, 수요와 공급의 규칙을 신봉하는 AI는 라이더가 적게 출근하고, 배달주문이 상대적으로 느는 폭염, 폭우, 폭설, 혹한의 시기에 더 많은 배달료를 준다. 안전하게 일할 수 있는 날에는 최저의 배달료를 준다. 라이더가 별로 없는데 배달은 계속 들어오는 곳이 있으면 라이더가 잘 모르는 지역, 심지어는 오토바이가 갈 수 없는 지역에 배차하기도 한다. 배달 콜의 양, 배달료, 배달 거리, 다음 배차의 유무, 접속한 라이더 숫자 등 적합한 배차를 위해 알아야 할 정보를 플랫폼이 독점하고 있으므로, 라이더는 합리적인 선택을 할 수도 없다. AI의 '합리적'인 결정은 배달노동자들이 위험을 무릅쓰고 일을 하게 만들어 산재사고의 위험을 높인다.

이 수요와 공급의 규칙은 앞서 지적한 AI 관리자의 첫 번째 특징인 끊임없는 라이더와의 계약을 통해 배달노동자에게 점점 불리하게 작용한다. 배달노동자가 넘치면 넘칠수록 AI는 가격을 낮출 수 있다. 수요와 공급의 원칙에 따르면 배달노동자들은 낮은 배달료가 책정되면 배달을 거부해야 한다. 만약 개별 배달노동자가 배차를 거절해서 다른 배달노동자를 찾는 데 어려움을 겪는다면 배달료를 올려야 하지만, AI 기술은 보통의 사장님이라면 겪어야 할 대체 인력 채용에 필요한 비용과 시간적·공간적 한계를 부숴버린다. AI는 배달노동자에게 거리와 배달료 정보를 제공한 뒤 보통 60초 안에 선택하라고 강요하고, 거절당하면 같은 시간 앱에 접속해 있는 수천 명의 다른 라이더에게 이 가격에도 가겠냐고 물어본다.

AI는 앱에 몇 명의 라이더가 접속해 있는지, 배달주문량이 얼마인지를 정확히 안다. 그러나 개별 노동자들은 지금 몇 명의 라이더가 접속해 있는지, 배달주문량이 얼마나 있는지, 이 콜을 거절하면 다음 콜이 배차될지 전혀 알 수 없다. 그래서 내가 이 콜을 거절하고 다른 배달노동자도 이 콜을 거절하면 1분 뒤에는 배달료가 500원 오를 것이라는 믿음과 확신을 가질 수 없다. 그 대신 이 콜을 거절하는 순간, 향후 10~20분 동안 콜을 받을 수 없다는 공포 속에서 일한다. 정보 비대칭을 이용한 통제다. 배달플랫폼기업 입장에서는 AI가 합리적인 수요와 공급의 원칙에 따라 일하는 훌륭한 관리자이지만, 배달노동자의 입장에서는 AI가 도통 속을 알 수 없는 비합리적인 관리자처럼 보인다.

그러나 AI는 절대로 10분 이내에 배달하라거나 오랜 시간 일하라거나, 폭우에서 일하라고 지시하지 않는 착한 관리자다. 배달노동자들은 자발적으로 AI가 제시하는 합리적인 낮은 가격을 받아들이고, 여러 개의 배달을 수행하면서 장시간 노동을 선택하거나, 높은 배달료를 주는 오후 12~1시, 저녁 6시 30분~7시 30분 사이에 미친 듯한 속도로 달리거나, 갑자기 주어지는 1시간당 3건 배달 미션을 수행하기 위해 신호를 위반하거나, 날씨가 좋지 않은 위험한 도로를 달리는 선택을 할 수밖에 없다. 어느 쪽이든 안전과는 거리가 멀다. 이 모든 상황을 기업이 아닌 배달노동자들이 자발적으로 선택한 것이라고 말할 수 있을까?

산업화가 낳은 인간 소외를 날카롭게 비판한 영화 〈모던 타임즈〉에서 인간이 마치 기계 부품처럼 쉼 없이 돌아갔다면, 라이더들은 스마트폰 앱 속에서 지치지 않고 끊임없이 이동한다. 손님은 자신의 핸드폰으로 인간이 아닌 귀여운 캐릭터가 이동하는 모습을 지켜본다. 공장은 인간을 기계처럼 대했고, 앱은 노동자를 인간이 아니라 데이터로 대한다. 전태일은 "우리는 기계가 아니다!"라고 외쳤지만, 오늘날 노동자들은 "우리는 데이터가 아니다. 우리는 캐릭터가 아니다"라고 외쳐야 할 것 같다. 디지털 일터에

AI라는 새로운 기계, 새로운 컨베이어벨트가 도입됐다. AI에 대한 규제와 통제 없이는 플랫폼노동자에 대한 안전 대책도 없다.

4장

갑질 사건이 아니라
산재입니다

언론이 주목하는 사고,
언론이 외면하는 사고

2021년 2월, 서울 동작구의 한 손님이 배달노동자에게 폭언을 퍼부은 사건이 벌어졌다. 손님이 주소를 잘못 기재했지만 연락이 되지 않다가, 겨우 연락이 닿아 손님에게 다시 배달하게 됐다. 이때 배달노동자는 추가 요금 3000원을 받아야 하는데, 동네배달 대행사의 경우 라이더가 직접 손님에게 추가 배달료를 받아야 하는 시스템이다. 이게 발단이 되어서 폭언이 시작됐다. 손님은 본인이 주소를 잘못 쓰긴 했지만, 제대로 된 주소로 다시 배달을 해주는 게 당연하다고 생각했다. 이런 손님들이 의외로 많은데, 잘못된 주소로 갔을 때 연락을 하느라 허비하는 시간과 새로운 배달지로 이동해야 하는 배달노동자의 노동에 대해 소비자가 제대로 이해하기 어렵기 때문이다. 여러 배달을 묶어서 배달하는 경우에 이런 일이 생기면 다른 배달에도 영향을 미친다. 동선이 꼬였을 때의 어려움을 배달 일을 해보지 않은 사람은 상상하기 힘들다.

손님은 항의 과정에서 동네배달대행사 관리자에게까지 폭언을 했다. 녹음된 폭언의 내용은 가히 충격적이었다. "공부 잘하면 배달 일 했겠어요?" "공부 못하니까 할 줄 아는 게 배달밖에 없거든요" "기사들이 뭘 고생해, 오토바이 타고 부릉부릉하면서 음악 들으면서 다니잖아" "돈 많으면 하겠어요? 돈을 못 버니까 그 일을 하겠죠" 등의 비하 발언이 이어졌다.

영화나 드라마에 나오는 악역의 비현실적인 대사처럼 느껴지는 이 발언은 핸드폰에 그대로 녹음됐다. 심리적·정신적 피해를 입은 라이더가 상담을 요청해서 나도 이 내용을 직접 들었는데, 처음 녹음 파일을 접했을 때는 끝까지 듣기 힘들었다. 심적으로 너무 괴로운 일이었다. 내용이 워낙 자극적이라 신중한 접근이 필요하다고 생각했다. 그런데 이 녹취록이 온라인에 유출되면서 삽시간에 퍼져나갔고, 피해자와 가해자가 특정됐다. 피해 배달노동자를 만나기 위해 동네배달대행사 사무실을 방문했을 때는 좁은 골목길이 방송기자들로 인산인해를 이루고 있었다.

이럴 때는 우선 피해자의 의사가 가장 중요했다. 당사자가 미디어에 이 사건을 알리고 싶은지, 언론 보도를 통해 원하는 게 구체적으로 무엇인지, 법률 지원을 원하는지 혹은 심리적 지원을 원하는지 등 피해자 의사를 확인하는 것이 먼저였다. 피해자가 원하는 건 가해자의 진심 어린 사과였다. 우선 과도한 관심과 억측을 정리할 필요가 있었다. 2월 3일 오후 2시 반, 좁은 골목길 앞에 선 피해 당사자가 수십 명의 기자들 앞에서 입장을 밝혔다. 기자들의 여러 질문에 대답했지만, 주요하게 전달한 메시지는 두 가지였다.

"피해자와 라이더유니온이 바라는 것은 폭언을 한 손님의 진심 어린 사과입니다. 손님은 공인이 아니며, 개인일 뿐입니다. 개인이 감당할 수 있는 수준을 넘는 사회적 비난을 자제해주시길 바랍니다. 라이더유니온과 피해자는 이번 사건이 단순히 나쁜 손님에 의해 발생했다고 생각하지 않습니다. 배달노동자들에 대한 사회적 편견과 차별이 이 문제의 근본적 원인입니다. 배달노동자들에게도 최소한 감정노동자 보호법을 적용하고 여타 제도적 보완책을 마련해야 합니다."

가해자 역시 생각보다 일이 커지자 사과문을 전달했다. 피해자들은 사과문으로는 부족하다고 생각해 대면 사과를 다시 요청했다. 여러 우여곡절 끝에 2월 23일 가해자가 부모님과 함께 찾아와서 직접 사과하는 것으로 사건은 일단락됐다.

사건보다 긴 여운을 남긴 것은 사람들의 반응이었다. 어떤 사람들은 배달노동자에게 갑질한 당사자가 학원 셔틀 차량을 도와주는 노동자라는 사실에 주목했다. 잘나가는 사람인 것처럼 말했지만 실상은 가해자 역시 돈을 잘 버는 직업이 아니었다는 사실이 밝혀지면서 조롱거리가 됐다. '셔틀 도우미 주제에'라는 반응이 나왔다. '배달노동자 주제에'라고 말한 사람에게 '셔틀 도우미 주제에'라고 반응하는 사회에서 갑질 문제가 해결되기는 힘들다. 언론의 뜨거운 반응도 사실 녹취된 내용이 너무 자극적이었기 때문이었다. 물론, 녹취가 없었다면 배달노동자가 당한 일은 없었던 일로 묻혀버렸을 것이다. 그러나 적나라한 녹취록이 온라인과 언론에 공개된다고 해서 문제가 근본적으로 해결되지도 않는다. 사람들은 이 사건을 자극적으로 소비할 뿐이었고 유튜버들은 조회수를 높이는 기회로 삼았다. 오히려 온라인과 언론 보도를 통해 이 녹취록을 접한 배달노동자들은 한동안 충격에서 벗어나기 힘들어했다. 배달노동자들은 집단적으로 자괴감과 모욕감을 느꼈다.

이런 자극적인 사건이 세상에 알려지면 일시적으로 배달노동자에 대한 갑질이 사회적 이슈가 되지만, 한계가 명확했다. 일상적으로 벌어지는 배달노동자에 대한 차별과 혐오를 예방하고 감정적 손상으로부터 노동자를 보호하고 지원할 수 있는 방법에 대한 논의는 제대로 이루어지지 않았다. 그러는 동안 배달노동자들의 마음 위에서는 계속해서 사고가 벌어진다. 언론에는 단 1줄도 보도되지 않은, 그러나 배달노동자에게는 분명 일어날 법한 그저 그런 일상들이다.

2020년 10월 4일, 손님이 남겨준 주소지에 잘 도착했다. 그런데 주소지에는 3층이라고 적혀 있었으나 1층 현관문이 굳게 닫혀 있었다. 호출할 수 있는 인터폰도 없어 손님에게 전화를 걸었다. 인터폰이 없어서 올라갈 수 없다고 설명을 하니 "인터폰이 왜 있어요! 그냥 올라올 수 있으니 올라와요!"라며 언성을 높였다. 이때부터 평범한 사람은 아닐 것이라고 생각해 녹음을 시작했다. 증거를 확보하지 않으면 예의 없고 싸가지 없는 배달라이더가 될 수 있었다.

　　아무래도 손님이 주소를 잘못 쓴 것 같아 주소를 다시 확인해달라고 했는데, 갑자기 소리를 지르고 욕을 하기 시작했다. 내가 화를 냈다는 것이다. 내 말투가 재수 없게 들릴 수 있더라도, 그게 내가 욕설을 들어야 할 이유는 아니었다. 대응하지 않고 다시 주소를 확인해달라고 요청했는데, 지금 보이는 건물이 뭐냐고 또 소리를 지르기 시작했다. 그리고 자기만 아는 ○○부동산 건물 안 보이냐고 고래고래 소리를 쳤다. 손님이 아는 건물만 이야기하고 정확한 주소를 알려주지 않으면 찾아갈 수가 없다고 대꾸했더니 더 흥분해서 화를 냈다. 그 소리가 동네 길가에 울리기 시작했다. 소리를 내비게이션 삼아 잘못 적힌 주소지의 골목길에서 빠져나왔다. 큰길에 들어섰더니 다른 건물 3층 창가에서 한 중년 남성이 고함을 치고 있었다.

　　그 손님이었다. 나를 내려다보며 계속 소리를 질러, 지나가는 사람들이 모두 쳐다봤다. 내가 잘못한 건 없었으므로 창피하지도, 부끄럽지도 않았다.

'부끄러워해야 할 사람은 저 위에서 소리치는 사람이다.' 그렇게 다짐하며 남아 있던 모든 직업정신을 끌어모아 배달을 완료하기로 마음먹었다. 그 남자가 있는 건물의 입구에서 주소를 다시 한번 확인했다. 역시나 손님이 주소를 잘못 적었다. 배민에서는 손님의 GPS 위치를 파악해서 자동으로 주소를 입력할 수 있게 만들었다. 당연히 정확하지 않다. 특히 건물들이 밀집된 공간에서는 정확도가 더 떨어진다. "AI 앱 새끼"라고 중얼거리며 건물 계단으로 발걸음을 내디뎠다. 어둡고 가파른 계단을 오르는데, 심장이 쿵쾅쿵쾅 뛰기 시작했다. '아, 올라가기 싫다. 그래도 배달은 해야지.' 한 걸음 한 걸음 계단을 올라가는데 다가갈수록 긴장됐다. '분노 조절에 문제가 있는 것 같은데 흉기라도 들고 나오면 어떡할까? 햄버거를 던지면 어떡하지?' 머릿속에서 피어오르는 온갖 불안한 상상을 애써 지우며 올라갔다. 다행히 손님은 문 밖으로 나오지 않았다. 문 앞에 놓고 가라고 했으니 얼른 내려놓고 도망치듯 뛰어 내려왔다.

이후에 비슷한 주소가 뜨면 마음이 불안해지기 시작했다. 내가 사는 동네에서 배달 일을 하기 때문에, 배달하지 않는 날에도 그 건물을 자주 지나가게 된다. 그때마다 마음이 편치 않았다. 도로 위에서 벌어지는 사고가 몸과 마음에 큰 상처를 남기듯이, 마음 위에서 벌어진 사고 역시 쉽게 회복되지 않고 오래오래 남는다.

화물용 엘리베이터에서
벌어지는 일들

비슷한 일들은 잊을 만하면 다시 일어났다. 한창 배달노동자들을 화물용 엘리베이터에 태워서 배달을 시켰던 합정의 대형 아파트에 대해 문제 제기를 하던 때였다. 이 고급 아파트의 주민들은 냄새가 나고 건물이 지저분해진다는 이유로 배달을 아예 막아버리자는 다수파와, 그래도 배달 서비스를 이용하고 싶다는 소수파로 나뉘었다. 아파트 주민들은 소수 의견을 존중하여 갈등을 해결(?)했다. 주민들의 눈에 띄지 않게 평소 쓰지 않던 화물용 승강기에 배달원들을 올려보내자는 합의였다. 2018년 12월 배달노동자들이 이 아파트 한복판에서 '우리는 화물이 아니고 손님은 귀족이 아닙니다'라고 적힌 플래카드를 펼치고 기자회견을 진행했는데, 보안 경비원들이 우르르 몰려와서 플래카드를 가리고 참석자들을 밀치기까지 했다. 방송국 카메라 기자들이 항의했지만 아랑곳하지 않았다. 그들은 우리에게 "지금 건물의 명예를 훼손하고 있잖아!"라고 소리쳤다. 건물에는 명예가 있는데, 배달노동자에겐 명예가 없었다. 사실 명예까지는 바라지도 않고 최소한의 존중과

예의만이라도 지켜주길 바랐다. 보안업체에서 부른 경찰이 되레 기자회견을 방해하지 말라고 보안업체 직원들을 제지하고 나서야 평화롭게 기자회견을 진행할 수 있었다.

이후 문제 해결을 위해 주민자치회와 협의하는 과정을 가졌다. 문제가 해결되기 전에 일단 내가 일하는 맥도날드에 요청을 해서, 1층에서 손님에게 전화해 내려오게 하는 것으로 방침을 정했다. 하지만 그 방침을 지키기는 쉽지 않았다.

이 아파트는 경비노동자가 입구를 지킨다. 그렇다고 아파트에 들어갈 때 경비노동자를 바로 만날 수 있는 것은 아니다. 경비노동자가 앉아 있는 안내데스크와 유리로 된 자동현관문은 약 5미터 정도 떨어져 있다. 경비노동자가 아파트 입구로 황급히 들어오려는 배달노동자를 미리 발견한다면 재빨리 나와 문을 열어준다. 만약 경비노동자가 다른 일을 하느라 나의 존재를 눈치채지 못하면 유리문을 똑똑 노크한다. 그러면 경비노동자가 나와서 문을 열어주는 구조다. 안내데스크에는 배달노동자의 이름과 연락처, 업체명, 방문 목적을 적는다. 여기에는 배민, 부릉, 요기요, 쿠팡이츠, CJ 등 무수히 많은 배송플랫폼업체들의 이름이 적혀 있다. 가끔 과외와 레슨을 하는 사람들의 이름도 적혀 있었다. 바로 옆 다른 입구에는 안내데스크도, 경비노동자가 없는 경우도 있었는데, 거기가 임대동이라는 사실을 나중에야 알았다.

입성을 위한 모든 과정을 끝내면 경비노동자가 엘리베이터를 잡아주고, 경비노동자는 보안 카드를 엘리베이터 카드인식기에 터치한 다음, 목적지 층을 눌러주고 배달노동자를 올려보낸다. 이때 가장 먼저 오는 엘리베이터가 아니라, 화물용 엘리베이터에 사람을 태워서 보냈다. 화물용 엘리베이터는 별도의 문을 열고 어두운 복도에 들어가야 마주할 수 있는데, 불도 잘 안 들어오고 냄새가 나고 청소 상태도 엉망이다.

하루는 경비노동자를 따라가다가 경비노동자가 화물용 엘리베이터로 가는 별도의 문을 열었을 때, 큰 결심을 하고 물었다.

"지금 화물용 엘리베이터로 보내시려는 거에요?"
"네, 저도 어쩔 수 없어요."
"그러면 저는 엘리베이터 타지 않고 손님에게 전화를 걸어서 내려오라고 하겠습니다."

떨리는 마음으로 손님에게 전화를 걸었다. 화물용 엘리베이터를 타고 올라갈 수 없으니 내려와달라고 부탁했다. 손님은 상황을 이해하지 못하겠는지 신경질을 내면서 전화를 끊었다.
잠시 후, 엘리베이터 문이 열리고 욕설이 날아왔다.

"뭐, 무슨 일인데? 올라올 수 있잖아! 뭐? 화물? 뭐, 그따위 이유로 사람을 내려오게 해. 시발."

햄버거를 넘기자마자 날아오는 음성에, '지금 욕하셨어요?' 라고 대거리를 하려는데 엘리베이터 문이 닫히고 손님은 올라가 버렸다. 경비노동자와 나는 서로를 쳐다보며 어안이 벙벙해졌다.

"여기 이상한 사람 많이 살아요. 이해하세요."

경비노동자가 건네는 작은 위로에 겨우 정신을 차렸다. 쿵쾅 대는 마음이 쉽게 진정되지 않았다. 다시는 그런 손님을 만나고 싶지도, 배달하고 싶지도 않았다. 나뿐만 아니라 다른 라이더들도 경비노동자나 손님과 싸우는 일이 빈번했다. 그 싸움에 지쳐 그냥 화물용 엘리베이터를 타는 노동자도 생기기 시작했다.

화물용 엘리베이터를 타지 않기 위해 무수히 많은 싸움과 떨림을 감당하는 게 오히려 힘든 일이었다. 경비노동자도 마찬가지였다. 몇몇 경비노동자는 배달노동자를 주민용 엘리베이터에 태워 보냈다. 어떤 경비노동자는 무조건 화물용 엘리베이터에 태워 보냈다. 경비노동자 입장에서도 배달노동자를 어느 엘리베이터에 태울지 결정하는 일이 스트레스였다. 오랜 문제 제기와 갈등 끝에 최근에는 화물용 엘리베이터가 아니라 먼저 오는 엘리베이터에 태워 보내는 것으로 바뀌었다. 물론, 언제 다시 정책이 바뀔지는 입주민들에 달려 있다.

이런 고급 아파트들이 배달노동자들을 대하는 방식은 다양하다. 헬멧이 흉기가 될 수 있으니 범죄 예방을 위해 헬멧을 벗어 달라는 아파트도 있었는데, 땀내 나는 떡진 머리를 타인에게 보여 주고 싶지 않은 라이더들은 이런 요구에 엄청난 스트레스를 받았다. 배달노동자들도 여느 사람들처럼 외적인 모습에 신경 쓴다는 사실 자체를 이해하지 못하는 사람도 있다. 음식물 쓰레기를 버리기 위해 사용하는 엘리베이터에 사람을 태우는 아파트들도 있다. 이런 아파트를 한 번 오르내리고 나면 자괴감이 든다.

그래도 업체에 고용되어 일을 할 때는 회사 방침이라고 당당하게 손님과 경비노동자에게 얘기할 수 있었다. 고급 아파트를 출입할 때 써야 하는 이름과 전화번호 역시 회사 이름과 공식 번호로 적고 출입할 수 있다. 하지만 산업안전보건에 대한 책임을 지는 회사가 없으면 문제가 복잡해진다.

맥도날드를 퇴근하고 배달앱에 로그인하고 나서부터는 상황이 완전히 달라진다. 출입을 위해 회사가 아니라 개인 연락처를 써야 하고, 화물용 엘리베이터를 타지 않는 게 회사의 방침이 아니라 개인적인 신념의 문제가 된다. 이상하고 별난 라이더가 돼버리는 것이다.

대거리와 문제 제기에도 시간이 필요하다. 직접고용 상태에서는 엘리베이터를 기다리거나 대거리를 하느라 시간이 흘러도 임금에 타격을 입지 않지만, 건당 배달을 하는 배달대행 노동자에게 다툼이 벌어진다는 건 곧 임금 삭감을 의미한다. 따라서 건당 수익을 얻는 배달노동자에게 가장 나은 선택은 화물용 엘리베이터든, 주민용 엘리베이터든 무조건 빨리 오는 엘리베이터에 타는 것이다.

언어폭력을 가한 손님에 대한 거부도 쉽지 않다. 맥도날드에서 일할 때는 가해자가 재주문을 하면 나 대신 동료가 배달을 가면 된다. 갑질의 정도가 심한 손님이라면 회사 차원에서 블랙리스트에 올려 배달접수 자체를 거부해도 된다. 하지만 배달앱에 접속해서 일할 때는 콜을 거부해야 하는데, 콜 거절에 따른 평점과 소득 감소에 대한 책임을 온전히 배달노동자 홀로 져야 한다. 물론 이는 이론적인 이야기이고 나를 고용한 회사가 노동자를 실제로 보호하려는 의지가 얼마나 있느냐에 따라 상황이 달라진다. 직접 고용 상태로 일하지만 보호를 못 받는 경우도 허다하다.

마음 위에서 벌어진 사고

〈2021년 서울시 지역배달대행업체-배달라이더 간 거래관행 및 보험가입 현황 실태조사 결과보고서〉를 보면 배달기사 권익 향상을 위해 서울시에 바라는 사항을 적어달라는 주관식 질문에 '갑질 근절 및 처우나 인식 개선'을 적은 노동자가 많았다. 구체적인 내용을 살펴보면 '사람이 하는 일이니 사람답게 대해

주길 바라고, 부당한 일 없이 일했으면 좋겠다' '민원 접수가 줄었으면 좋겠고, 부당한 대우에 대한 신고센터가 있었으면 좋겠다' '배달기사의 존엄성과 인격 존중을 위해 음성 녹음기 등을 부착하여 상대방의 욕설 등을 녹음하여 신고할 수 있도록 하거나, GPS 등을 통해 배달기사가 주문을 전달받은 시간대가 정확하게 잡혀서 손님과의 분쟁이 없어지도록 할 필요가 있다' 등 절절한 외침들이 적혀 있다. 배달노동자는 조리 시간이 길어지거나 배차를 늦게 받아 늦게 배달하는 경우가 많은데, 손님들은 늦게 배달이 왔을 때 무조건 배달노동자에게 화를 내는 경우가 많기 때문이다.

청소년의 경우에는 이런 갑질 사고에 좀 더 취약하다. 광주청소년 노동인권센터가 52명의 청소년 배달노동자를 대상으로 실시한 〈2022년 광주광역시 청소년 배달노동자 실태조사〉에 따르면 '반말이나 폭언 등 언어폭력을 당한 적이 있다'고 응답한 비율이 26.9퍼센트를 기록했다. 이외에도 13.5퍼센트는 '폭행 등 위협적인 행동을 당한 적이 있다'고 답했고, 21.2퍼센트는 '고객에게 과도한 친절을 요구받았다'고 답했다. 청소년 노동자들에게 부당한 대우와 인권침해를 한 주체는 주로 고객이었는데, 반말, 폭언 등 언어폭력을 저지른 것은 '고객'이 42.9퍼센트, '음식점 점주'가 28.6퍼센트, '회사(배달대행사)'가 21.4퍼센트로 나타났다. 과도한 친절을 요구하는 대상도 고객(54.5퍼센트), 음식점 점주(27.3퍼센트), 회사(9.1퍼센트) 순으로 조사됐다. 반면, 폭행 등 직접적인 위해 행위는 음식점 점주(42.9퍼센트), 고객(28.6퍼센트), 회사(28.6퍼센트) 순으로 나타났다. 배달노동자를 사용하는 사용자가 여러 명이라는 특징이 이 실태조사에서도 잘 드러난다.

"왜 잔은 안 가져왔냐고 뭐라 한 사람도 있고 늦게 온 거 갖고 뭐라 한 사람도 있고 왜 늦게 왔냐고 음식 다 식어갖고 어떻게 먹느냐고, 욕을 중간 중간 섞어서 하죠. 얌마, 새끼 섞어가지고."

"제가 일체 잘못한 게 아닌데, 그니까 가게에서 주문을 받을 때 배달 예상 시간을 적잖아요. 근데 자기가 늦게 만들어 놓은 거예요. 저는 다른 물건들도 갖고 있었고, 근데 그 물건부터 가달라고 하는 거예요. 이 배달을 갔는데 고객이 엄청 저한테 엄청 뭐라 하는 거예요. 왜 이렇게 늦게 왔냐고. 저는 어이가 없는 거죠. 그날도 비가 온 날이고 콜도 많이 밀렸었고."

"돈 던지는 거. 현금 콜이 한 10개 중에서 1개, 2개 일단 그 정도로 많고……. 기분 나쁘기는 돈 던지는 게 제일 기분 나빠요."
_〈2022년 광주광역시 청소년 배달노동자 실태조사〉면접조사 인터뷰 중[18]

면접조사를 통해 드러난 구체적인 갑질 사건은 모두 노동과정에서 발생한 일들이다. 배달이 늦거나, 배달을 재촉하거나, 배달을 전달하는 과정에서 발생한다. '갑질 사건'이 아니라 산재라고 불러야 하는 이유다.

우리는 이미 마음 위에서 벌어지는 사고를 예방하기 위한 법을 가지고 있다. 흔히 '감정노동자 보호법'이라고도 불리는, 2018년 개정된 산안법이다. '서울특별시 감정노동 종사자의 권리보호 등에 관한 조례' 제2조 제1호(정의)에 따르면 감정노동이란 '고객 응대 등 업무수행 과정에서 자신의 감정을 절제하고 자신이 느끼는 감정과는 다른 특정 감정을 표현하도록 업무상, 조직상 요구되는 노동 형태'를 의미한다. 2021년 개정된 산안법 제41조에 의하면, '감정노동'은 주로 고객을 응대하는 근로자에 해당하지 않더라도 업무를 수행하는 과정에서 실제 자신이 느끼는 감정과는 다른 특정 감정을 표현하도록 업무상, 조직상 요구되는 노동 형태로 확대 정의했다. 즉, 우리 법은 일하다가 마음의 상처를 입는 것을 개인의 정신력 문제가 아니라 노동과정에서 발생하는 산업안전의 문제로 규정해놓았다. 법 조항을 한번 자세히 읽어보자.

제41조(고객의 폭언 등으로 인한 건강장해 예방조치 등)

① 사업주는 주로 고객을 직접 대면하거나 〈정보통신망 이용촉진 및 정보보호 등에 관한 법률〉 제2조 제1항 제1호에 따른 정보통신망을

통하여 상대하면서 상품을 판매하거나 서비스를 제공하는 업무에 종사하는 고객응대근로자에 대하여 고객의 폭언, 폭행, 그 밖에 적정 범위를 벗어난 신체적·정신적 고통을 유발하는 행위(이하 이 조에서 "폭언 등"이라 한다)로 인한 건강장해를 예방하기 위하여 고용노동부령으로 정하는 바에 따라 필요한 조치를 하여야 한다.

② 사업주는 업무와 관련하여 고객 등 제3자의 폭언 등으로 근로자에게 건강장해가 발생하거나 발생할 현저한 우려가 있는 경우에는 업무의 일시적 중단 또는 전환 등 대통령령으로 정하는 필요한 조치를 하여야 한다.

③ 근로자는 사업주에게 제2항에 따른 조치를 요구할 수 있고, 사업주는 근로자의 요구를 이유로 해고 또는 그 밖의 불리한 처우를 해서는 아니 된다.

우리 법은 노동자가 피해를 입지 않도록 예방하는 것을 사업주의 첫 번째 의무로 규정해놓았다. 예방을 구체적으로 어떻게 하라는 걸까? 이 역시 법에 명시했다.

1. 법 제41조 제1항에 따른 폭언 등을 하지 않도록 요청하는 문구 게시 또는 음성 안내

2. 고객과의 문제 상황 발생 시 대처방법 등을 포함하는 고객응대업무
   매뉴얼 마련

3. 제2호에 따른 고객응대업무 매뉴얼의 내용 및 건강장해 예방 관련
   교육 실시

4. 그 밖에 법 제41조 제1항에 따른 고객응대근로자의 건강장해 예방
   을 위하여 필요한 조치

제41조 제1항이 예방 조치라면 제2항은 불가피하게 피해를
입은 노동자를 보호하고 지원해야 할 의무를 사업주에게 부과했
다. 이 역시 구체적으로 규정해놓았다.

1. 업무의 일시적 중단 또는 전환

2. 〈근로기준법〉 제54조 제1항에 따른 휴게시간의 연장

3. 법 제41조 제2항에 따른 폭언 등으로 인한 건강장해 관련 치료 및
   상담 지원

4. 관할 수사기관 또는 법원에 증거물·증거서류를 제출하는 등 법 제
   41조 제2항에 따른 폭언 등으로 인한 고소, 고발 또는 손해배상 청
   구 등을 하는 데 필요한 지원

이렇게 보면, 감정노동자 보호 법안의 핵심은 3가지다. 사업
주가 폭언 등에 대한 예방 조치를 하고, 피해가 발생했을 때는 노

동자가 회복할 수 있도록 지원하며, 또한 회사가 피해를 호소하는 노동자를 골칫거리로 규정해 괴롭히지 못하도록 한 것이다.

그렇다면 이를 전통적 사업장 노동자가 아닌 배달플랫폼노동자에게 어떻게 구체적으로 적용시킬 수 있을까? 2021년 12월에 고용노동부와 한국산업안전보건공단이 공동으로 만든 〈감정노동 종사자 건강보호 가이드〉에는 다음과 같이 안내되어 있다.

'본 가이드는 근로자의 계약 형태(정규직·비정규직·특수형태)에 관계없이 고객응대 업무 종사자 및 업무와 관련하여 고객 등 제3자를 응대하는 모든 근로자에게 적용될 수 있도록 한다. 특히, 같은 장소에서 고객 등 제3자를 응대하는 업무를 수행하는 모든(파견, 용역, 도급, 협력, 입점, 납품 업체 소속) 근로자에게 적용되어야 한다.'[19]

즉, 정부는 산안법 제41조가 계약 형태와 상관없이 모든 노동자에게 적용되어야 한다고 해석하는 것이다. 고용노동부와 한국산업안전보건공단은 〈감정노동 종사자 건강보호 가이드〉를 만든 목표를 '산안법 제41조에 대한 구체적인 활용방안을 제시하기 위함이다'라고 말하면서 '본 가이드에 대하여 법적 테두리 안에서는 충분히 변형하여 사용 가능하다'라고 덧붙이기도 했다. 즉, 배달노동자와 배달산업에도 얼마든지 적용해볼 수 있다. 가이드에 나와 있는 구체적인 감정노동자 보호 방안을 한번 살펴보자.

(1) 고객에게 사전 안내

▶ 전화로 고객을 상대하는 경우에는 고객이 무리한 요구나 욕설 시 직원이 먼저 전화를 종료할 수 있음을 고객에게 알린다.

▶ 특별한 이유 없이 상습적으로 폭력을 행사하는 고객에게 사전에 안내하여 법적인 문제가 될 수 있음을 알린다.

▶ 관할지역 내 경찰서와 함께 고객응대근로자를 보호하고 있음을 공지하면 좋은 효과를 얻을수 있다.

▶ 욕설, 폭언, 성희롱 등을 방지하기 위한 회사의 적극적인 노력과 의지를 보여주는 캠페인을 전개할 수도 있다.

(2) 문제 행동 고객의 출입제한 안내문 게시

▶ 회사 내에서 폭언, 폭행, 성희롱 등을 행하는 고객에 대하여는 출입을 제한하거나 서비스를 제공하지 않을 수 있음을 규정에 명시한다.

▶ 이를 고객들의 눈에 잘 띄는 곳에 게시한다.

예: 출입문, 엘리베이터, 무빙워크, 카트, 계산대 등

이를 배달플랫폼노동자에게 적용해보자. 고객이 주문접수를 완료하면 배달앱에서는 주문 확인 메시지를 보내준다. 이때 고객에게 감정노동자 보호를 위한 사전 안내 메시지를 보낼 수 있다. '배달노동자는 따뜻한 음식을 배달해주는 소중한 이웃입니다. 폭언이나 폭행을 하지 말아주세요' '산업안전보건법에 따라 고객응

대근로자 보호조치가 시행되고 있습니다. 배달노동자에게 폭언, 폭행 등을 하지 말아주세요' 등과 같은 메시지다.

고객뿐만 아니라 음식점 사장이 배달노동자에게 폭언이나 폭행을 하는 사례도 있으므로, 사장님이 배달주문접수를 할 때 사장에게 안내 메시지를 띄워도 된다. 당연히 자영업자 역시 폭언과 폭행의 피해자가 될 수 있다. 산안법의 보호 대상은 아니지만 자영업자 보호를 위해서도 '배달노동자와 음식점 사장님에게 폭언이나 폭행을 하지 말라'고 써도 된다.

회사 차원의 이런 경고 문구는 꽤나 효과적인데, 개인이 말싸움을 하면서 '고소한다'고 하면 무시당하기 일쑤지만, 기업이 노동자를 보호하겠다는 의지를 표현하면 무시하기 힘들다.

두 번째로 문제 행동을 일삼는 고객이 있다면 서비스 이용을 막을 수 있다고 경고하고, 반복되면 실제로 서비스 이용을 막아야 한다. 실제로 플랫폼에서는 문제가 있는 배달노동자의 앱 접속을 일방적으로 차단시킨다. 배달노동자뿐만 아니라 문제가 있는 소비자에 대한 서비스 제공도 막아야 한다.

라이더에게 헬멧만큼
블랙박스가 절실한 이유

한편, 배달노동자의 작업 공간은 도로 전체이기 때문에, 손님이나 음식점 사장님이 아닌 제3자에 의한 폭언과 폭행 사고도 자주 일어난다. 2021년 8월, 한 배달노동자가 배달을 하기 위해 마포의 어느 오피스텔 엘리베이터를 탔다. 코로나19가 대유행하던 시절이었다. 배달노동자는 함께 엘리베이터에 탄 대학생의 마스크가 내려가 있자 마스크를 제대로 써달라고 했다. 술에 취한 대학생은 그때부터 욕설을 퍼붓기 시작했다. "못 배운 XX가" "그러니까 그 나이 처먹고 나서 배달이나 하지, XX XX야" "일찍 죽겠다, 배달하다" 등의 폭언이었다. 다행스럽게도 배달노동자의 헬멧에는 블랙박스가 부착돼 있었고, 이 장면이 그대로 녹화되고 있었다. 8월 29일, SBS 보도를 통해 이 사건이 세상에 알려졌다. 사람들은 즉각적인 분노를 쏟아냈고, 가해 학생에 대한 공격과 악플이 이어졌다.

문제는 이런 사건이 세상에 공론화된다고 해서 근본적으로 문제가 해결되지 않는다는 점이다. 우선 법적으로 가해자를 처벌할 근거가 없다. 모욕죄로 처벌하려면 공연성이 성립되어야 한다. 가해자가 다른 사람들이 듣는 자리에서 피해자에게 욕설이나 폭언을 했다면 처벌할 수 있지만 단둘이 있는 공간에서 벌어졌다면 처벌하기 쉽지 않다. 두 번째로 예방이 어렵다. 배달노동자에게 위해를 가한 사람은 음식점 사장님도, 배달플랫폼기업도, 손님도 아니었다. 그러나 배달노동자는 배달 서비스를 하는 과정에서 엘리베이터라는 공간을 이용해야 했고, 자연스럽게 엘리베이터에 탄 제3자를 만나게 된다. 엘리베이터뿐만이 아니다. 배달노동자가 배달 서비스를 생산하는 모든 과정에서 배달과 무관한 사람들을 만난다. 이 글을 쓰던 지난 주말에도 술 취한 아저씨가 오토바이를 가로막고 길을 비켜주지 않았다. 배달노동자가 대처할 방법이 없었다. 핸들을 틀어 다른 방향으로 도망가려고 하면 취객이 길을 막았다. 도대체 누구에게 도움을 요청해야 할지 몰라, 지나가는 시민에게 신고 좀 해달라고 소리칠 뿐이었다. 배달노동자들은 도로에서는 자동차와, 골목에서는 주민들과, 아파트에서는 경비노동자와, 엘리베이터에서는 제3자와 만나고 접촉하고 충돌한다.

경비노동자들은 오토바이 주차에 예민한데, 스트레스를 많이 받은 경비노동자들은 배달노동자들에게 반말로 "거기다 주차하지 마"라고 고함을 지르기도 한다. 이륜차 전용 주차장을 설정해주면 노동자들 간의 충돌을 막을 수 있지만, 쉽지 않은 일이다. 일부 사람들은 이륜차가 자동차를 위협한다고 생각하지만, 실제 현장에서는 자동차의 동차선 추월과 같은 위협 운전이 자주 벌어진다. 특히 준법 운전을 하는 오토바이들은 자동차의 위협 운전에 자주 피해를 당한다. 실제 2022년 AI 알고리즘 검증 실험을 했을 당시, 교통법규를 준수하는 신호 데이에 참가한 라이더 29명을 대상으로 설문조사를 진행했는데, 29명 중 9명이 위협 운전을 당했다고 답했다.

문제는 앞서 말했듯이 배달노동자에게 제3자와의 접촉은 예외적인 상황이 아니라 상시적인 작업 과정이라는 점이다. 사업주가 통제할 수 있는 한정된 공간이 존재하지 않으므로 예방책을 찾기도, 특정인에게 책임을 묻기도 쉽지 않다. 더군다나 배달 중이라면 실랑이하는 시간조차 아깝기 때문에 마음의 상처를 참으며 일을 수행하는 게 가장 현명한 방법이다. 배달노동자에게 지급되어야 하는 필수적인 작업 도구 중 하나로 헬멧뿐만 아니라 블랙박스도 고려해야 하는 이유이기도 하다. 세상에 알려진 배달노동자들을 대상으로 한 갑질 사건들은 녹화되거나 녹취되지 않았다면 세상에 존재하지 않은 일이 됐을 것이다. 배달노동자의 마음속에 상처와 응어리를 남기지만 현실에서는 없던 일이 되는 것이 마음 위에서 벌어지는 사고의 가장 큰 특징이다.

화장실 하나 둘 곳 없는, 모두가 비운 자리[20]

2021년 5월, 전라남도 광주의 라이더유니온 조합원 A는 B 음식점에서 음식을 픽업한 후 화장실을 가고 싶었다. 그런데 자주 가던 음식점이 아니라서 화장실 사용을 부탁하기가 꺼려졌다. 바로 옆에 있던 음식점은 자주 픽업을 가던 곳이었다. 익숙한 곳이라 일하는 직원에게 화장실 사용을 부탁했다. 급한 일을 처리하고 나오는데, 뒤늦게 나타난 음식점 주인이 왜 화장실을 마음대로 사용하느냐며 화를 냈다. 직원에게 허락을 받고 화장실을 썼다는 이야기에 점주는 욕설을 날렸다. 다행히도 이 장면이 블랙박스에 담겼다.

"내가 사장이라고 XXX아. 내가 쓰라 했어?"

배달노동자가 직원에게 허락을 구하고 썼다고 설명해도 막무가내였다.

"내가 사장이라고 XXX야, 내가 사장이라고. (화장실 쓴 거) 그냥 미안하다고 하라고."

배달노동자는 대거리를 하기 싫어 자리를 피하려고 했다. 그런데 음식점 주인은 피우던 담배를 A의 얼굴에 던졌다. 이내 배달노동자의 헬멧을 잡아 흔들고 치더니, 출발하려는 오토바이의 운전대를 잡아서 넘어뜨렸다. 배달노동자는 전치 2주의 상해를 입었고 오토바이는 부서져 수리비만 97만 원이 나왔다. 문제는 물리적 상처만이 아니었다. 피해를 입은 배달노동자는 정신과 치료까지 받아야 했다. "억울해서, 잠이 안 와서 깨고요. 화장실 하나 썼다는 이유로 그렇게 인간보다 낮은 무시를 당하니까……"

라이더유니온은 민주사회를 위한 변호사모임 광주전남지부의 도움을 받아 음식점 사장을 고소했다. 업주는 사과 한마디 없다가 경찰조사가 시작되고 나서야 문자로 사과 의사를 보냈다. 진심 어린 사과로 보기 힘들었다. A가 사과를 받아들이지 않자 업주는 사과와 합의 대신 변호사를 구해서 대응했다. 2021년 12월 17일 광주지방법원 제12형사부는 특정범죄가중처벌 등에 관한 법률 위반으로 음식점 주인에게 징역 2년에 집행유예 3년의 실형을 선고했다. 가해자는 항소했지만 2022년 6월 19일 2심 법원인 광주고등법원 제1형사부가 1심 판결을 확정했다. 만약 노조조차 없었다면 이 모든 과정을 피해자인 배달노동자 홀로 감당해야 했을 것이다. 배달대행사가 배달노동자를 보호해주지는 않는다.

라이더유니온은 폭행을 한 가해자가 운영하는 음식점의 프랜차이즈 본사에도 재발 방지 대책을 요구했다. 점주나 배달대행사만의 책임으로 보기는 힘들었다. 배달 서비스를 이용하는 '화주'인 프랜차이즈 본사 차원의 대응도 필요했다. 배달라이더 서비스를 이용하는 대형 프랜차이즈 본사도 책임감을 가지고 감정노동자 보호법(2018년 개정된 산안법)과 화장실 제공 등에 대한 매뉴얼을 제작하고 점주에게 교육해야 했다.

사실 실내에서 일하는 노동자라면 화장실을 사용했다는 이유로 폭행을 당할 수 있다는 사실을 상상하기 힘들 것이다. 배달노동자들은 상시 이용할 수 있는 화장실이 없기 때문에 보통 음식점에서 해결한다. 무턱대고 사용하는 건 아니다. 음식점에서 조리가 늦어지면, 음식이 준비되는 틈을 이용해 잠시 화장실을 이용한다. 대부분의 점주들은 흔쾌히 화장실을 이용하라고 하지만, 몇몇 업주들은 화장실 관리가 어려워서인지, 귀찮아서인지 화장실이 없다는 거짓말을 한다.

솔직하게 이야기하는 점주들도 있다. 아예 문 앞에 써 붙여 놓는다. '배달기사님들께 고함-화장실 냄새가 너무 심해요. 죄송하지만 사용 자제를 부탁드립니다' '많은 기사님 사용으로 힘들어요' '라이더님들, 화장실 사용 금지. 코로나 우려. 죄송합니다'라고 적혀 있는가 하면, 노골적으로 거부하기도 한다. 마포의 한 배달음식 전문점에는 '화장실 키 절대 안 빌려드립니다. 묻지 마세요!!!'라고 적혀 있다.

화장실 사용만 막는 게 아니다. 배달노동자들이 가게 안에 있는 걸 손님들이 싫어한다는 이유로, 땀내가 난다는 이유로 한여름과 추운 겨울에 밖에서 대기하라고 하는 일부 점주들도 있다. 호텔 로비는 말할 것도 없다. 아무리 추워도 밖에서 대기하라고 한다. 라이더들도 비가 오거나 눈이 오면 가게에 피해가 될까 봐 미안해서 가게 안으로 잘 들어가지 않는다. 이런 추방의 경험은 라이더의 가슴에 차곡차곡 상처를 쌓는다.

배달노동자에게 화장실을 제공해야 할 책임은 누구에게 있을까? 배달노동자를 이용해 배달 서비스를 제공하는 배달플랫폼 기업에 1차적 책임이 있다. 배달플랫폼기업이 책임지고 가맹 사업주들과 화장실 문제를 해결할 필요가 있다. 도시 전체를 사업장으로 이용하므로 지자체와 협의하여 공공 화장실 개방에 적극적으로 나설 필요도 있다. 두 번째로는 앞서 말한 것처럼 배달 서비스를 대규모로 이용하는 대형 프랜차이즈가 본사 차원에서 화장실을 제공할 필요가 있다. 세 번째로 가게 주인들에게도 책임이 있다. 그들에게는 배달노동자가 남의 직원처럼 보일 것이다. 자신이 직접고용한 것도 아니고, 한 사람이 고정으로 배달을 해주는 것도 아니기 때문이다. 그러나 배달노동자를 공용으로 사용하는 건 비용 절감을 위한 점주들의 선택이기도 하다. 일부 점주들이 불확실한 라이더 배차 때문에 배달대행 시스템에 불만을 가질 수는 있으나 이는 개별 라이더의 잘못이 아니다. 점주 역시 라이더를 함께 일하는 동료이자 파트너로 인식하고 존중할 필요가 있다.

각각의 이해관계 때문에 비워둔 책임의 자리에 일하는 사람만을 남겨놓지는 않았는지 살펴봐야 한다. 최소한 화장실 하나 정도는 놓을 수 있는 자리를 마련할 수 있기를 바란다.

5장

배달공장의
혁신을 위한
5가지 제안

라이더를 위험으로 모는 5가지

배달노동자 산재사고 원인은 크게 위험한 작업장, 위험한 작업 도구, 과속을 유도하는 임금체계, 직업교육의 부재와 미숙련노동, 불충분한 법체계 5가지로 정리해볼 수 있다. 전통적 산업이었다면 공장 정비, 기계 정비, 임금체계 정비, 체계적인 교육과 숙련, 산안법을 포함한 노동법으로 산업안전을 도모할 수 있다. 공장 안에 위험·위해 요소를 제거하고, 기계에 안전장치를 달며, 노동강도와 작업 속도를 조정하고, 연장 야간근로나 성과급을 강조하는 임금체계를 기본급 위주로 전환하면 된다. 마지막으로 사업주에게 산업안전보건에 대한 책임을 지우고 직업교육과 산업안전교육을 지겨울 만큼 자주 진행하며 수시로 산업안전 수칙을 지켰는지 관리·감독한다. 물론 전통적 산업에서도 산재 예방을 위한 노동조건이 충분히 갖춰졌다거나 산재 예방을 위한 관리·감독 교육 등이 제대로 구축되어 있다고 보기는 힘들다. 그러나 안전 문제에 대한 책임을 기업에 물을 수는 있다.

앞서 살펴본 것처럼 배달산업을 포함한 플랫폼산업에서는 이 책임의 문제를 풀기가 쉽지 않다. 배달노동자들은 배달이라는 서비스 상품을 생산하기 위해서 스스로 작업 도구를 마련하고 정비해야 한다. 언뜻 보면 출퇴근 시간은 물론 배달 시간, 작업량, 소득 등 생산과정과 결과까지 개별 노동자가 독자적으로 통제할 수 있는 것처럼 보인다. 그러다 보니 산업안전보건에 대한 책임까지 개인에게 전가된다. 노동과정의 외주화는 전통적 기업이 가졌던 의무마저 개인에게 전가시키는 결과를 낳았다. 사람들은 배달노동자들의 사고를 보고, 더 이상 배달기업을 떠올리지 못한다. 쓰러진 오토바이에는 기업의 로고가 랩핑되어 있지 않고, 피 묻은 노동자의 옷에도 기업 로고는 없다. 비단 배달노동뿐만 아니라 특수형태근로종사자(근로계약이 아닌 다른 형태의 계약을 맺고 일하는 개인사업자 형태의 근로자), 프리랜서 노동자 등 노동법 바깥 노동자들 모두에게 해당하는 문제다. 따라서 배달노동자들의 산업안전 문제를 푸는 일은 노동자 개인에게 전가된 안전에 대한 책임을 진짜 책임져야 할 기업에 잘 전달하는 것에서부터 시작해야 한다.

먼저, 고용과 임금체계에서 문제의 실마리를 찾아보자.

고용 형태와 임금체계가
오토바이 속도계를 조절한다

2021년 9월 11일 삼성교통안전문화연구소에서는 배달노동자 안전과 관련한 중요한 통계를 세상에 내놓았다. 삼성교통안전문화연구소는 삼성화재에 접수된 이륜차 용도별 교통사고를 분석해〈배달 이륜차 사고위험 실태 및 안전대책〉을 발표했다. 삼성화재에 접수된 사고를 기준으로 배달 이륜차 교통사고는 2016년 8806건에서 2020년 1만 793건으로 23퍼센트 증가했다. 이는 전체 이륜차 교통사고의 30퍼센트를 차지한다. 삼성화재뿐만 아니라 전체 보험사 통계를 보면 사고 건수는 훨씬 많아진다. 하지만 배달용 오토바이 사고가 많다는 건 새삼스러운 사실이 아니다. 주목해야 할 통계는 따로 있다.

유상운송보험에 가입한 이륜차 오토바이, 즉 배달대행 라이더는 1년에 2회 이상 사고가 났다. 이는 가게 소속 오토바이 사고율의 7배, 개인용 이륜차 사고의 15배에 해당하는 수치였다. 단지 오토바이가 위험하기 때문에 사고가 많이 나는 게 아니라, 오토바이를 어디에 사용하느냐에 따라 위험도와 사고율이 달라진다는 사실이 객관적 통계로 밝혀졌다. 개인이 출퇴근용으로 오토바이를 사용하는 경우보다는 일을 하려고 사용할 때, 가게에 직접고용되어 임금을 받고 일할 때보다는 배달대행라이더로 건당 임금을 받고 일할 때 사고율과 위험도가 높다. 배달 오토바이 사고는 교통수단 자체의 문제가 아니라 산업과 노동조건, 고용 형태와 임금체계의 문제라는 점이 공식적으로 확인된 것이다.

배달대행라이더의 사고 유형을 보면 업무 관련성이 더 분명하게 나타난다. 10건 중 4건(38.1퍼센트)이 과속 또는 안전운전 불이행에 따른 앞 차량과의 추돌사고였다. 배달 콜을 잡거나 길을 확인하기 위해 핸드폰을 보다가 전방주시를 하지 못해 일어난 사고이거나, 과속을 하다가 앞 차량을 피하지 못해 일어난 사고라고 유추해볼 수 있다. 갑작스러운 진로 변경에 따른 주변 차량과의 충돌사고도 25.4퍼센트를 차지했는데, 이는 빠른 배달을 위해 차 사이를 추월하다가 벌어진 사고로 볼 수 있다. 교차로에서 속도를 줄이지 않고 진입하다가 발생한 교차로 내 사고도 24.2퍼센트나 발생했다. 큰 교차로의 경우 신호가 걸리면 배달 시간이 늘어나기 때문에 노란불이나 신호가 바뀌는 순간 무리하게 진입하는 경우가 잦다. 사고 시간 역시 배달노동과 관련이 높았다. 배달대행라이더들의 교통사고가 가장 많이 발생하는 시간은 금요일 저녁 7~8시 사이였다. 배달주문이 몰리는 금요일 저녁에 사고도 많이 일어난다. 주말 저녁에도 주문량이 늘어나는데, 금요일 저녁에 더 사고가 많은 이유는 교통량 때문으로 추정된다. 도로에 퇴근하는 차량이 몰리면서 라이더들이 차간 주행을 하거나 정체된 시간을 만회하기 위해 과속하는 경우가 잦기 때문이다. 차가 많으면 차선 변경을 하려는 차량도 많아지고 도로 위에 차량이 엉키는 경우가 많다. 이 경우 아무리 오토바이라고 해도 갓길 주행과 차간 주행을 하는 데 한계가 있기 때문에 주행 중에 무리한 차선 변경과 과속을 하는 경우가 많아진다. 평일 저녁 러시아워 상황에서 차량의 흐름대로 천천히 배달을 했다가는 직접고용된 노동자라 하더라도 질책을 받기 십상이다.

배달 건당으로 임금을 받는 노동자가 시간급을 보장받는 배달노동자보다 무리한 운행을 할 수밖에 없다는 사실은 긴 설명이 필요 없어 보인다. 고용 형태와 임금체계 문제를 외면하고서는 배달노동자들의 산업안전 문제를 해결하기 어렵다. 이 때문에 '안전배달료'라는 아이디어가 나왔다. 안전배달료는 화물차의 안전운임제로부터 아이디어를 따왔다. 화물노동자의 노동조건과 배달노동자의 노동조건이 비슷했기 때문이다. 화물연대 홈페이지에 들어가면 안전운임제의 의의를 쉽게 설명해놓은 안내문을 읽을 수 있다.

"운송료가 낮을수록 화물노동자는 위험 운행으로 내몰리게 됩니다. 유류비, 차량 할부금 등 화물 운송에 필수적인 비용을 다 지출하고도 생활비를 남기려면 최대한 오래 일하고, 빨리 달리고, 한 번에 많이 실을 수밖에 없기 때문입니다. 지난 10년간 물가 인상률보다 오히려 하락한 화물 운송료 때문에,

화물노동자들은 하루 13시간이 넘는 과로와 위험한 과적, 과속을 강요받아 왔습니다."

"도로공사에 따르면 고속도로 화물차 사고의 주요 원인 1, 2, 3위가 졸음(42퍼센트), 주시태만(34퍼센트), 과속(8퍼센트)이라고 합니다. 낮은 운송료가 강요하는 장시간 노동과 야간운행, 과로와 과적이 도로의 위험으로 이어지고 있는 것입니다."

화물차 안전운임제는 2020년부터 시멘트와 컨테이너 2개 품목에서 시범 운행됐다. 결과는 놀라웠다. 시멘트 품목의 경우 과적 경험이 30퍼센트에서 10퍼센트로 줄었고, 12시간 이상 장시간 운행 비율도 50퍼센트에서 27퍼센트로 줄었다. 컨테이너 역시 12시간 이상 장시간 운행 비율이 29퍼센트에서 무려 1.4퍼센트로 줄었다.

우리가 고속도로에서 졸음·위협·과적 운전을 하는 화물노동자의 사고를 접했을 때 대부분은 화물차주 개인을 비난한다. 버스 운전 노동자가 고속도로에서 사고를 낼 때도 무리하게 운행한 운전자를 욕한다. 과적·과속·졸음운전하지 말라는 캠페인과 안전교육을 해결책으로 내놓는다. 그러나 임금체계를 바꿔 적은 시간 안전하게 일하더라도 적정한 소득을 보장한다면 자연스럽게 산업안전 문제를 해결할 수 있는 것이다.

배달료 역시 적절하게 보상해준다면, 라이더들이 무리하게 운행하지 않을 수 있다. 라이더유니온은 현재 배민, 쿠팡이츠가 시행하고 있는 단건 배달을 비판적으로 보고 있지만, 여기서 안전한 임금체계의 가능성을 발견할 수도 있다. 적어도 노동과정을 살펴보면 단건 배달은 동네배달대행사의 전투 콜 방식의 묶음 배송보다는 안전하다. 단건 배달은 배달 콜을 받으면 노동자가 다음 콜을 잡기 위해 끊임없이 핸드폰을 확인할 필요가 없다. 문제는 임금체계다. 적정 소득이 보장되어야 라이더들이 단건 배달을 수용하기 때문이다. 실제로 단건 배달 초기에는 배달 건당 요금이 5000~6000원으로 괜찮았다. 문제는 이 요금을 AI 알고리즘이 정하면서 변동성이 너무 커졌다는 점이다. 노동자들은 평소에 저임금 단가를 감수하다가 AI 알고리즘이 높은 금액을 제시하거나 급작스러운 프로모션이 떴을 때는 미친 듯이 일해야 한다.

안전배달료는 알고리즘이 정하는 배달료 체계를 AI 알고리즘과 배달플랫폼기업에만 맡기지 말고 분명한 기준을 가지고, 결정하자는 제안이다. 라이더유니온이 심상정 정의당 의원실과 함께 발의한 생활물류서비스산업발전법상의 안전배달료 기준은 다음과 같다.

제19조의4 (생활물류서비스 안전배달료의 심의기준)
① 위원회는 다음 각 호의 비용을 고려하여 생활물류서비스 안전배달

료를 심의·의결한다.

1. 운송수단의 유지, 관리, 운영에 관련된 비용

2. 종사자의 노무 비용

3. 종사자가 부담하는 사회보험 비용

4. 그 밖에 종사자의 평균적인 배달 조건을 고려하여 대통령령으로 정하는 비용

② 위원회는 제1항 각 호의 비용 외에 종사자의 시간당 적정배달 물량, 휴식 및 대기시간, 유사업종 종사자의 노무비 수준 등을 고려하여 생활물류서비스 안전배달료를 심의·의결하여야 한다.

배달료에 대한 최소한의 기준이 필요한 곳은 배민, 쿠팡이츠, 요기요와 같은 대형배달플랫폼만이 아니다. 동네배달대행사의 경우, 배달료를 올린다고 해도 중간에서 가져가는 수수료를 동네배달대행사 사장이 마음대로 정하기 때문에 배달료 인상 효과가 미비하다. 만약 동네배달대행사 노동자에게도 투명하고 적정한 배달료가 지급된다면, 배달노동자 역시 무리하게 5~6개의 음식을 한꺼번에 배달하지 않아도 되기 때문에 배달 서비스 향상에도 도움이 된다.

안전배달료는 더 높은 배달료를 요구하는 것이 아니다. 더 높은 배달료를 원했다면 지금의 실시간으로 변동하는 배달료 체계가 더 유리할 수 있다. 배달료가 높지 않을 때는 일을 하지 않고

체력을 보충해두었다가 높은 배달료가 주어지는 피크 시간에만 집중적으로 일을 한다면 보다 효과적으로 소득을 올릴 수 있기 때문이다. 기본 배달료를 최저 수준으로 묶어두는 대신 각종 수당과 프로모션 금액을 인상해달라고 요구하는 게 많은 소득을 얻는 데는 더 유리하다.

그러나 임금의 변동성이 크면 노동자들은 벌 수 있을 때 벌어야 한다는 조바심을 품게 된다. 앞서 살펴본 것처럼 1시간에 3건 이상 배달하면 5000원, 일주일에 275건 이상 배달하면 65만 원 지급과 같은 조건을 내건 프로모션은 과속과 장시간 노동을 조장하고, 최악의 기상 환경에서도 노동자를 일하게 만드는 위험한 임금체계다. 일종의 위험수당인데, 위험수당이 지나치게 높으면 노동자들은 위험을 무릅쓰고 일하게 된다. 그런데 이 위험수당이 기본급처럼 일상화됐다. 기본급이 너무 낮아 위험수당을 벌지 않으면 사실상 임금이 삭감된다. 이 때문에 기본 배달료를 올리는 대신 프로모션을 줄여서 자신의 소득에 대한 예측 가능성을 높이고, 배달노동자들이 안정적으로 노동과정을 통제할 수 있도록 하는 편이 사고 예방에 더 도움이 된다. 배달과 아무 관련 없는 일반 시민들도 단번에 알 수 있는 단순하고 투명한 임금체계를 구성한다면 자영업자와 소비자가 가지고 있는 플랫폼과 배달료에 대한 의구심을 해소하는 데도 큰 도움이 될 것이다.

문제는 법이 아니라 상상력
: 라이더를 위한 최저임금제도

라이더유니온이 주장하는 안전배달료는 화물의 안전운임제와 같이 노동법 적용을 받지 못하는 노동자들의 최저임금제다. 그래서 노동법이 아닌, 산업을 규제하는 생활물류서비스산업발전법에서 최소한의 건당 소득을 규율하자는 제안이다. 근로기준법상 근로자로 보고 최저임금을 적용시키자는 주장은 아니다. 근로기준법과 최저임금은 특수형태근로종사자나 플랫폼 형태의 노동자에게 그대로 적용하기에는 무리가 있을 수 있기 때문이다. 그러나 기존에 있는 노동법을 유연하게 해석해 적용한다면 특수형태근로종사자와 플랫폼노동자도 얼마든지 노동법 안으로 끌어들일 수 있다. 더군다나 최소소득 보장은 헌법상 보장된 권리다.

> 헌법 제32조 ① 모든 국민은 근로의 권리를 가진다. 국가는 사회적·경제적 방법으로 근로자의 고용의 증진과 적정임금의 보장에 노력하여야 하며, 법률이 정하는 바에 의하여 최저임금제를 시행하여야 한다.

최저임금이 헌법상 권리라 하더라도 근로자가 아닌 자유로운 노동자에게 노동법을 왜 적용해야 하느냐, 적용한다고 해도 어떻게 노동시간을 측정할 것이냐, 정말 최저로 주면 누가 그 돈 받고 일하겠느냐 등의 반론이 제기될 수 있다. 앞의 2개는 사용자의 불만일 테고, 마지막은 일하는 사람의 불만일 테다.

이는 근로기준법상 근로자와 최저임금에 대한 편견 때문에 발생하는 문제다. 근로기준법 제47조에는 '도급근로자'라는 규정을 만들어놓았다.

> **근로기준법 제47조**(도급 근로자) 사용자는 도급이나 그 밖에 이에 준하는 제도로 사용하는 근로자에게 근로시간에 따라 일정액의 임금을 보장하여야 한다.

도급이란 당사자 일방이 어느 일을 완성할 것을 부탁하고 상대방이 그 일을 완성하면, 그 결과에 대하여 보수를 지급할 것을 약정함으로써 성립하는 계약이다. 배달 일을 배달노동자에게 부탁하고, 그 대가로 보수를 지급하는 것이라고 본다면 배달노동자들은 근로기준법 제47조에 해당하는 도급근로자라고 해석할 수 있다.

이를 근거로 권오성 성신여자대학교 법학과 교수는 별도의 법 개정 없이 기존 근로기준법의 확대 적용만으로도 배달플랫폼 노동자에게 노동법과 최저임금을 적용할 수 있다고 주장한다. 배달노동자를 도급근로자로 봄으로써 법 적용 자격의 문제를 해결했다면, 임금 지급 기준이 되는 근로시간을 어떻게 측정할 것인가라는 문제가 남는다. 권오성 교수는 이 문제도 기존의 법 조항으로 풀어낸다. 최저임금법 제5조(최저임금액) 제1항에는 "최저임금액(최저임금으로 정한 금액을 말한다. 이하 같다)은 시간·일·주 또는 월을 단위로 하여 정한다. 이 경우 일·주 또는 월을 단위로 하여 최저임금액을 정할 때에는 시간급으로도 표시하여야 한다"라고 되어 있다. 그러나 같은 조 제3항은 다음과 같이 규정되어 있다.

③ 임금이 통상적으로 도급제나 그 밖에 이와 비슷한 형태로 정하여져 있는 경우로서 제1항에 따라 최저임금액을 정하는 것이 적당하지 아니하다고 인정되면 대통령령으로 정하는 바에 따라 최저임금액을 따로 정할 수 있다.

즉, 시간 측정이 곤란한 노동자들의 경우에는 대통령령으로 최저임금을 별도로 정할 수 있게 만들어놓았다. 최저임금을 시간급으로만 해석할 필요가 없는 것이다. 도급계약은 시간이 아니라 일의 완성을 근거로 지급하는 임금이므로, 성과급, 또는 일을 수행한 개수에 따라 임금을 지급한다. 이를 '개수임금'이라 부른다. 물론, 지금까지 도급노동자의 최저임금을 정한 경우는 없었지만, 법적 근거는 충분하다.

여기서부터는 법의 문제가 아니라 우리 상상력의 문제다. 구체적으로 배달플랫폼노동자의 최저임금을 적용하는 방법을 상상해보자. 먼저 앞에서 제시한 안전배달료를 생활물류서비스발전법이 아니라 최저임금법으로 가져와서 정할 수 있다. 그리고 배달 1건당 최소 배달료를 정해서 보장하고, 1시간 배달한 결과가 현행 시간당 최저시급보다 낮다면 최저시급을 지급받도록 할 수 있다. 물론 명목배달료에서 배달대행 노동자가 일을 하기 위해 지출하는 기름값과 보험료 등의 비용을 빼고, 보장받지 못하는 주휴수당 같은 유급휴가비 등은 추가하여 시간급을 계산해야 한다. 배달 1건당 최소 배달료를 결정하려면 배달 1건을 수행하는 데 들어가는 시간을 측정해야 한다. 여기에 안전의 문제가 들어간다. 마침 2021년 라이더유니온이 한국산업안전보건공단, 한양대 에리카 산학협력단과 함께 '이륜차 배달종사자 안전배달 시간 산출 방안' 연구를 진행했다.[21] 2021년 7월부터 11월까지 배달노동자 100명에게 운행 기록 장치를 장착하고, 오토바이 운행 기록을 분석했다.

연구진은 배달 시간을 다음과 같이 구분해서 정리했다. '배달 시간'이란 이륜차 배달종사자가 배달 음식을 픽업한 후 배달 주소로 출발한 순간부터 고객에게 음식 전달을 완료할 때까지의 시간을 말한다. 배달 시간은 이동 시간과 전달 시간으로 구분된다. '이동 시간'이란 이륜차 배달종사자가 식당에서 배달 음식을 픽업한 후 식당에서부터 배달 주소까지 이륜차로 이동하는 시간을 말한다. 배달은 여기서 끝이 아니다. 아파트 입구에 출입이 불가능할 수도 있고 엘리베이터를 빨리 타지 못할 수도 있다. 이 때문에 이륜차 배달종사자가 음식 배달을 위해 배달 주소에 도착한 이후부터 도보로 고객에게 최종적으로 음식을 전달하는 데도 시간이 소요된다. 이를 이동 시간과 구분하여 전달 시간으로 정의했다. 그런데 여기서 끝이 아니었다. 실험에 참여한 배달노동자들은 안내된 배달 시간 안에 도착했음에도 불구하고, 시간 압박과 촉박함을 느꼈다. 실제 늦지는 않았지만 불안한 마음에 과속을 하게 되는 것이다. 이런 심리적 압박을 반영해 '여유 시간'이라는 개념을 넣었다. 여기에 강수량, 풍속, 기온, 적설량, 요일과 시간대에 따라 도로 통행 시간이 달라지는 것을 반영하여 '추가 이동 시간'을 산정할 수 있다.

즉, 배달노동자들이 천천히 안전하게 배달하는 것은 단순히 교통법규를 잘 지키는 일로 끝날 문제가 아니다. 음식을 전달하는 과정은 도로 위의 주행만을 의미하지 않는다. 오토바이를 타기 전과 내린 후에 벌어지는 다양한 변수들을 고려해야 한다. 이 때문에 한양대 에리카 산학협력단은 '안전배달 시간'이란 이륜차 배달종사자가 음식 배달을 위해 이동, 전달함에 있어서 사고가 나지 않을 정도로 안전하게 배달할 수 있는 충분한 시간으로 정의했다.

연구보고서에서는 이해를 돕기 위해 2021년 10월 18일 12시 30분 서울시 관악구 신림동의 한 식당에서 출발하여 신림동의 한 주택가로 2.6킬로미터 이동한 단건 배달에 대한 안전배달 시간을 산출했다. 실시간 교통정보를 반영해서 이동 시간, 기상과 풍속 정보를 반영한 추가 이동 시간, 전달 시간과 여유 시간을 각각 반영해서 33분으로 산출했다. 배달 거리 2.6킬로미터를 라이더들이 배달하는 평균적인 거리라고 본다면, 안전배달 시간을 준수하여 배달하는 라이더들은 1시간에 2건 정도의 배달을 겨우 해낼 수 있다. 이 시간을 기준으로 배달료를 측정하고 최저임금 이상을 지불하려면 1건당 7000원 이상은 지불해야 한다. 기름값 등 비용은 제해야 하기 때문이다. 현실에서 7000원 정도의 배달료는 주말 피크 시간 4~5킬로미터 이상의 장거리 배달일 때나 받을 수 있는 금액이다. 현재는 이상적인 안전배달 시간과 현실 사이의 간극이 너무 크고, 이 메울 수 없는 차이를 배달노동자의 위험한 운전이 메꾸고 있는 실정이다.

배달노동자에게 안전배달료나 최저임금을 적용하는 것은, 이 차이를 줄이기 위한 기준을 함께 정해보자는 제안이다. 우선 단계적으로 안전배달료나 최저임금을 적용한 후, 실제 운행 데이터를 수집·분석해서 안전배달 시간과 임금 간 격차를 줄여나가는 노력을 해보자. 지금은 그런 기준조차 존재하지 않는다. 오로지 배달앱이 정한 수요와 공급의 원칙에 입각한 AI 알고리즘이나, 동네배달대행사 사장의 이윤만이 기준이다.

배달료의 최저기준을 정하자는 주장이 반(反)시장적이라는 주장도 있다. 이는 임금체계에 대한 무지에서 나온다. 기본적으로 시간급과 개수임금은 사장의 입장에서는 다르지 않은 임금체계다. 보통의 숙련 배달노동자가 교통법규를 지키면서 일하면 1시간에 3건 정도를 배달할 수 있다. 이 노동자에게 시간급 1만 원을 준다고 가정해보자. 사장의 입장에서는 배달노동자에게 2시간에 2만 원을 주고 6건의 배달을 수행하게 할 수 있다. 사장은 고정급을 개수임금으로 얼마든지 바꿀 수 있다. 사장이 어느 날 고정급 대신 배달 건당으로 임금을 주겠다고 하고, 6건을 수행하면 2만 원을 주기로 했다고 가정해보자. 배달노동자 A는 1시간만에 6건을 수행하고 2만 원을 받아 가도 된다. 사장의 입장에서 손해일까? 업무량은 같으므로, 사장도 노동자도 손해가 아니다. 그러나 사고의 위험을 감수하고 일을 할 것이라 쉽게 상상할 수 있다. 배달노동자 B는 3시간에 걸쳐서 6건을 했다고 가정해보자. 사장이 지불하는 비용은 2만 원으로 똑같고, 배달노동자는 시간상으로는 손해를 보지만 고정급을 받을 때보다 안전하게 일을 했다고 볼 수 있다.

요컨대, 사장 입장에서는 개수임금이 시간급보다 특별히 불리할 것이 없다. 이 때문에 배달사업자는 1가지 임금체계만을 고집하지 않고 상황에 따라 개수임금과 시간급을 적절하게 혼합해서 사용한다. 가령, 쿠팡이츠는 피크 시간인 오후 5시 30분~저녁 8시 사이에 7건의 배달을 하면 1만 2000원의 프로모션을 준다고 광고하고, 요기요도 저녁 피크 시간인 오후 5시 30분~저녁 7시

30분 사이에 일을 하면 500원의 프로모션을 추가해서 지급했다. 플랫폼기업이 배달산업에 처음 진출할 때는 일정 시간 로그인을 해서 1건만 배달해도 고정급을 주는 프로모션도 진행했다. 건당 배달료를 지급하면서도 성과급과 시간급적 성격까지 혼합해서 사용하는 것이다. 이렇게 다양한 임금체계를 섞을 수 있는 이유는, 앱을 통해 언제든지 실시간으로 배달료 체계의 변동을 공지할 수 있고, 배달노동자들은 노동조건을 바꾸기 위해 절차와 원칙을 지켜야 하는 근로기준법상 근로자가 아니기 때문이다. 사실 기업 입장에서 임금보다 부담스러운 것은 근로기준법상 근로자에게 제공되어야 하는 각종 부대 비용이다. 배달플랫폼기업은 이 책임을 지지 않고도 고정급을 줘서 노동자를 통제할 수 있는 이익을 보고 있는 셈이다. 자본의 상상력은 우리보다 뛰어나다. 하지만 우리가 배달노동자에게 기본급을 보장하고 노동법에 적용하는 상상 역시 하지 못할 이유가 없다.

이제, 구체적으로 배달노동자에게 최저임금을 적용하는 방법을 상상해보자. 만약 1.5킬로미터 이내 배달 1건을 교통법규를 지키며 완벽히 수행하는 데 20분이 걸린다고 계산해보자. 그러면 1시간에 3건 배달하는 것을 기준으로 개수임금을 정해볼 수 있다. 1건당 6000원이라고 한다면, 1만 8000원을 벌 수 있다. 여기서 비용을 뺀다. 현재 고용보험에서는 배달노동자가 명목소득에서 비용으로 지출하는 비율을 27.4퍼센트로 보고 있다. 그래서 고용보험료를 징수할 때, 배달료 소득에서 27.4퍼센트를 뺀 순소득에서 징수한다. 그렇게 계산하면 1만 3068원이다. 이 경우, 주휴수당을 포함한 현행 최저임금보다 높으므로 소득을 보장할 필요가 없다. 그런데 콜이 없어서 배달 일감 3건이 배정되지 않을 수 있다. 그래서 1건밖에 수행할 수 없었다고 한다면, 현행 최저임금보다 적은 6000원을 벌게 된다. 이 경우에 배달노동자에게도 최저임금을 보장한다.

여기서 반론 하나가 제기될 수 있다. 배달노동자가 일부러 배달 일을 느리게 하거나, 배달 일을 거부할 때도 최저임금을 보장해야 하는가의 문제다. 임금, 노동강도, 안전, 노동윤리의 복잡한 문제들이 얽히게 된다. 첫 번째 문제는 배달노동자들 대부분이 최저임금을 목표로 일하지 않기 때문에 발생할 가능성이 적다. 설령 그런 배달노동자가 몇 명 있다 해도 큰 문제는 아니다. 배달기업은 성실한 배달노동자를 채용하기 위해서 입직 과정에서 신중하게 배달노동자를 선발하고, 관리할 가능성이 커진다. 이렇게 된다면 지금처럼 무분별하게 배달노동자를 뽑는 문제도 해결할 수 있다. 게다가 노동자들이 배달 일을 천천히 한다면 배달노동자의 안전은 물론, 시민들과 공공의 안전을 위해서는 좋은 일이다. 두 번째로 배달 일을 거부하는 경우에는 수락률 등 발전한 배달플랫폼기술을 토대로 최저임금 보장 여부를 정할 수 있다. 가령, 배차수락률 70퍼센트 이상인 배달노동자에게만 최저임금을 보장하는 등의 통제를 어느 정도 할 수 있다.

배달노동자에게 최저임금을 보장하게 되면 배달플랫폼들은 배달노동자 인원 관리를 해야 한다. 지금까지는 고정급을 지급하지 않아도 됐기 때문에 대기 인력을 무한하게 쌓아뒀다. 그래서 일감이 부족할 때, 사용자가 아니라 노동자가 큰 타격을 받았다. 하지만 이제는 일감에 비해 지나치게 많은 노동자를 가지고 있으면 고정급 지출이 늘어나게 된다. 이렇게 되면 배달기업의 입장에서도 유리한 점이 있다. 실시간 배달료와 프로모션에 따라 옮겨다니는 노동자가 아니라 애사심을 가지고 종속적으로 일하는 노동자의 비율을 높일 수 있기 때문이다.

이런 주장은 라이더유니온만 하는 것이 아니다. 현실에서는 기업도 필요하면 이런 임금체계를 사용한다. 임금 유연화를 극단적으로 밀어붙였던 쿠팡이츠는 지역별로 개수임금제를 실험 중이다. 회사가 기본 배달료를 2500원으로 삭감하고, '유배배달'이라고 불리는 5~8킬로미터 장거리 배달 위주로 배차했다. 회사의 일방적인 정책에 배달노동자들도 쿠팡이츠에 애정이 없어져 프로모션이 높을 때만 일하고 없을 때는 거들떠보지도 않아, 배달콜이 잘 빠지지 않는 일이 반복됐다. 그래서 2022년 구 단위에서만 배차를 하고 기본 배달료를 보장하는 실험을 비공식적으로 진행했다. 이 실험은 이후 '쿠팡이츠 플렉스'라는 이름으로 공식화됐는데, 쿠팡이츠가 직접 운영하지 않고 동네배달대행사 사장에게 배달기사 모집 및 관리와 임금 지급을 떠넘기는 방식이었다. 배달앱은 쿠팡이츠를 사용하고, 배달대행사 사장을 이용해 노동자들을 직접 관리·감독한 것인데, 배달라이더들이 법적으로 근로자였다면 이런 운영 방식은 위장도급 형태의 구조다.

쿠팡이츠는 공격적으로 쿠팡이츠 플렉스를 홍보했다. 나에게도 전화가 걸려왔다. 2022년 10월, 모르는 번호로 전화가 왔다. 25건의 배달을 수행하면 일급 16만 원을 지급하고, 1건당 6400원을 보장하겠다는 내용이다. 여기에 시간 조건을 추가했다. 금, 토, 일은 반드시 피크 시간에 일해야 하고, 평일 중에도 하루는 피크 시간에 접속해 일을 해야 한다는 조건이었다. 배차는 마포구를 벗어나지 않게 배차하고, 만약 마포구를 벗어나면 다시 마포구로 돌아올 수 있는 배달 콜을 넣어주겠다고 약속했다. AI 알고리즘과 인간 관리자의 혼합, 건당 임금제와 시급제의 혼합, 플랫폼노동자와 근로기준법상 근로자의 혼합이다.

아무것도 책임지지 않는 요금제가 기업의 비용을 줄여주기는 하지만, 노동력 상품의 질을 떨어트리는 치명적인 결과를 낳을 수 있다는 것을 기업이 인정한 모습이기도 하다. 이렇게 보면 배달노동자에게 최저임금과 안전배달료를 보장하는 것은 건강한 배달산업의 발전에 도움이 되는 측면도 있다.

산업자본주의의 상징인 영국에서도 비슷한 취지로 '공정단가제도(fair piece rate system)'를 도입했다. 권오성 교수가 2022년

3월 31일 '플랫폼노동자 적정 소득 보장방안 공개토론회'에서 발제한 내용에 따르면, 영국은 2004년 10월 1일부터 정률급 근로자에 대한 공정단가제도를 도입했다. 이 법에 따라 사용자는 근로자가 근무한 매시간에 대해 최저임금 이상을 지급하거나 근로자가 생산한 분량 및 수행한 업무의 매 단위에 대해 공정단가를 지급해야 한다. 이를 위해 시간당 평균 작업 속도를 계산하기 위한 테스트를 진행하고 공정단가를 산출한 다음, 노동자에게 통지해야 한다.

플랫폼화된 산업에서는 노동 생산성과 관련된 통계를 내기가 더 쉽다. 실시간으로 노동 데이터 수집이 가능하기 때문이다. 따라서 배달노동자의 임금체계 개선과 함께 교통단속을 강화하고, 앞에서 살펴본 배달대행사업자 등록제, 배달노동자에 대한 자격제도가 순차적으로 도입되어야 한다.

플랫폼산업의 진짜 '혁신'을 위한 규제들
: 이륜차 면허·관리체계 정비

2021년 겨울 축구를 하기 위해 나는 차로, 배달 일을 하는 팀 동료는 오토바이로 이동했다. 오토바이는 우리 차 앞에서 안전하게 운행 중이었다. 평소 오토바이를 주의 깊게 보는 습관이 생겨 풍경을 바라보듯 오토바이를 쭉 지켜봤다. 그런데 갑자기 오토바이 앞에 있던 차가 멈춰 섰다. 급정거였다. 그 순간 '파박팍!' 하고 도로 아스팔트 위에 불꽃이 튀었다. 급정거한 차 뒤에 있던 오토바이가 도로 바닥을 강하게 치면서 쭉 미끄러졌다. 안전거리를 유지해 오토바이가 앞차를 들이박지는 않았다. 황급히 내려서 오토바이 라이더의 상태를 살폈다. 다행히 라이더의 몸과 오토바이가 분리되어, 왼쪽 허벅지와 다리가 쓸리는 정도로 사고는 마무리됐다. 나도 모르게 잔소리가 나왔다 "양쪽 브레이크를 한꺼번에 꽉 잡지 말고 회피 정지를 했어야지!" 그 친구는 멋쩍게 웃으며 "회피 정지가 뭐예요?"라고 물었다. 1장에서 말했듯이 양쪽 브레이크를 갑자기 꽉 잡아서 넘어진 건, 내가 초보 시절 했던 실수였다. 개구리 올챙이 적 생각을 못 한다는 게 딱 나를 가리키는 말이었다.

오토바이는 자동차보다 제동 거리가 길다. 브레이크를 잡는다고 바로 멈추지 못한다. 무리하게 양쪽 브레이크를 꽉 잡았다가는 중심이 무너지면서 넘어진다. 그래서 앞 차량이 갑자기 멈추면, 브레이크를 천천히 잡으면서 차의 오른쪽이나 왼쪽을 스쳐 지나가면서 제동 거리를 충분히 확보한 후 멈추는 게 안전하다. 이걸 '회피 정지'라고 부른다. 회피 정지를 하려면 앞 차량은 물론 내 옆 차선에 뒤따라오는 차량이 없는지 항상 확인하면서 주행해야 한다. 회피 정지를 하다가 다른 차선에서 뒤따라오는 차에 치일 수도 있기 때문이다. 또한 이륜차는 도로 주행 시 앞차의 가운데가 아니라 한쪽 바퀴 뒤를 따라 운행해야 한다. 가운데로 주행하면 차량 운전자가 사이드미러를 통해 뒤따라오는 오토바이 차량을 확인할 수 없을 뿐만 아니라, 급정거 시 회피 정지를 하기 어렵기 때문이다. 앞서 살펴본 삼성교통안전문화연구소 연구에서 영업용 오토바이 사고의 대부분이 이륜차가 앞차를 박은 사고라는 사실은 대부분의 라이더들이 회피 정지에 익숙하지 않다는 사실을 간접적으로 보여준다. 이렇듯 오토바이 운전에는 다양한 기술과 경험이 필요하지만 대한민국에서는 오토바이 운전이 자전거를 타는 것과 똑같은 일로 여겨진다.

회피 정지라는 말을 처음 들은 건 2019년 라이더유니온이 준비한 안전교육 강의에서였다. 이때 강사가 현종화 모터사이클 전문기자였다. 현종화 선생님의 설명에 따르면 회피 정지 기술 테스트는 미국과 캐나다, 유럽 등의 이륜차 실기시험에 기본적으로 들어가 있는 필수 코스라고 한다. 그러나 대한민국에서는 브레이킹 능력을 따로 테스트하지 않는다. 도로주행 시험도 없다. 실제 이륜차 운전면허 시험은 장내에서 굴절 코스, 곡선 코스, 좁은 길 코스, 연속진로 전환 코스 등을 지나가는 시험이 전부다. 오토바이로 코스의 선을 밟거나 바닥에 발이 닿으면 감점 또는 실격이 된다. 오토바이 위에서 무게중심을 잘 잡고, 오토바이 컨트롤을 잘해야 한다는 점에서 중요한 시험이긴 하다. 그러나 장내에서 저속으로 곡예 운전을 하듯 좁은 길을 지나가는 능력이 도로에서 시속 60킬로미터 속도로 주행하는 능력을 담보하지는 못한다. 운전면허 시험은 운전자가 도로에 나와 타인의 생명과 안전을 지키며 운전할 수 있는 기술을 가지고 있는지를 검증하는 과정이다. 그러나 현행 오토바이 운전면허 시험은 도로주행을 하면서 대형차량으로 인해 시야 확보가 되지 않는 상황, 앞차가 급하게 방향전환이나 급정거를 하는 상황, 도로 상태가 불량한 상황, 택시와 버스가 멈추는 상황에서 대처하거나 시속 60~70킬로미터로 주행하다가 멈추는 능력 등을 테스트하지 않는다.

　오토바이 운전면허를 따로 따는 사람은 그나마 낫다. 여러 차례 이야기했지만 대부분은 제1종 보통 운전면허를 가지고 용감하게 오토바이에 오른다. 당연히 자동차 운전면허와 원동기 운전면허를 분리할 필요가 있다. 그다음 단계로 원동기 운전면허에 도로주행 시험을 추가하고 운전면허 시험을 강화해야 한다. 이 문제를 정리하면서 영업용 오토바이 운전면허를 별도로 신설할 필요가 있다. 원동기 운전면허를 따고 일정 기간 경력을 쌓은 뒤에 영업용 오토바이 운전면허를 취득할 수 있는 조건을 신설하는 것도 필요하다. 경력에 따라 차등을 두는 것이다. 오토바이 운전면허를 따는 과정만 어렵게 만들어서는 안 된다. 전기 자전거, 전동 킥보드 등으로 영업하는 사람들을 대상으로 하는 별도의 면허시험을 신설하는 일이 함께 필요하다.

삼성교통안전문화연구소에서도 '체험식 교통안전교육 확대 등의 다각적인 운전자 책임의식 강화 방안이 필요하다'고 지적한다. 중장기적으로는 '배달용 유상운송 이륜차 운전자 자격제도 신설을 통한 최소 운전 경력 및 사전 안전 지식을 검증할 수 있는 정부의 적극적인 제도 개선이 필요하다'라고 밝히기도 했다. 보험회사 입장에서도 오토바이 사고가 늘어나는 게 좋을 리 없다.

일단 일을 시작한 이후에 실시되는 안전교육은 동기를 부여하기도, 책임을 지우기도 쉽지 않다. 동기부여가 확실한 운전면허 취득 단계에서 확실한 교육과 시험을 치르게 하는 것이 가장 효과적인 교육 방법이다.

배달노동자에 대한 자격제도가 생기면, 산업안전보건 대책을 세우거나 관리하기도 용이하다. 배달노동자들 입장에서는 이 상황이 마냥 반갑지만은 않겠지만, 배달노동자들의 입직에 제한이 생기면 일감 경쟁에서 벗어날 수 있고, 배달기업과의 협상력도 제고될 수 있기 때문에 배달노동자에게 장기적으로 유리할 수 있다. 사고율을 관리할 수 있어, 유상운송보험료도 낮출 수 있다.

물론, 이러한 안전조치 강화가 배달플랫폼기업의 입장에서는 규제 강화이기도 하다. 배달플랫폼기업은 손쉽게 노동력을 확보해야 하는데, 면허를 따기 어렵게 만든다면 노동력 수급에 어려움을 겪기 때문이다. 이는 숙련노동의 문제와도 연관되어 있다. 노동력을 값싸게 얻고 싶은 기업은 미숙련노동자를 다수 확보하려고 한다. 그러나 산업안전의 측면에서는 충분히 숙련된 노동력이 산업현장에 투입되어야 안전을 담보할 수 있다. 숙련은 안전이다. 초보 노동자는 당연히 수습과 교육 과정을 거쳐야 한다.

면허시험 강화라는, 산업 및 노동과 아무런 관련이 없어 보일 것 같은 문제 역시, 플랫폼기업의 첨예한 이해관계가 걸린 문제다. 바로 이 지점에서 플랫폼산업의 발전과 안전은 화해하기 힘든 가치 충돌을 일으킨다. 제도를 아무리 잘 설계하더라도 이윤을 중심으로 한 산업 생태계가 바뀌지 않으면 변화는 불가능하다. 배달 속도를 낮추기 위한 모든 아이디어는 산업의 혁신을 막는 규제로 읽힐 가능성이 높기 때문이다.

2022년 10월 7일 국회 국토교통위원회 국정감사장에선 이륜차 정비기능사 자격증 도입을 검토해야 한다는 주장이 나왔다. 이게 무슨 말일까? 오토바이가 89만 대 가까이 돌아다니는데, 오토바이 정비 자격증이 없다는 말일까? 사실이다. 자격증은 물론, 오토바이 센터를 창업하는 것도 별도의 규제가 없다. 자동차는 1년에 한 번씩 받는 안전 검사도 오토바이는 260cc 이상 오토바이만 받게 되어 있다.[22] 오토바이 수리 분야도 규칙이 없다 보니 오토바이 부품단가와 공임비가 천차만별이다. 돈도 돈이지만 제대로 고쳤는지 알기 어렵다. 신뢰의 문제는 매우 중요한데, 라이더들이 오토바이 센터를 믿지 못하면 꼭 고쳐야 하는 고장이 생겨도 바가지를 씌운다는 오해를 해 점검을 하지 않을 가능성이 있기 때문이다.

오토바이는 배달노동자들의 작업 도구인데, 이 작업 도구를 유지·관리하는 의무를 일하는 사람이 져야 한다. 이는 배달노동자에게 책임을 분산하는 거대한 산업구조의 문제라 쉽게 고치기 힘들 수 있다. 그러나 배달노동자가 스스로 책임을 지고 작업 도구를 정비하려고 하더라도 믿고 맡길 수 있는 시스템이 갖춰져 있지 않은 실정이다. 오토바이 관리에 실패하면 배달노동자의 목숨을 잃을 수도 있는 만큼, 국가공인자격증 제도와 수리센터 등록제가 필요하다.

한편, 오토바이 관리도 엉망이라 수도권에만 5000대가 길거리에 버려져 있다. 자동차는 등록제여서 폐차 인수 증명서를 제출해야 번호판 반납과 등록 말소가 가능한 반면, 오토바이는 신고제라 번호판만 반납하면 사용 폐지가 가능하다.[23] 무법적인 이륜차 산업을 정비하는 것은 배달노동자의 안전한 노동환경을 만들기 위해 선행되어야 할 필수 조건이다.

이륜차 운전자의 눈으로 세상 보기
: 도로·안전장비 정비

배달노동자의 공장은 모두가 사용하는 도로다. 현재 도로는 사륜차 주행에 적합하게 설계됐다. 이를 이륜차의 안전을 위해서 고치는 일은 쉽지 않다. 다른 관점에서 세상을 바라봐야 하기 때문이다.

라이더유니온 안전교육센터에서 일하는 조합원 문○○ 씨는 라이더의 관점에서 도로를 보는 사람이다. 그는 횡단보도 페인트의 위험성을 발견하고 여러 제안들을 해주었다. 도로 위에 그어진 차선과 횡단보도, 좌회전-우회전 표시 등은 두꺼운 페인트로 그려져 있다. 이 페인트는 굴곡이 없어 마찰력이 없다. 비와 눈이 오면 이 페인트가 칠해진 부분은 빙판처럼 미끄러워지고, 바퀴가 페인트 위에서 헛돌기도 한다. 게다가 서울시가 2밀리미터 두께의 페인트 위에 매년 재도포를 해서 도로 페인트 높이가 계속 높아지고 있다. 아스팔트와 페인트칠이 된 부분의 높이 차이가 심해지면 이륜차 운전자들이 넘어지는 사고를 당할 위험이 커진다.

맨홀 뚜껑도 마찬가지다. 비 오는 날 맨홀 뚜껑 위에서 급브레이크를 잡으면 반드시 미끄러진다. 아스팔트 재포장 역시 반복되고 있어 맨홀과 아스팔트 사이의 높이 차이도 심해지고 있다. 폭우로 인한 포트홀 문제도 심각하다. 포트홀은 아스팔트에 작은 구멍이 생기는 현상인데, 2022년 여름 집중 폭우로 발생한 포트홀에 걸려 마포구의 한 조합원이 넘어지는 사고가 나기도 했다.

문 씨는 이런 문제들을 일일이 지적한 후 대안도 제시했다. 해외에서는 반사율과 마찰력을 모두 잡을 수 있는 경량골재를 이용한 페인트를 사용한다면서 도로를 도포할 때 사용하는 페인트 재료를 바꿔야 한다고 주장했다. 또, 횡단보도 디자인을 바꿔서 라이더들이 흰색 페인트 선을 피해서 갈 수 있도록, 격자형 또는 평행선 횡단보도를 도입하자고 제안했다. 심지어 직접 디자인한 횡단보도 그림을 보여주기도 했다. 맨홀 뚜껑도 마찰력이 높은 재료로 바꿔야 한다고 열변을 토했다.

문제는 나한테만 열변을 토한 게 아니라는 점이다. 배달노동자 문제를 국정감사에서 다루기 위해 여러 국회의원들과 만나는 자리를 가졌는데, 그때마다 직접 작성한 서류를 꺼내 열정적으로 설명했다. 문 씨가 이야기하는 디테일한 실무와 규정은 국회의원들이 만드는 법 조항에 포함시키기 어려웠다. 문 씨의 주장은 추상적인 법 조항 밑에 도로를 잘 아는 실무행정가들이 만든 시행령과 시행규칙을 적어놓고, 현장에서 구체적인 원칙을 만들어야하는 아주 작고 구체적인 이야기들이었다.

국회의원 보좌관들은 주제에서 벗어나도 한참을 벗어난 이야기를 아주 길고 구체적으로 하고 있는 라이더를 당황스럽게 쳐다볼 수밖에 없었다. 온갖 민원과 국정감사로 안 그래도 지쳐 있는 보좌관들의 흔들리는 눈동자와 하품을 참는 모습, 몸이 배배 꼬이는 모습이 눈에 들어오자 나는 문 씨가 아니라 보좌관들을 도와야겠다는 생각을 했다. 의원실을 나와 나는 문 씨에게 여기서 이러시면 안 된다고, 여기는 우리가 성과를 낼 수 있는 확실한 이야기 딱 한 가지만 하고 오는 자리라고 잔소리를 했다. '이분들은 그런 문제에 관심도 없고, 관심을 가지려고 해도 그런 구체적인 문제까지는 해결할 수 없는 일을 하는 분들'이라는, 마치 세상 다 산 사람 같은 이상한 이야기를 했다.

나중에 곰곰이 생각해보니 그날의 대화가 어딘가 마음에 걸렸다. 그럼 이런 작은 이야기를 누구한테 할 수 있다는 말인가? 공장에 문제가 있고 위험이 있으면 회사의 책임자에게 이야기해서 개선을 요구하면 된다. 그런데 우리가 모두 사용하는 도로의 문제를 어디 가서 이야기할 수 있을까? 현장을 잘 아는 실무자를 찾으면 규정이 없다고 할 것이고, 권한 있는 사람을 찾아가면 무슨 이야기를 하는지를 못 알아들을 것이고, 알아듣는다 한들 구체적인 규정을 일일이 만들 수 없다고 답할 것이다.

오직 이륜차로 배달 일을 해본 사람만이 알 수 있고 겪을 수 있는 특수한 경험들을 산업안전 정책이라는 보편적인 정책으로 만드는 일은 쉽게 이루어지지 않는다. 배달노동자만의 문제는 아니다. 우리는 SPC 공장에 있는 소스 조리기가 사람이 들어갈 정도로 큰 줄 몰랐고, 거기에 사람이 끼면 죽을 정도로 위험한지 몰랐다. 석탄발전소를 청소해야 하는지도 몰랐고, 사람이 혼자 일하다 죽을 수도 있다는 걸 몰랐다. 우리가 매일 보고 운전하는 도로 위도 마찬가지다. 내가 네 바퀴로 안전하게 지나가는 도로 위의 맨홀 뚜껑이 두 바퀴로 지나가는 어떤 사람에게는 치명적인 위험이 될 수 있다는 사실을 아는 것은 세계를 다르게 바라보는 충격적인 일이다.

이후에 나는 문 씨를 말리지 않았다. 여러 좌절을 겪으며 본인이 알아서 설명의 수위를 조절했기 때문이기도 했고, 상대를 좀 괴롭혀야 할 자리라면 원하는 대로 하시라고 귀띔도 해드렸다. 내심 앞으로도 그가 지치지 않고 자신의 주장을 이야기하길 바란다.

마지막으로, 배달노동자의 안전을 지킬 수 있는 최후의 방법은 역시 안전 장구다. 이륜차는 온몸이 외부로 노출되어 있다. 외부 충격으로부터 몸을 보호할 수 있는 안전 장구의 유무는 삶과 죽음을 가르는 중요한 척도다.

불행하게도 안전 장구의 성능과 가격은 천차만별이다. 헬멧이 너무 무거우면, 배달노동자의 목 디스크를 위협한다. 가벼우면서도 강한 소재의 헬멧이 필수다. 둘을 모두 만족하는 헬멧 가격은 100만 원이 넘는 경우도 있다. 헬멧도 계속 쓸 수 있는 장비가 아니다. 한 번이라도 땅에 떨어뜨린 적이 있다면 다시 안 쓰는 게 안전하다.

많은 사람들이 알지 못하겠지만, 오토바이 라이더를 위한 에어백도 존재한다. 재킷처럼 입고 있다가 사고가 나면 목, 가슴, 등, 옆구리, 엉덩이 부분이 부풀어 올라 상체를 보호해준다. 재킷형도 있고 조끼형도 있다. 오토바이 에어백 광고를 보면 실제 사고가 난 라이더들의 후기가 올라온다.

"응급실에서 '다리를 이렇게 다쳤는데 상체는 멀쩡하다니 믿어지지가 않는다'고 하더군요. 정말 ○○에어백 덕분에 새 생명을 얻은 기분입니다."

마케팅 후기인 것 같지만, 실제로 좋은 헬멧과 오토바이 에어백이 있으면, 사망사고와 큰 부상을 막을 수 있다. 그러나 오토바이 에어백 역시 50만 원 이상의 고가 장구다. 그 외에 겨울철 동상을 막을 수 있는 방한화, 장갑, 무릎, 팔꿈치 보호대 등을 구입하는 데도 모두 돈이 든다. 실제로 2022년 겨울 방한화를 구하기 위해 인터넷을 한참 뒤졌다. 한파에 일반 운동화를 신고 다녔다간 발끝이 시릴 뿐만 아니라 비나 땀에 양말이 젖기라도 하면 동상에 걸리기 십상이기 때문이다. 브랜드 방한화 가격은 10만 원을 훌쩍 넘겨 부담이었고, 가성비가 좋다는 신발은 성능이 의심됐다. 초보 배달라이더 시절에 사놓은 싸구려 방한부츠는 계단을 뛰어다니기엔 너무 무거워 신발장 구석에 처박아 놓은 터였다. 비싸더라도 검증된 제품을 사 오래 신는 게 합리적이라고 되뇌었다. 그러나 2만 9900원의 가격표와 수많은 리뷰가 달린 제품을 보자 나도 모르게 '주문' 창을 터치했다.

추위에 고통스러운 것은 발가락만이 아니다. 오토바이 핸들에 토시를 달아 손을 보호해야 하는데, 여유만 있다면 핸들에 열선을 달 수 있다. 내복을 입어도 무릎 시린 건 참기 어려운데, 무릎을 덮는 담요 형태의 워머나 방한용 무릎보호대를 구입하면 그나마 낫다. 귀와 볼을 따뜻하게 감쌀 넥워머, 체온을 유지시켜줄 발열조끼, 성능 좋은 패딩 등 한파에도 안전하게 일할 수 있도록 도와주는 아이템은 무궁무진하다. 그래서 라이더들은 겨울 배달은 아이템발이라고 말한다. 여름철 강한 자외선을 피하기 위해 필요한 보호대도 마찬가지다. 여름철 땀띠가 나는 라이더들은 보호대 착용을 거부한다. 바람이 잘 통하는 보호대들은 모두 고가다. 게임에서 '현질(현금을 지름)' 여부에 따라 아이템의 질이 달라지듯 경제적 처지에 따라 배달노동자 보호 장구의 질도 달라진다. 이 차이를 없애기 위해 우리는 노동법이라는 일률적 규범을 만들었다.

'산업안전보건기준에 관한 규칙' 제32조는 사업주가 영하 18도 이하의 급냉동어창에서 하역작업을 하는 노동자에게 '방한모·방한복·방한화·방한장갑'을 지급하도록 규정했다. 근로자에게도 보호구 착용 의무를 부과했는데, 산업안전 문제를 개인 선택에 맡기지 않겠다는 의지다. 이런 노동법의 한계는 산업안전 예산이 풍부한 대기업과 그렇지 못한 중소기업 간 차이를 넘지 못한다는 것이다. 노동시장의 이중구조 문제다. 지금은 문제가 한층 더 복잡하다. 영하의 날씨에 일하는 배달노동자에게도 '산업안전보건기준에 관한 규칙'을 확대 적용할 수 있을 것 같지만, 배달노동자는 근로기준법상 근로자가 아니기 때문에 법 적용 자체가 불가능하다. 배달노동자뿐만 아니라 노동법 바깥에서 일하는 노동자의 작업 도구 역시 개별 노동자의 자산과 소득 수준에 따라 달라진다. 노트북, 카메라, 의자까지 모두 개인이 비용을 책임진다. 어떤 기업에 입사하는지에 따라 노동조건이 달라지는 것을 넘어, 개별 노동자의 자산 소득에 따라 노동조건이 달라지고 있다.[24]

안전 장비를 구매할지 말지가 기업의 경영 방침이 아니라 개별 라이더의 선택으로 내맡겨져 있기 때문에, 이를 정책적으로 강제할 수단도 마땅치 않다. 안전 장비와 관련하여 유일하게 법적 근거를 가지고 있는 게 헬멧이다.

'산업안전보건기준에 관한 규칙' 제673조 제1항에는, 이륜차로 물건의 수거·배달 등을 하는 사람이 이동통신 단말장치의 소프트웨어에 등록하는 경우 승차용 안전모(헬멧)의 보유 여부를 확인해야 한다. 배달플랫폼기업들은 이를 배달앱을 통해 확인하는데 라이더가 헬멧을 쓴 모습을 인증하는 형태다. 물론, 모든 헬멧이 다 인증을 통과하는 것은 아니다.

도로교통법 시행규칙 제32조 제1항 제10호에는 헬멧의 기준이 명시되어 있다. 무게 2킬로그램 이하일 것, 상하좌우로 충분한 시야를 가질 것, 충격 흡수성이 있고 내관통성이 있을 것 등 8가지 요건들이 명시되어 있다. 이 요건을 충족한 헬멧을 구매하는 것 역시 배달노동자에게 맡겨져 있다. 따라서 안전 장구를 잘하고 다니는 라이더는 부상 위험이 낮다고 보고 보험사에서 유상운송보험료를 할인해주거나, 배달기업이 안전 장구 비용을 지원해주는 등의 유인책이 필요하다.

　결국엔 안전에 대한 책임과 책임 이행을 위한 비용 부담을 어떻게 질 것인가라는 문제가 해결되지 않으면 아무리 좋은 기술과 기계가 도입되어도 산업안전 문제를 해결하기 어렵다.

실종된 사장님을 찾는 방법
: 노조법 개정

　지금까지 살펴본 배달산업의 산업안전 문제를 해결하고, 현장에 적절한 대안을 적용시키기 위해서는 노동조합의 역할이 가장 중요하다. 현장의 산업안전 문제를 가장 잘 아는 건 현장 노동자들이다. 현장 노동자들이 조직한 노동조합은 배달노동자의 안전 문제를 점검하고 정부와 기업을 대상으로 대안을 제시할 수 있는 유일무이한 조직이다. 게다가 AI 알고리즘, 날씨, 배달 수요, 기업구조 변화, 투자 여부에 따라 실시간으로 바뀌는 배달 현장에 대응하기 위해서는 몇 년씩 걸리는 법 개정보다는 현장에 기반한 조직, 노동조합의 활동이 필요하다. 그러나 현재의 노조법은 노동조합이 제대로 활동하기 어렵게 만든다.

　앞에서 살펴본 대로 쿠팡이츠에서는 배달노동자가 아니라 사장님 모집을 시작했는데, 동네에서 쿠팡이츠 배달을 할 라이더

5명만 모으면 '벤더'라는 이름의 사장이 될 수 있다. 본사는 벤더에게 배달료를 지급하고, 벤더는 라이더 모집과 관리 명목으로 수수료를 챙긴다. 벤더에 대한 자격 확인 과정조차 없다. 심지어 라이더유니온 간부에게 연락해 노조 간부가 본사 직원과 상담을 진행하는 웃지 못할 일도 생겼다. 상담을 담당한 본사 직원은 벤더에게 개인사업자로 등록하라고 당부했다. 그러면서 배달 과정에서 문제가 생기더라도 쿠팡이츠와는 아무런 관련이 없다고 강조했다. 본사는 이를 '쿠팡이츠 플렉스'라 이름 붙였다. 쿠팡이츠 플렉스 라이더도 쿠팡이츠 배달앱에 접속해 일하고, 배달료와 프로모션 금액 역시 쿠팡이츠 본사가 벤더에게 전달하는 방식으로 지급되지만, 서류상 배달노동자와 쿠팡이츠는 관련이 없게 됐다.

배달노동자들을 근로자로 고용하지 않아 최저임금, 퇴직금, 오토바이 비용 부담에서 벗어난 쿠팡이츠는 중간 사장님을 모집해 노조법상 사용자 책임은 물론이고 경영상 책임에서마저 도망가려 한다. 벤더들 중에는 본사에서 받은 배달료를 라이더에게 지급하지 않고 잠적한 사람도 있다. 피해를 입은 라이더가 본사에 문의하니 벤더에게 이미 배달료를 지급했다며 아무런 책임이 없다고 답했다.[25]

동네배달대행사 역시 제어하기 어렵기는 마찬가지다. 동네배달대행사 사장은 배달노동자 40~50명 정도와 위탁계약을 맺고 있다. 영세한 사장들은 교섭이 무엇인지 모르기 때문에 사장들을 교육하면서 교섭을 진행해야 한다. 이들에게 교섭 교육을 하면 교섭을 안 하려고 도망다니기도 한다. 라이더유니온에서 지방노동위원회에 부당노동행위로 걸면, 배달대행사 사장들은 그제야 사태의 심각성을 깨닫고 노무사를 고용해 대응한다. 비싼 돈을 주고 노조법을 공부한 사장은 아는 동생에게 회사를 넘겨버리는 식으로 법망을 빠져나가버린다. 일명 '바지 사장'을 내세우는 셈인데 노동자가 이를 증명하기 어렵고, 권한 없는 서류상 사장과 다시 교섭을 시작해야 한다. 겨우겨우 교섭을 시작하면 동네배달대행사 사장은 자기 위에 지역 총판이 있다는 식으로 대응하기도 한다. 동네배달대행사를 키워서 지역 상권을 모두 장악할 정도의 크기가 되면 중간관리자에게 동네를 하나둘 떼어서 관리하게 만드는데 이런 영향력을 가진 사람을 소위 '총판'이라고 부른다. 부산경남 지역 총판이 있고, 그 밑에 창원 담당자가 있고, 또 그 밑에 동별로 지사장인 동네배달대행사 사장이 있는 식이다. 이런 구조이니 교섭을 하려면 부산경남 지역 총판의 허가를 받아야 한다고 말하며 교섭을 회피한다. 막상 우리가 총판을 찾아가면 '라이더와 자신은 계약 관계가 없고, 실질적인 권한은 지사장이 갖고 있다'고 또다시 발뺌한다.

여기에 B2B 계약까지 들어가면 사태는 더 복잡해진다. 맥도날드나 SPC처럼 대형 프랜차이즈 기업들의 배달 영업을 동네배달대행사가 따내기란 불가능하다. 큰 기업들이 조그만 동네배달대행사를 믿고 프랜차이즈의 배달을 맡기지는 않기 때문이다. 이런 대형 프랜차이즈 기업들의 배달 물량을 따내는 곳은 부릉, 바로고, 생각대로, 만나플러스 같은 프로그램사다. 가령, 바로고가 맥도날드 프랜차이즈 배달을 하면 3000원을 라이더에게 주겠다고 저가 계약을 했다고 가정해보자. 이 경우에는 바로고 지점장과 맥도날드 배달에 대한 배달료 협상을 할 수가 없다. 바로고 본사가 배달료를 결정하기 때문에 B2B 계약에 대해서는 본사와 이야기해야 한다. 배달료뿐만 아니라 산업안전 정책도 연관된다. 바로고 같은 프로그램사가 SPC와 기업 간 계약을 하면서 15분 내 픽업, 20분 내 배달을 해주기로 계약했다고 하면, 이 사안과 관련해서는 프로그램사와 협상해야 한다. 배달노동자의 노동조건에 영향을 미치는 사장님이 여러 명인 거다. 실제로 라이더들은 바로고 본사에 배달을 할 때마다 앱 사용료를 지불하며, 바로고 브랜드가 적힌 조끼와 오토바이 배달통을 달고 일한다. 특히 바로고 앱 프로그램은 배달노동자들이 배차를 받고 배달 동선을 확인하고 배달료 내역을 확인하는 일터다. 그럼에도 경영상·노조법상·사회보험법상 사장은 동네배달대행사 사장이다.

그래서 노조법 제2조 개정이 필요하다. 현행 노조법 제2조에서 규정하고 있는 사용자 개념은 "사업주, 사업의 경영담당자 또는 그 사업의 근로자에 관한 사항에 대하여 사업주를 위하여 행동하는 자"로 되어 있다. 이를 "근로자의 노동조건, 수행업무 또는 노동조합 활동 등에 대하여 사실상의 영향력 또는 지배력을 행사하거나 보유하고 있는 자"[26]로 확대할 필요가 있다. 또, 명칭에 관계없이 원 사업주가 자신의 업무의 전부 또는 일부를 다른 사업주에게 맡기고 자신의 사업장(원 사업주가 제공하거나 지정한 경우 또는 원 사업주가 지배·관리하는 장소를 포함한다)에서 해당 업무를 이행하도록 하는 경우의 원 사업주(업무가 여러 차례에 걸쳐 맡겨진 경우 상위 원 사업주도 포함한다) 역시 노조법상 사용자로 확대할 필요가 있다. 이렇게 되면 쿠팡이츠가 벤더에게 자신의 업무를 위탁하더라도 쿠팡이츠 본사에 책임을 물을 수가 있으며 배달노동자를 이용하는 여러 사용자를 상대로 협상할 수 있다.

이 문제들이 해결된다면 개별 라이더의 안전불감증은 더 이상 논하지 않아도 된다. 앞에서 이야기한 안전 대책들이 충분히 이루어진 상황이라면 난폭운전을 하면서 안전 장구 착용을 하지 않는 라이더들은 라이더들 사이에서 축출될 가능성이 높다. 난폭운전을 하는 라이더들이 결국 살아남는 배달 생태계를 바꾸지 않는다면, 난폭운전을 욕하는 시민들과 그런 라이더들을 이용해 돈을 버는 기업을 욕하는 시민들과, 이런 소란에 아랑곳하지 않고 일하는 라이더들이 각자의 도로 위에서 일방통행하며 달리는 일이 지겹도록 반복될 것이다.

안전 장구 착용과 교통법규 준수는 당연히 라이더의 몫이다. 그러나 안전 장구를 착용하고 교통법규를 지키는 라이더가 배달산업 생태계에서 잘 살아남을 수 있는 환경을 만드는 것은 우리 모두의 몫이다.

죽음을 생산하는
공장을 멈추자

라이더유니온을 만들고 가장 많이 방문한 곳이 병원이다. 장례식장에서는 유족에게 조의를 표하자마자 "산재 신청은 하셨어요?"라고 묻고 "이것도 산재예요?"라는 질문을 받았다. 육개장과 향냄새가 어지럽게 섞여 몸과 마음에 쌓이다 보면 산재 보상이 무슨 소용인가 싶어 마음이 움푹 파였다가도, 장례업체가 유족에게 결제를 요청하고 유족이 상복 안쪽 주머니에서 카드를 꺼내는 모습을 마주할 때면 꺼진 마음을 다시 다진다. 입원 병동에서는 목숨을 건진 노동자가 하루에도 몇 번씩 등을 들썩인다. 그는 병원비가 무서워 퇴원을 하고 생활비가 없어 깁스를 한 채 오토바이에 오른다.

병원 장례식장이나 입원실에 누워 있던 배달노동자를 손님은 핸드폰 화면 속에서 봤을 것이다. 손님의 배달앱에서 열심히 달려가던 귀여운 배달라이더 캐릭터가 갑자기 멈추는 순간이 바로 사고의 순간이다. 손님이 배달을 시키고 실시간으로 배달라이더를 확인했다면, 배달노동자가 움직이지 않는다고 음식점이나 플랫폼에 항의 전화를 했을 수도 있다. 회사에서 아무리 전화를 해도 받지 않은 핸드폰 화면 속 배달노동자는 영정으로 장례식장 단상에 놓인다.

배달산업은 배달노동자의 생명을 먹으며 계속해서 성장했고, 도로는 전쟁터로 변했다. 전사자는 장례식장으로 옮겨지고 살아남은 자는 '딸배(배달노동자를 비하하는 은어)'가 된다. 죽음조차 존중받지 못해, 배달노동자의 이야기는 '감성팔이'라는 모욕을 당한다. 장례식장 쌀밥과 댓글 속 욕을 반복해서 먹다 보면 반박할 기력조차 사라진다. 그렇게 죽음이 익숙해져버린 내게 한 배달노동자가 정신이 번쩍 들도록 머리를 내려쳤다.

2022년 4월 1일, 쿠팡 본사 앞에서 열린 배달노동자 사망 규탄 기자회견에서 자전거 배달을 하는 조합원이 외쳤다. "사람이 죽은 날에 쿠팡이츠는 5건 하면 추가 보너스를 주겠다는 알림과 문자를 보냈다. 적어도 회사에서 함께 일하던 사람이 죽으면 조의를 표하는 게 예의 아니냐!" 정신이 번쩍 들었다가 이내 부끄러워졌다. 나는 배달앱의 알림에 아무런 분노도 슬픔도 느끼지 못했다. 사람 하나 죽었다고 배달산업이 멈출 리 없다. 다른 사람이 배달하면 그만이다. 죽은 이는 데이터에서 삭제될 뿐이다. 배달노동자의 사고와 죽음을 막는 건 불가능한 일처럼 여겨지면서 노동자를 보호할 수 있는 제도는 구멍이 뻥뻥 뚫린 채 방치되고 있다.[27]

배달노동자의 죽음에 애도가 아니라 수많은 비난이 쏟아지는 건 개의치 않았다. 온라인상에서 배설하듯 날리는 욕설은 아무런 타격을 주지 못한다. 실제 도로에서 배달노동자가 다치면 사람들은 대부분 도움의 손길을 내민다. 정부 관계자나 정치인들이 배달노동자들의 삶에 무지한 것도 개의치 않는다. 조직된 노동자들이 이들을 압박하고 설득하고 밀어붙이면 될 일이다.

다만, 두려운 건 늦은 밤 걸려오는 전화다. 혹시 누가 또 다치거나 죽었다는 소식일까 봐서 두렵다. 모든 죽음을 쫓아갈 수 없다. 모든 사고도 쫓아갈 수 없다. 쫓아가다 보면 지치고 어떻게든 살아가려면 죽음과 거리를 둬야 한다. 그렇게 어떤 이의 죽음에 아무런 슬픔도 느끼지 못하고 냉소하는 것이야말로 두려운 일이다. 배달노동자들이 수많은 동료의 죽음에도 오토바이 위에 다시 오를 수 있는 비법일 테다.

배달노동자 개인이 최선을 다해 안전 수칙을 지킨다고 해결될 문제는 아니다. 2023년 1월 20일 새벽, 30대 배달노동자가 차에 치여 사망했다. CCTV 화면이 공개됐는데 고인은 좌회전을 하기 위해 신호대기를 하는 중이었고 완벽하게 정지선을 지키고 있었다. 안전 장비도 착용한 상태였다. 그 순간 맞은편에서 엄청난 속도의 차량이 중앙선을 넘어 달려오더니 배달노동자를 덮쳤다. 음주운전 차량이었다. 배달노동자가 아무리 혐오스럽더라도, 이륜차가 도로 위의 다수자인 사륜차에 비해 약자라는 사실을 인정하지 않는다면 안전사고를 막을 수 없다. 배달노동자가 아무리 교통법규를 잘 지키고, 안전 장비를 착용한다 하더라도 도시 전체 구성원들이 안전이라는 가치를 위해 노력하지 않으면 배달노동자의 안전을 지키는 것은 불가능하다. 배달노동자의 공장을 안전하게 정비하는 것은 시민 모두의 안전과 연관되어 있기도 하다.

죽음을 쫓아가는 걸 멈추고 죽음을 생산하는 공장과 기계를 멈춰보려고 노력했다. 이 책의 취지를 한마디로 요약한다면 배달 공장을 멈추고 어떠한 위험 요소가 있는지 다 같이 들어가서 살펴보자는 제안이다.

배달노동자만의 이야기가 아니다. 이제 기업은 더 이상 어떤 책임도 지려고 하지 않는다. 임금, 고용뿐만 아니라 산업안전의 문제 역시 마찬가지다. 노동이 쪼개지고 유연화되는 것만큼 기업도 쪼개지고 유연화되고 있는 중이다. '책임'이라는 단어가 들어갈 자리에 빈칸만이 존재한다. 이 빈칸을 채우기 위한 노력 중 하나로 이 책이 쓰일 수 있다면 영광스러운 일일 것이다.

배달라이더를 위한 산재보험 사용 설명서

막막하기만 한 산재 신청,
이렇게 시작하자

막상 사고가 나서 산재 신청을 하려고 하면, 막막하다. 누구한테 얘기를 해야 할지도 모른다. 가장 좋은 방법은 다친 순간에 방문한 병원 원무과에 물어보는 것이다. "산재 신청을 하려고 하는데, 어떻게 하면 되나요?"라고. 이때 무심한 듯 담당자를 알려주거나 병원 내 관련 부서를 안내해주면 병원에서 원스톱으로 산재 신청을 할 수 있는 산재지정병원일 가능성이 높다. 직원의 눈이 동그랗게 커진다면, 산재가 뭔지도 모를 가능성이 높기 때문에 번거롭지만 진단서, 의사 소견서 등 필요한 서류를 준비해서 근로복지공단에 방문해야 한다.

어떤 경우든 1장의 서류를 작성해야 한다. 바로 요양급여 신청서다. 요양급여는 업무상 부상 또는 질병으로 요양할 경우, 병원비를 보장하기 위해 지급하는 급여다. 요양급여 신청서에는 사고가 난 사람의 인적 사항, 소속사업장, 재해일시 등을 쓰면 된다. 작성해야 하는 항목 중 다들 어렵게 생각하는 게 사업장관리번호인데, 근로복지공단 홈페이지에 사업장관리번호라고 검색하면 검색 링크가 나온다. 여기서 소속된 사업장 영수증에 찍힌 사업자번호나 사업장명을 검색하면 사업장관리번호를 알 수 있다. 이것조차 어렵다면, 그냥 근로복지공단에 전화를 해서 도움을 받아 작성한 뒤 제출할 수도 있다. 대형플랫폼기업의 경우에는 고객센터 채팅을 통해 문의를 한 후 산재 처리 안내를 받아도 된다.

요양급여 신청서 하단에는 '요양급여 신청 의료기관 대행 제출(동의)장' 항목이 있다. 병원에서 근로복지공단에 대신 산재 신청을 해줄 경우, 여기에 체크해서 제출한다. 병원에서 산재 승인을 위해서 추가적인 서류를 가져오라고 할 수도 있는데 산재지정병원이라면 다음 진료일에 맞춰서 들고 가면 되니 편리하다.

요양급여 신청을 할 때, 휴업급여 신청서도 같이 제출하는 것이 좋다. 휴업급여는 다쳐서 일을 하지 못하면 생계가 무너지기 때문에 재해자에게 소득을 보장해주는 보험급여다. 보통은 요양급여를 넣고 승인이 떨어지면 휴업급여를 넣으라고 안내해준다.

휴업급여 신청을 위해서는 사고가 발생한 달을 포함한 4개월간의 임금대장이 필요하다. 평소 자신이 버는 수익의 70퍼센트를 휴업급여로 지급하기 때문이다. 이 금액이 최저임금보다 낮으면 최저임금의 8시간분이 하루치 휴업급여다. 휴업 기간은 의사가 적는 내용이라서 병원에서 처리하면 따로 진단서를 떼느라 돈 낼 필요도 없고 절차도 간단하다. 서류도 병원에 치료받으러 왔다 갔다 하면서 제출하면 되기 때문에 따로 근로복지공단을 방문하는 것보다 편하다. 산재 처리는 원칙상 신청 후 7일 이내에 처리해야 하므로 7일 이내에 소식이 없다면 관할 근로복지공단에 연락해보는 것도 좋다.

그런데 요양급여 승인에 시간이 걸리는 경우가 많다. 한 달 정도 걸리는 경우도 있는데, 이 경우 30일 동안 소득 없이 견뎌야 한다. 요양급여 승인 소식을 듣고, 또 서류를 준비해서 휴업급여 신청을 하러 가는 것도 일이다. 산재 승인 결과를 기다리는 하루하루가 지옥이기 때문에 처리 속도는 매우 중요하다. 일단 되든 안 되든 2가지 급여를 모두 신청하고, 요양급여 승인과 동시에 휴업급여를 받는 게 편리하다. 한 번 승인이 나면 온라인의 '산재·고용보험 토탈서비스' 사이트에서 바로바로 급여를 신청할 수 있으니 온라인을 이용하는 게 편하다.

산재 승인에서 가장 중요한 문서는 의사가 작성하는 '산업재해보상보험 요양급여 신청 소견서'다. 소견서에는 재해로 인한 최초 증상, 병원에 온 방법, 재해자가 진술한 재해 경위, 병원 도착 일시, 의사의 종합소견 등을 기재하게 되어 있는데, 근로복지공단이 재해자의 산재 승인을 판단할 때 중요한 근거가 된다.

소견서에서 특히 주목해야 할 항목이 있는데, 바로 '취업 치

료 가능, 취업 치료 불가능: 향후 ( )개월 후 가능성 재판단' 항목
이다. 취업 치료는 치료받으면서 근무가 가능한 상태를 말하는 것
으로 의사의 의학적 판단에 따른다. 만약 의사가 취업 치료가 가
능하다고 체크하면, 휴업급여는 지급되지 않는다. 노동 능력이 상
실되지 않았으므로, 휴업급여를 지급할 필요가 없기 때문이다. 그
래서 병원 진단서가 전치 4주가 나왔다고 해서 휴업급여도 4주
가 나올 것이라고 생각했다가는 낭패를 볼 수 있다. '전치'란 '병
을 완전히 고침'이라는 뜻이다. 의사가 일주일 정도는 일을 하지
않고 치료하고, 나머지 3주 동안은 취업 치료를 하면서 병을 완전
히 고칠 수 있다고 판단할 수도 있다. 이걸 모르고 있다가 4주 동
안 일을 하지 않는다면, 3주간의 휴업급여를 수령하지 못해 경제
적인 피해를 볼 수 있다. 따라서 반드시 취업 치료 불가능 기간을
확인해야 한다.

산재보험과 자동차보험의 유불리를 꼼꼼히 따져보자

정확한 산재사고 통계를 위해서도 일하다 다치면 무조건 산
재 신청을 하라고 추천하지만, 경제적 측면만 보면 산재가 불리
한 경우도 있기 때문에 잘 따져봐야 한다. 산재휴업급여가 최저

임금이다 보니 상대방 자동차보험으로 보상받는 게 유리할 수도 있다. 이때, 중요한 게 과실 비율이다. 상대방 과실이 4이고 내 과실이 6이라고 가정해보자. 치료비는 보통 상대방 차량 보험으로 받는 게 좋으니 보험 처리를 하는 게 유리하다. 그런데 휴업급여 보상은 잘 따져봐야 한다. 내 하루 수익을 10만 원으로 본다면, 내 과실이 40퍼센트이므로 6만 원을 보상받게 된다. 그런데 산재 휴업급여로 보상을 받으면 최저임금 8시간분을 받게 되므로 7만 6960원(2023년 기준)을 보상받을 수 있다. 내 과실이 크면 클수록 산재를 신청하는 게 유리하다. 요컨대, 치료비는 상대방 보험으로, 휴업급여는 산재급여로 받을 수 있다. 물론, 같은 항목으로는 중복 보상이 불가능하다. 보험으로 치료비를 해결했다면 산재요양급여는 받을 수 없다. 그래서 보험사와 합의할 때의 항목이 중요하다. 산재 보상과는 별도로 위자료를 받았는데, 치료비나 휴업급여라고 적혀 있다면 산재보상급여와 중복되어 부정수급이 될 수 있다. 따라서 보험사와 합의할 때 치료비, 휴업급여, 위자료 등으로 명확히 항목을 구분하는 게 좋다.

당장의 경제적 이익만을 보고 무조건 자동차보험으로 처리하는 것도 위험하다. 뒤늦게 후유증이 발견될 수도 있고, 사고처리 과정에서 분쟁이 생겨 과실을 따져보니 과실 비율이 바뀌거나 피해자와 가해자가 바뀔 수도 있기 때문이다.

불안하면 일단 산재요양급여 신청은 해놓고 승인을 받은 후

근로복지공단의 보상급여는 받지 않는 방법도 있다. 이렇게 하면 실제 보상은 자동차보험으로 해결하고, 혹시나 나중에 문제가 생기면 산재로 방향을 틀 수 있다.

더 나은 산재보험을 위해 풀어야 할 과제 1
: 산재 승인의 방지턱, 질병

배달노동자의 산재 승인은 다른 업종에 비해서는 비교적 쉽다. 사고 현장이 공장 안이 아니라 길거리라는 점이 오히려 장점이 된다. 사고 자체가 일어난 걸 은폐하기 쉽지 않기 때문이다. 교통사고가 일어날 경우 가해자든 피해자든 보험접수를 할 가능성이 높고 교통경찰이나 구급차가 출동할 가능성이 높다. 무엇보다도 사고를 은폐하고 싶은 직장 상사가 현장에 없을 가능성이 높다.

교통사고의 경우 노동자가 당한 부상과 업무 연관성 입증도 비교적 쉽기 때문에 산재 신청을 할 경우 승인될 가능성이 높다. 플랫폼의 디지털 기술은 노동자의 위치, 배달 수행 이력, 로그인 정보 등을 실시간으로 확인할 수 있기 때문에 증거를 찾는 것도 어렵지 않다. 실제 2022년 8월, 김영진 더불어민주당 의원실이 근로복지공단으로부터 제출받은 자료를 보면, 우아한청년들 소속 배달라이더가 신청한 1336건의 산재 신청 중 1278건이 산재 승인을 받았다. 불승인이 난 경우는 58건에 불과했다. 쿠팡이츠 라이더들도 339건을 신청했는데, 297건이 산재 승인을 받았다. 문제는 대부분의 산재 신청이 질병이 아니라 사고 건이라는 점이다. 파열 열상, 타박상, 진탕, 찰과상, 뼘, 사고로 인한 요통 근골격 질환, 내부 기관 상해 등이다.

산재 승인은 질병에서 막힌다. 우아한청년들 산재사고 세부 내역을 보면, 2022년 8월까지 제출된 1336건의 산재 신청 중 질병은 10건에 불과했다. 근골격계 질환이나 심장, 뇌혈관, 천식 등의 질환이었다. 이 중 9건이 불승인되고 1건만이 승인됐다. 2021년에도 8명이 질병 관련 산재 신청을 했는데, 7건은 불승인되고 1건만 승인됐다. 배달 업무가 노동자의 질병에 영향을 미쳤는지 입증하기가 쉽지 않아서다. 실제로 디스크를 포함한 만성질환에 대한 산재 승인 상담이 많이 들어오는데, 배달노동자가 매일 건너는 방지턱과 울퉁불퉁한 도로, 무거운 헬멧, 지속적인 핸드폰 사용 등은 목과 허리에 상당한 부담을 주지만 이걸 산재로 승인받기가 쉽지 않다.

일단 데이터 자체가 적다. 배달노동자 산재 가입이 의무화된 것이 불과 2017년부터였고, 산재 가입자가 본격적으로 늘어난 건 산재 적용제외 신청 사유 제한이 생긴 2021년 7월 1일 이후부터였다. 2017년 2944명이었던 퀵서비스 산재 가입자 숫자는 2018년 4695명, 2019년 1만 4283명, 2020년 3만 7692명이었다가 2021년이 되어서야 10만 5020명으로 10만 명을 겨우 넘겼고, 2022년 3월 기준 13만 명이 됐다. 배달 일을 오래 하면 만성질환이 생길 수 있다는 걸 입증하기에는 배달노동자들의 산재 보상역사가 너무 짧다. 향후 해결해야 할 과제다.

사고라도 산재 승인이 어려운 경우가 있다. 대부분의 사고가 교통사고이다 보니, 근로복지공단에서 교통사고사실확인원 서류를 요구한다. 교통사고사실확인원은 담당 형사가 수사를 종료해야 발급이 가능하다. 수사가 끝나지 않으면 발급받지 못한다. 라이더 입장에서는 산재 승인이 날지 안 날지 불안한 상황이기 때문에 최대한 빨리 산재 신청을 하고 요양급여와 휴업급여를 받고싶어 한다. 병원에 누워 있다가 산재 불승인이 나면 치료비와 일을 하지 못한 손해를 그대로 감당해야 하기 때문이다. 그래서 불확실한 상황이 길어지면 길어질수록 병원에 누워 있을 수 없다. 이런 상황에서 교통사고사실확인원 발급이 지연된다면 더욱 불안하다. 특히나 가해자를 잡기 힘든 뺑소니를 당했다면 문제가 더심각해진다. 가해자를 잡을 때까지 수사가 종료되지 않기 때문이다. 우리가 깁스를 한 채 배달 일을 하는 라이더를 종종 만나는 이유 중의 하나다.

근로복지공단은 재해자에게 보상한 이후 사고를 낸 가해자에게 구상권(다른 사람을 위하여 그 사람의 빚을 갚은 사람이 다른 연대 채무자나 주된 채무자에게 상환을 요구할 수 있는 권리. 타인 때문에 손해를 입은 경우에 손해배상을 청구할 수 있는 권리도 포함돼 있다)을 청구하기 위해서라도 교통사고사실확인원을 받고 산재 승인을 하고 싶을 테지만, 재해자 입장에서는 하루라도 빨리 산재 승인이 나야 한다. 근로복지공단에서는 119 구급 기록지, 병원 치료 기록, 사고 신고 등을 확인할 수 있는 경우, 해당 자료로 산재 지급을 하도록 하고 있다고 하나 각 지역의 공단에서는 다르게 반응하는 경우가 종종 있었다. 2019년 라이더유니온이 이와 관련한 문제 제기를 했고, 근로복지공단으로부터 이와 관련한 교육을 강화하겠다는 답변을 받았지만, 신청과 승인의 과정이 있는 현재 산재 제도로는 근원적 불안이 사라지지 않는다.

더 나은 산재보험을 위해 풀어야 할 과제 2
: '전속성'이라는 커다란 구멍

배달대행 노동자들이 느끼는 산재 불승인에 대한 두려움은 감정적 문제만이 아니다. 여러 개의 사업장에서 일을 하는 노동자들에게 어떻게 산재보험 적용을 시키느냐는 제도적 문제다. 지금까지 노동자에 대한 보호는 주로 하나의 사업장에서 일하는 노동자를 1명의 사장이나 법인이 책임지는 방식이었다. 그런데 산업형태가 바뀌고 있다.

배달노동자의 경우 다양한 콜을 수행하다가 사고가 났을 때 문제가 된다. 가령, 동네배달대행사의 사장은 모두 독립된 사업자다. '바로고'라는 같은 프로그램을 사용하더라도, 마포지사와 서대문지사의 사장은 다른 사장이며, 산재성립신고, 산재입직신고는 각각의 사장이 따로 해야 한다. 산재보험료 납부 의무도 두 사장이 따로 진다. 문제는 마포지사 소속 라이더가 마포구 음식점의 콜을 픽업해서 서대문구에 사는 손님의 집에 배달을 했을 때다. 다음 콜을 수행하기 위해서는 서대문구에서 마포구로 빈 차로 와야 한다. 이게 너무 비효율적이라 마포지사 소속 라이더라 하더라도 서대문지사 소속 상점의 배달 음식을 픽업할 수 있도록 허용해준다. 이를 '공유콜'이라고 부른다. 그렇다면 마포지사 소속 라이더가 서대문지사 콜을 수행하다가 벌어진 사고 책임은 누구에게 있는가? 다행히 근로복지공단은 같은 프로그램을 사용하는 경우에는 산재 승인을 해주도록 지침을 가지고 있었다.

그런데 여러 프로그램사가 연합해서 하나의 회사를 만드는 경우도 있다. 만나플러스는 이어드림, 날라가, 공유다, 윈윈파트너스, RUN, 제트콜, 로드파일럿 등 7개 배달대행 프로그램사를 통합해서 만든 회사다. 지사장들의 협조만 있다면 이어드림 소속 라이더가 날라가 소속 가맹점의 콜을 수행할 수 있게 됐다. 이런 경우 여러 사업장의 일감을 수행하다 벌어진 사고를 어떻게 보상할 것인지가 문제로 떠올랐다.

날라가 음식과 이어드림 음식을 픽업하고 나서 날라가 배달 주문을 수행하다가 사고가 나면 어떤 회사의 업무를 수행하다가 벌어지는 사고일까? 근로복지공단은 산재 신청이 들어오면, 보험 가입자의 의견서를 받는다. 산재보험 가입자는 회사인데, 근로복지공단은 '귀사는 산재 신청인의 산재를 인정합니까?'라고 묻는다. 공단은 어떤 사업자로부터 의견서를 받으면 될까? 물론 의견서가 산재 승인 여부를 결정하는 결정적인 근거는 아니고 참고용이지만 재해자가 어디에 소속되어서 일했는지를 확인하는 문제는 여전히 남는다.

질문을 바꿀 필요가 있다. 산재보험의 가입자는 사업주이지만, 보험의 수혜자는 노동자다. 산재는 노동자가 다쳐서 사장에게 보상금을 청구할 때 다른 사업주와 공동으로 납부한 보험기금으로 해결하기 위해 만든 보험이다. 따라서 일하다가 다친 노동자에게 보상을 해주는 게 목적이라면 산재 승인의 문제에서 노동자의 주 사업장이 어디인지는 중요하지 않다. 물론 산재 예방과 사고 책임의 문제는 여전히 해결하기 힘든 난제다.

2020년 9월, 대통령 소속 경제사회노동위원회에서 이루어진 근로복지공단과의 간담회에서 라이더유니온이 이 문제를 질의했는데, 당시 근로복지공단은 소속 사업장이 달라도 같은 배달앱을 쓰고 있다면 일단 산재 승인을 허용하도록 업무 지침을 바꾸겠다고 대답했다. 그러나 업무 지침 정도로는 플랫폼산업에서의 산재 문제를 완벽하게 해결하기 힘들다. 바로 산재 전속성 기준 때문이다.

2022년 봄, 산재보험료를 꼬박꼬박 납부한 라이더유니온 조합원 박재범 씨는 배달 일을 하다가 사고가 났는데도 산재 보상을 받지 못했다. 근로복지공단은 하나의 배달앱에서 월 93시간, 115만 원의 소득을 벌지 못하면 전속성 기준을 충족시키지 못해 보상을 할 수 없다고 했다. 그는 전속성이란 단어를 처음 들었다.

산재 전속성 개념은 산업재해보상보험법(산재법)상 특수형태근로종사자 개념이 도입되면서 함께 들어왔다. 근로복지공단 홈페이지에 접속해서 '가입납부'를 클릭하면 '산재고용보험 적용 특례'가 나온다. 그곳에는 산재 보장은 해주되 특별하게 보장해주는 사람들의 목록이 나온다. 여기서 '특수형태근로종사자 산재보험'을 클릭하면 근로복지공단이 정의하는 특수형태근로종사자가 서술되어 있다.

> 특수형태근로종사자란 계약의 형식에 관계없이 근로자와 유사하게 노무를 제공함에도 〈근로기준법〉 등이 적용되지 아니하여 업무상의 재해로부터 보호할 필요가 있는 사람으로서, 아래 요건에 해당하는 사람을 말합니다.
>
> - 주로 하나의 사업에 그 운영에 필요한 노무를 상시적으로 제공하고

보수를 받아 생활할 것

- 노무를 제공함에 있어서 타인을 사용하지 아니할 것

위 요건에 해당하는 보험설계사 등 15개 직종 종사자에 대하여는 노무를 제공하는 시점부터 특수형태근로종사자 적용 특례에 따라 산재보험의 당연 적용 대상이 됩니다.

이 설명에 모든 것이 담겨 있다. 노동은 하지만 근로기준법상 근로자가 아니라 노동법의 보호를 받지 못하는 사람들에게, 그래도 산재만큼은 보장해주자는 취지로 '특수형태근로종사자'라는 개념이 만들어졌다. 단, 모든 일하는 사람을 보호할 수는 없으니 '주로 하나의 사업에 그 운영에 필요한 노무를 상시적으로 제공하고 보수를 받아 생활할 것'이라는 조건을 붙였다.

특수한 노동자는 국가가 정하는데 모두 15개 직종이다. 보험설계사, 건설기계자차기사, 학습지 교사, 골프장캐디, 택배기사, 전속 퀵서비스기사, 대출 모집인, 신용카드 모집인, 전속 대리운전기사, 방문강사, 방문판매원, 대여제품 방문점검원, 가전제품 설치원, 화물차주, 소프트웨어 기술자다. 직종을 읽다 보면 노동자 앞에 '특수'가 붙은 이유가 무엇인지 짐작이 간다. 구체적인 근무 형태 차이가 아니라 노동시장에서의 권력 차이 때문이라고 생각한다면 지나친 억측일까.

퀵서비스기사와 대리운전기사 앞에는 '전속'이라는 말이 붙어 있다. 그렇다면 어떻게 전속적으로 노무를 제공한다는 걸 증명할 수 있을까? 이는 고용노동부 장관이 임의로 매년 정해준다. 배달과 대리운전의 전속성 기준은 '고용노동부 고시 제2017-21호'에서 정한다. 93시간, 115만 원의 기준은 이렇게 탄생했다.

라이더유니온은 2019년 12월 이 전속성 기준에 대해 문제를 제기했다. 배민커넥터로 일하던 라이더가 사고가 났는데 산재보험료를 꼬박꼬박 냈음에도 근로복지공단이 3개월 이상 승인을 미루고 있었다. 우리가 문제 제기를 하자 얼마 안 있어 주로 하나의 사업장에서 일하고 산재보험료를 납부하고 있었다면 배달을 1건만 했더라도 보상하겠다고 밝혔다. 박재범 조합원의 경우 주로 하나의 사업이라는 조건에서 걸렸다. 그는 배민커넥트와 쿠팡이츠 배달을 모두했고 둘 중 어느 것도 전속성 기준을 충족시키지 못했다. 근로복지공단은 2개 이상의 업체에서 배달을 할 경우에는 전속성 기준을 충족시킨 업체에서 일하다 사고가 났을 경우에만 보상이 가능하다고 밝혔다.

이 황당한 단어는 정부와 국회도 문제라고 생각했다. 2020년 고용노동부 장관은 전속성 기준을 재검토하겠다고 밝혔고, 2021년 더불어민주당은 전속성 폐지를 골자로 한 법안을 발의했지만, 논의조차 하지 않았다. 약속은 하지만 지키지는 않는 사이 전치 4주의 부상을 입은 박재범 씨는 1000만 원의 치료비를 혼자 감당해야 했다.

라이더유니온은 2022년 3월 23일 대통령직인수위원회(인수위) 앞에서 산재 전속성 기준 폐지를 넘어 산재법상 근로자 개념을 노무제공자로 확대하라고 요구했다. 일을 하는 사람이라면 근로자 여부와 상관없이 산재보험의 보호를 받아야 한다는 주장이다. 이미 산안법에서 노무제공자 개념을 도입했으니 산재 보상에서도 가능할 것이라고 봤다. 2022년 3월 30일, 쿠팡이츠에서 일을 하던 자전거 배달노동자가 트럭에 치여 사망하는 사건이 벌어졌다. 역시 전속성이 문제가 되어 산재 승인이 불확실했다. 불행 중 다행으로 과실 비율이 낮아 상대방 보험으로 보상을 받았다.

전속성 폐지를 더 이상 미룰 수 없었다. 같은 해 4월, 다시 인수위를 찾았다. 인수위는 이 요구를 받아들여 4월 14일 임이자 사회문화복지분과 간사와 라이더유니온이 면담을 진행했고, 4월 22일 배민, 쿠팡이츠, 부릉, 고용노동부, 국토교통부를 불러 라이더보호법 관련 간담회를 진행했다. 전속성 기준은 국회 환경노동위원회 야당 간사인 임이자 국민의힘 의원이 국회로 복귀하는 즉시 더불어민주당과 협의하여 처리하겠다고 약속했다. 기업들도 산재 전속성 폐지를 찬성한다고 밝혔다. 여러 기업이 노동력을 공용으로 사용하면서 필요할 때 쓰고 필요 없어지면 버리는 행태가 보편화되고 있는 상황이었다. 배달플랫폼기업 입장에서도 전속성 기준은 시대에 맞지 않는 규제였다. 실시간 고용과 해고가 벌어지는 상황에서 일하는 모든 사람을 보호하는 산재보험은 기업의 노무관리를 위해서도 필요했다.

2022년 5월 29일 밤, 국회에서 산업재해보상보험법(산재보험법)상 특례조항이었던 제125조 '특수형태근로종사자에 대한 특례'가 삭제되고 노무제공자로 대체되면서 '주로 하나의 사업장'이라는 전속성 기준이 폐지됐다. 노동자가 사인하면 산재보험 가입을 시키지 않아도 됐던 산재 적용제외 신청제도 역시 함께 폐지됐다. 역사적인 순간이었다.

전속성 기준이 폐지됐다고 해서 산재 보상 문제가 모두 해결되는 건 아니다. 배달노동자들이 출근을 하기 위해 이동하다가 벌어진 사고를 어떻게 보상할 것인가도 중요한 쟁점이다. 2018년 1월 1일부터 출퇴근 중 일어난 사고도 산재 보상이 가능해졌다. 산재로 인정받기 위해서는 통상적인 경로와 방법으로 출퇴근하던 중 발생한 사고여야 하고, 경로의 일탈 또는 중단이 없어야 한다. 배달노동자 역시 주로 일하는 지역이 정해져 있다. 그런데 배달앱에서 가끔 프로모션을 할 수 있다. 서울 중구나 용산구처럼 배달이 어려운 지역에서 배달할 경우 1000원의 보너스를 준다든가, 강남에 배달료를 더 많이 준다든가, 특정 지역 서비스 오픈을 위해서 프로모션을 진행하는 등의 변수가 생긴다. 이럴 경우 배달노동자들이 주로 콜을 잡던 지역을 벗어나 이동을 할 수도 있다. 또, 심각하게 일감이 줄어서, 일감이 많은 지역으로 이동할 수도 있다. 이 경우에도 배달앱을 켜놓고 이동한다면 업무 중 대기시간으로 볼 수 있어 산재 보상에는 큰 문제가 없다. 다만, 배달앱을 계속 켜놓고 이동을 하다 보면 엉뚱한 방향의 배달 콜이 들어올 수 있고 이를 거절하면 평점과 배차에 불이익을 받을 수 있다. 그래서 보통 먼 거리를 이동할 때는 배달앱을 꺼놓고 이동한다. 이때 사고를 당한 것을 어떻게 보상할 수 있을지가 여전히 쟁점이다.

확률은 낮지만, 오토바이를 타러 가다가 벌어지는 사고 역시 산재로 보상해야 하는지도 문제다. 집에서 오토바이를 타러 나오다가 계단에서 넘어질 수도 있고, 전날 폭우나 폭설로 오토바이를 거리에 세워두고 퇴근할 수도 있다. 이때 오토바이를 놓고 가다가 미끄러져 다칠 수도 있고, 다음 날 오토바이를 찾으러 가다가 사고가 날 수도 있다. 이는 배달노동자만의 문제가 아니다. 사업장이 일정하지 않은 모든 노동자에게도 같은 문제가 발생할 수 있다. 모든 곳이 자신의 일터인 노동자들을 부정수급 이슈 없이 어떻게 잘 보호할지는 우리 모두가 고민해야 할 과제로 남아 있다.

한편, 산재 전속성 기준 폐지를 국회에서 논의하는 과정에서 산재보험료 징수와 관련한 논란도 나왔다. 전속성 기준이 폐지되자 산재보험료를 어떻게 걷을지가 문제가 됐다. 이 문제는 비교적 쉽다. 고용보험료 징수와 같은 방식으로 배달할 때마다 걷으면 된다. 현재 배달노동자들은 배달 1건을 수행하면 배달료에서 27.4퍼센트의 필요경비율을 제외하고, 0.8퍼센트씩 건건이 고용보험료를 납부하고 있다. 고용보험은 사용자와 노동자가 반반씩 부담하므로, 사용자도 0.8퍼센트씩 납부한다. 배달주문과 배달대행을 동시에 하는 배민, 쿠팡이츠, 요기요는 플랫폼기업이 자동으로 납부하면 되지만, 배달대행사와 배달대행 프로그램사가 공존하는 일반대행사는 논란이 될 수 있다. 이것도 어려운 문제는 아니다. 일단 사용자는 동네배달대행사 사장이지만, 동네배달대행사 사장이 일일이 계산해서 고용보험료를 징수하기는 어렵다. 그래서 징수 업무만 프로그램사에게 부여했다. 배달대행 프로그램사가 0.8퍼센트를 부담하면, 동네배달대행사 사장에게 프로그램비를 좀 더 올려 받으면 된다. 동네배달대행사 사장이 부담하더라도, 라이더에게 수수료를 올려 받아 전가할 수 있다. 그러므로 사회보험료 액수 자체가 사업주에게 타격을 주는 건 아니다.

산재보험료도 마찬가지다. 일단 징수 의무는 배달플랫폼기업에 지우면 된다. 배달플랫폼기업을 통해 소득 정보 데이터를 투명하게 알 수 있기 때문에 가능한 일이다. 배달노동자가 A사에서 일하면 A사가, B사에서 일하면 B사가 징수한다. 배달 건마다 징수하면 된다. 이렇게 되면 최저임금으로 고정되어 있던 휴업급여도 실소득에 비례해서 늘어날 수 있다.

2023년 2월 27일 고용노동부는 '산업재해 보호 대상 노무제공자 현재 80만 명에서 173만 명으로 늘어난다'라는 제목으로 '산업재해보상보험법 및 보험료징수법 하위법령 입법예고' 보도

자료를 제출했는데 앞서 살펴본 대로 보험료 징수, 휴업급여 제도를 설계할 것으로 보인다. 다만, 실소득에 비례해서 보험료를 징수하고 그에 비례하여 휴업급여를 보장했을 때 쟁점이 하나 발생하게 된다. 한두 건 배달하다가 다친 사람의 휴업급여를 얼마나 보장하느냐는 문제다. 현재는 노동자의 소득이 아무리 적어도 최저임금은 보장한다. 그런데 납부한 보험료에 비례해 휴업급여를 지급한다면 조금 일하다 다친 사람은 최저임금 미만의 휴업급여를 받을 수 있다. 그러나 배달 1건을 하든 10건을 하든 일을 하지 못할 정도로 다치면 생계에 필요한 소득을 벌 수 없는 상황이 되는 건 같다. 사고가 나서 입원이라도 한다면 부업으로 하던 배달뿐만 아니라 본업도 못 하기 때문이다. 산재휴업급여가 노동력 상실 때문에 노동자가 생계의 위협을 받지 않게 하는 게 목적이라면 최저임금 이상은 보장하는 게 제도의 취지에 맞다. 고용노동부는 보도자료에서 '최저 휴업급여는 산재법이 적용되는 노무제공자 평균 보수액의 70% 금액(매년 고시)'으로 정할 계획이라고 밝혔다. 즉 최저임금이 아니라 정부가 매년 임의로 최저 휴업급여액을 결정하게 된다. 향후 이 금액을 둘러싼 갈등이 벌어질 것이다.

이보다 첨예한 쟁점은 산재보험료 납부 책임의 문제다. 2022년 5월 9일에 있었던 국회 고용노동법안심사 소위원회 의사록에는 다음과 같은 대화가 나온다.

"사업주 전액 부담, 이게 참 죄송스러운 말씀입니다. 저희들이 솔직하게 시행령을 만들지 못한 게 사용종속의 정도를 직종별로 차등화해서 특정 직종에 한해서 하자는 게, 저희들도 최초에는 그게 가능한 그림이라고 봤는데 그게 여러 가지 직종별 형평성에 맞느냐, 그리고 제대로 했냐 하는 그런 문제까지 실무적으로 들어가다 보니까 그렇게 정하기가 현실적으로 쉽지 않습니다. (…) 헌법재판소에서 결정문을 통해서 저희들한테 또 훈시하실 부분도 있는데 그 가능성조차 배제하고 입법적으로 하는 게 타당하냐 하는 문제가 있는 것 같습니다. 그래서 그냥 현행 규정으로 두고 가시는 방법으로 그렇게 하면 저희들이 조금 더 검토해보고 헌법재판소의 결정까지 지켜보고서 판단을 해보는 그런 방향으로 했으면 좋겠습니다."

박화진 고용노동부 차관이 국회의원들을 상대로 산재보험료 분담 문제를 설명하는 내용이다. 헌법소원 중이니, 일단 현행대로 놔두고 나중에 결과가 나오면 논의하자는 취지다. 무슨 일일까?

배달대행 일을 하는 배달노동자들은 특수형태근로종사자로 분류되어 근로기준법상 근로자와 달리 산재보험료를 사용자와 노동자가 절반씩 부담한다. 이는 고용보험 및 산업재해보상보험의 보험료징수 등에 관한 법률 제49조의3(특수형태근로종사자에 대한 특례)에 근거하고 있는데, 근로기준법상 근로자와 특수형태근로종사자를 구분해서 산재보험료 부담을 달리해야 할 합리적인 이유를 찾기 힘들다. 특히 제49조3의 제2항에는 "사용종속관계(使用從屬關係)의 정도 등을 고려하여 대통령령으로 정하는 직종에 종사하는 특수형태근로종사자의 경우에는 사업주가 부담한다"라고 되어 있는데, 법이 시행된 2008년 이후 14년간 대통령령이 정해지지 않았다. 라이더유니온과 노동법연구소 해밀은 이를 입법부작위(헌법에서 기본권 보장을 위하여 법령에 명시적인 입법 위임을 했음에도 입법자가 이를 이행하지 않은 경우)로 봐서 2020년 헌법소원을 진행하기로 했고, 현재까지 헌법소원이 진행 중이다.

전속성이 주로 하나의 업체에서 일하는 것을 의미한다면 종속성은 업무 과정에서 얼마나 사용자의 지휘·감독하에 있는지는 의미한다. 배달업의 경우 노동자가 독자적으로 영업 활동을 하거나 배달료를 결정하거나, 타인에게 배달 업무를 시킬 수 없을 뿐만 아니라, 일감 배정, 배달료 책정, 업무평가 등 배달노동의 모든 과정에서 사용자로부터 구체적인 업무 지시를 받으며 일한다. 여러 개의 업체에서 파트타임으로 일하는 근로기준법상 근로자의 경우 전속성은 없지만 각각의 업체에서 일할 때 구체적인 업무 지시를 받아 종속적으로 일하는 것과 같다. 근로기준법상 근로자의 경우 1시간만 일하더라도 산재보험료를 사업주가 전액 부담하는데, 배달대행노동자는 특수형태근로종사자라는 이유만으로 산재보험료를 반반 부담하는 것은 차별로 볼 수 있다.

산재보험료 사용자 부담 문제를 해결한다면 산재가 사용자의 책임이라는 점을 분명히 하면서 모든 노동자에게 차별 없이 산재보험을 적용할 수 있게 된다.

실제로 산재보험 제도는 사업주의 책임보험적 성격으로 설계됐다. 산재보험 제도는 보험 가입자(사업주)가 납부하는 보험료와 국고 부담을 재원으로 하여 근로자에게 발생하는 업무상 재해라는 사회적 위험을 보험 방식에 의하여 대처하는 사회보험이다(사회보장기본법 제3조 제2호; 헌법재판소 2005. 7. 21. 선고 2004헌바2 결정).[28]

대법원은 "근로자가 사용자로부터 먼저 재해보상을 받은 경우에는 국가는 그 금액 범위 안에서 근로자에게 보험급여의 지급 의무가 없고, 사업주(사용자)는 산재보험급여의 요건이 갖추어진 경우에 그 금액의 범위 안에서 국가에 대하여 구상할 수 있다고 보아야 한다"라고 판시한 바 있다(대법원 1994. 5. 24. 선고 93다38826 판결).

즉, 산재보험은 근로자의 업무상 사고 또는 업무상 질병으로 부상, 질병, 장해가 발생하거나 사망하는 등의 업무상 재해가 발생했을 때, 사업주의 재산만으로는 업무상 재해를 당한 근로자에게 재해보상을 할 수 없는 경우를 대비하여 국가가 사업주로부터 일정한 보험료를 징수하여 그 보험료로 마련된 재원으로 업무상 재해를 당한 근로자에게 사업주를 대신하여 재해보상 대신 산재보험급여를 지급하는 제도다.

따라서 배달노동자를 이용하여 사업을 영위하고 이윤을 얻는 사업주가 산재보험료를 전액 부담하는 것이 산재보험 제도의 취지에 맞다. 전속성 기준 폐지, 산재 적용제외 신청 제도 폐지에 이어 산재보험료를 전액 사용자에게 부담시킨다면 산재보험은 그야말로 보편적인 사회보험제도로 나아갈 수 있다. 배달플랫폼 노동자의 산재보험 문제를 해결하는 과정과 산재보험의 울타리를 전 국민에게 넓히는 과정이 궤를 같이한다.

　　물론 배달노동자의 범위를 넘어서야 하는 문제가 남아 있다. 산재 보상을 받을 자격을 국가가 임의로 정하는 문제는 해결되지 않았다. '특수형태근로종사자'가 '노무제공자'로 이름이 바뀌었지만, 노무제공자의 범위를 15개 직종에 국한한 것은 여전하다. 또 노무제공자의 정의에 '다른 사람의 사업을 위하여 노무를 제공한다'라고 되어 있어 플랫폼을 통하지 않고 개인의 사적 친분으로 소개되는 가사노동자나 간병인의 경우도 산재보험에서 제외된다. 꼼꼼히 살펴야 할 문제들이다.

미주

1   박정훈, 〈플랫폼 공장 된 마을의 분노〉, 《경향신문》, 2021년 9월 7일자 칼럼을
    수정, 보완했다. 박수민 박사는 박사논문 〈플랫폼경제의 부상과 노동과정의
    변화〉에서 이를 '혼종적 작업장'이라는 개념으로 설명한다.

2   박정훈, 〈라이더가 연봉 1억? 플랫폼 독과점 속 위험으로 내몰리는 배달원의
    삶〉, 《고해상도》, 2021년 9월 8일자 칼럼을 수정, 보완했다.

3   국토교통부, 〈2022년 배달업 실태조사 결과 발표〉, 2022년 12월 27일.

4   박정훈, 《배달의민족은 배달하지 않는다》, 빨간소금, 2020에서 수정, 발췌했다.

5   광주광역시 청소년 노동인권센터, 〈2022 광주광역시 청소년 배달노동자 실
    태조사〉 100~101쪽.

6   광주광역시 청소년 노동인권센터, 〈2022 광주광역시 청소년 배달노동자 실
    태조사〉, 125쪽.

7   박정훈, 〈치킨의 상대성 이론〉, 《언유주얼an usual》 9호 내용을 수정, 보완했다.

8   고용노동부, 〈음식 배달플랫폼 종사자 설문조사 결과〉, 2021년 11월.

9   안전생활실천시민연합·손해보험협회, 〈이륜차 주행실태 및 대국민 설문조
    사 결과〉 및 〈이륜차 교통안전을 위한 제도개선 과제〉, 2022년 12월 12일.

10 삼성교통안전문화연구소, 〈전동 킥보드 사고 실태 및 최고 속도 하향 필요성〉,
    2022년 3월 25일.

11 박정훈, 〈알고리즘엔 죄가 없다〉, 《경향신문》, 2022년 9월 20일.

12 박정훈, 〈배달료, 비트코인처럼 요동치다〉, 《참여사회》 291호.

13 박정훈, 〈'똥비'라 불리는 배달라이더 수수료〉, 《한국일보》, 2022년 1월 24일.

14 문기수, 〈라이더 "깎았다" 사측 "더 주려는 것"… 쿠팡이츠 배달수수료 논란〉, 《포쓰저널》, 2021년 2월 3일.

15 박정훈, 〈숨 막히도록 감시당하는 사회〉, 《한국일보》, 2021년 11월 22일.

16 2021년 배달 AI 검증 실험 결과는 박수민 연구원이 분석했다.

17 박정훈, 〈폭우 오던 날에도 배달을 멈출 순 없었다〉, 《한국일보》, 2022년 8월 9일.

18 광주광역시 청소년 노동인권센터, 〈2022 광주광역시 청소년 배달노동자 실태조사〉, 126쪽.

19 고용노동부·한국산업안전보건공단, 〈감정노동 종사자 건강보호 가이드 (2021)〉, 16쪽.

20 김세진, 〈가게 주인이 배달노동자 폭행한 이유… 화장실 이용해서?〉, 《MBC 뉴스데스크》, 2021년 8월 26일.

21 라이더유니온·한국산업안전보건공단·한양대학교 에리카 산학협력단, 〈이륜차 배달종사자 안전배달 시간 산출 방안〉, 2022년 1월.

22 이소은, 〈오토바이 89만대 활보…"이륜차 정비기능사 자격증 도입 검토"〉, 《머니투데이》, 2022년 10월 7일.

23 김용성, 〈버려진 오토바이 수도권만 5천 대… 폐차 의무 없어〉, 《채널A》, 2022년 10월 14일.

24 박정훈, 〈산업안전에 필요한 아이템〉, 《한국일보》, 2022년 12월 19일 칼럼을

수정, 보완했다.

25 박정훈, 〈도려낼 건 쪼개진 자본이다〉, 《경향신문》, 2022년 12월 13일.

26 노조법 2·3조 개정 운동본부, 노동조합 및 노동관계조정법 2·3조 개정안,
    2022년 9월 14일.

27 박정훈, 〈문제는 '산재전속성'이다〉, 《경향신문》, 2022년 4월 5일 칼럼을 수정,
    보완했다.

28 법무법인 마중, 헌법소원 심판청구서, 2022년.